大学教师人力资源管理

DAXUE JIAOSHI
RENLI ZIYUAN GUANLI

吴冬梅 等 ◎ 编著

首都经济贸易大学出版社
Capital University of Economics and Business Press
·北 京·

图书在版编目(CIP)数据

大学教师人力资源管理/吴冬梅等编著. —北京:首都经济贸易大学出版社,2014.3

ISBN 978-7-5638-1502-9

Ⅰ.①大… Ⅱ.①吴… Ⅲ.①高等学校—教师—资源管理—研究 Ⅳ.①G645.12

中国版本图书馆 CIP 数据核字(2012)第 242806 号

大学教师人力资源管理
吴冬梅 等 编著

出版发行	首都经济贸易大学出版社
地　　址	北京市朝阳区红庙（邮编 100026）
电　　话	(010)65976483　65065761　65071505(传真)
网　　址	http://www.sjmcb.com
E-mail	publish@cueb.edu.cn
经　　销	全国新华书店
照　　排	首都经济贸易大学出版社激光照排服务部
印　　刷	北京京华虎彩印刷有限公司
开　　本	787 毫米×1092 毫米　1/16
字　　数	387 千字
印　　张	21.5
版　　次	2014 年 3 月第 1 版　2014 年 3 月第 1 次印刷
书　　号	ISBN 978-7-5638-1502-9/G·318
定　　价	45.00 元

图书印装若有质量问题,本社负责调换

前言

大学教师人力资源管理属于教育人力资源管理的范畴，是高等教育管理和组织人力资源管理两个学科交叉发展的产物，对这个领域的研究我国尚处于探索阶段。伴随着中国高教体制的改革，大学的人事管理制度也随之改变，逐渐地从传统人事管理走向人力资源管理，而大学教师的选、育、用、留将成为大学人力资源管理的主体内容。本书的出版顺应了这一形势的要求，希望能对中国大学人力资源管理改革作出自己的学术贡献。

本书以大学教师为研究对象，探讨了大学教师的选、育、用、留问题。全书共分为九章。第一章为大学教师人力资源管理概述，论述了大学教师人力资源管理的特点、内容及所存在的问题；第二章为大学教师胜任素质研究；第三章为大学教师招聘与甄选；第四章为大学教师专业发展；第五章为大学教师职业生涯规划；第六章为大学教师入职培训；第七章为大学教师绩效评价；第八章为大学教师职业压力管理；第九章为大学文化建设。本书适合教育管理专业的学生使用，也可以作为大学人事部门和大学教师发展中心员工的学习参考用书。

本书具有以下特点：

本书的作者全部具有人力资源管理专业背景，少数作者还兼具教育管理专业背景。作者队伍全部为大学教师，有的从事教学科研，有的从事教学管理。这样一支作者队伍不仅具有良好的学术背景，而且具有一线的实践经验。

本书在写作风格上尽力做到学术研究与实务操作相结合，各章既要反映该领域的学术研究成果，又要反映大学教师人力资源管理的实践。

本书由八位作者共同写作，具体分工如下：吴冬梅写作前言和第一章并负责全书总纂，裴宏森写作第二章，姜红写作第三章和第四章，王默凡写作第五章，玉红玲写作第六章，王秋宇写作第七章，白玉苓写作第八章，邸燕茹写作第九章。

本书的出版得到了首都经济贸易大学出版社周义军社长的大力支持，责任编辑彭芳老师为此书的出版付出了艰辛的劳动，在此一并表示感谢！

吴冬梅

目录

目录

目录

第一章　大学教师人力资源管理概述

第一节　人力资源管理思想的发展

人力资源管理思想经过了从亚当·斯密的劳动价值论思想到德鲁克的人力资源管理的概念，到戴夫·乌尔里奇的人力资源管理角色理论，再到爱德华·劳勒的人力资源管理产品线理论的发展历程。

一、亚当·斯密关于"劳动力"的思想

亚当·斯密（Adam Smith，1723—1790）是经济学的主要创立者，也是第一个系统提出劳动分工理论和劳动价值论的经济学家。在其1776年出版的著作《国民财富的性质和原因的研究》（简称《国富论》）中，斯密在由"看不见的手"引导的资本主义市场经济自动协调机制的框架下，系统阐述了劳动价值论与相应的分工理论，亚当·斯密关于"劳动力"的思想主要体现在两个方面：一是揭示了人类劳动是一切价值的起源，二是资源禀赋与劳动分工理论。

斯密在《国富论》中指出："一国国民每年的劳动，本来就是供给这个国家每年消费的一切生活必需品和便利品的源泉。构成这种必需品和便

利品的，或是本国劳动的直接产物。”[①]关于劳动是如何增进一国国民财富，斯密论述了劳动分工、节约劳动与积累资本、增进财富的辩证关系，“增加国民土地劳动年产物的方法有两种：①增加生产工人的数目；②增加受雇工人的生产力”[②]。其中，为了提高在业工人的劳动生产率，首先需要加强劳动分工。“劳动生产力上最大的增进，以及运用劳动时所表现的更大的熟练、技巧和判断力，似乎都是分工的结果”[③]。斯密还以著名的制针工场为例，列举了分工提高劳动生产率的原因：分工提高了每个特定工人的熟练程度；分工可以节约由一个工种转到另一个工种所花费的时间；分工简化了劳动和缩减劳动时间机械的发明，使一个人能够做许多人的工作[④]。这三点表明，分工可以提高劳动生产率，继而通过生产力的提高来促进经济增长。

在劳动分工理论基础上，斯密论证了劳动价值论在社会关系中的重要意义。他指出：“分工一经完全确立，一个人自己劳动的生产物，便只能满足自己欲望的极小部分。他的大部分欲望，须用自己消费不了的剩余劳动生产物，交换自己所需要的别人劳动生产物的剩余部分来满足。于是，一切人都要依赖交换而生活，或者说，在一定程度上，一切人都成为商人，而社会本身，严格地说，也成为商业社会。”[⑤]在这个意义上，斯密把劳动看成是价值的“源泉”或“原因”，这是斯密劳动价值论的根本前提。

二、德鲁克“人力资源”概念的提出

彼得·德鲁克(Peter F. Drucker，1909—2005)对管理学的发展作出了卓越贡献，产生了深远影响，他曾发表过建立于广泛实践研究基础之上的30余部著作，奠定了他作为现代管理学开创者的地位，被誉为“现代管理学之父”。彼得·德鲁克于1954年在其《管理的实践》一书中正式提

---

① 斯密．国民财富的性质和原因的研究(上卷)[M]．北京：商务印书馆，1972：1.
② 斯密．国民财富的性质和原因的研究(上卷)[M]．北京：商务印书馆，1972：325.
③ 斯密．国民财富的性质和原因的研究(上卷)[M]．北京：商务印书馆，1972：5.
④ 斯密．国民财富的性质和原因的研究(上卷)[M]．北京：商务印书馆，1972：8.
⑤ 斯密．国民财富的性质和原因的研究(上卷)[M]．北京：商务印书馆，1972：20.

出了“人力资源”这一概念。在这部学术著作里，德鲁克提出了管理的三个更广泛的职能：管理企业、管理经理人员以及管理员工及它们的工作。在讨论管理员工及其工作时，德鲁克引入了“人力资源”这一概念。他强调指出，“和其他所有资源相比较而言，唯一的区别就是它是人”。德鲁克认为人力资源拥有其他资源所没有的素质，即“协调能力、融合能力、判断力和想象力”。经理们可以利用其他资源，但是人力资源只能自我利用，“人对自己是否工作绝对拥有完全的自主权”①。

同时，德鲁克还在他的著作中批判了传统人事管理的弊端，认为人事管理构思下的员工和工作管理，包含了一部分档案管理员的工作，一部分管家的工作，一部分社会工作人员的工作，还有一部分“救火员”的工作（防止或解决劳资纠纷）。德鲁克分析了人事管理之所以毫无建树的原因，认为其根本问题在于三个基本误解。首先是假定员工不想工作。按照麦格雷戈的“X 理论”以及传统的经济人假设，工作是员工为了获得其他满足而不得不忍受的惩罚。其次，人事管理的传统观念认为管理员工和相应的工作是人力资源专家的工作，而不是管理者的职责。人力资源部门虽然已经注意到应该传授一线经理管理员工的技能，但仍然把大部分预算、人力和精力花在人力资源部门自身的构思、拟订和实施的计划中去，这是人力资源工作者工作定位的错误。最后，人力资源部门往往扮演“救火员的角色”，企业管理者把人力资源部门视为解决头痛问题的主角。人事管理始终聚焦在问题解决上，就不可能做好员工与工作的管理②。因此，彼得·德鲁克依据“人力资源”概念，针对传统人事管理理论和实践与后工业化时代中员工管理的不相适应，提出人事管理应该向人力资源管理转变。这种转变正如德鲁克在其著作中所说：“传统的人事管理正在成为过去，一场新的以人力资源开发为主调的人事革命正在到来。”③根据德鲁克的观点，人力资源管理对企业管理至关重要，企业都是

① 彼得·德鲁克. 管理的实践[M]. 北京：机械工业出版社，2009：194.

② 彼得·德鲁克. 管理的实践[M]. 北京：机械工业出版社，2009：203-204.

③ 彼得·德鲁克. 管理的实践[M]. 北京：机械工业出版社，2009：211.

通过使人力资源更有活力来执行工作,并通过生产性的工作来取得成绩。因此,管理者应该根据企业自身的条件来设计工作,并不断增加工作的内容。要想让职工取得成就,就要把人看成是一种特别的生理和心理上的特点、能力以及不同行动模式的有机体。要将人力资源看成是人而不是物。管理的任务变成要从不同的角度去设法满足职工对责任、诱导、参与、激励、报酬、领导、地位及职务等方面的要求。

三、戴夫·乌尔里奇的"人力资源管理角色"思想

戴夫·乌尔里奇(Dave Ulrich)是美国密歇根大学罗斯商学院教授,也是人力资源领域的管理大师,被誉为人力资源管理的开拓者。乌尔里奇教授对人力资源管理理论发展的主要贡献是他提出了现代人力资源管理者的四大角色。

在20世纪90年代,乌尔里奇在《人力资源教程》一书中讨论了人力资源管理可提交的成果,确定了人力资源专业人员所扮演的四种角色[①]。乌尔里奇指出,未来人力资源管理具有两个重要的变化趋势,一是从主要管理事务到主要管理员工,二是从主要管理日常工作到主要管理人力资源战略。他还指出,在未来有竞争力的组织中,要满足组织不断增长的期望,人力资源管理者必须更多地关注工作的有效产出,而不是仅仅致力于所从事的工作或行为。图1.1是从两个不同维度(人与事的管理,日常与战略的管理)而划分得到的人力资源管理者的四大角色。

(一)战略伙伴

战略伙伴即高管的伙伴,服务于企业战略。各个部门通过拿出各自未来的人事战略整合为整个公司的人事战略,从而将人力资源的战略和行为同企业经营战略结合起来,提高组织实施战略的能力,帮助保证事业战略成功。

---

① 戴夫·乌尔里奇.人力资源教程[M].北京:新华出版社,2000.

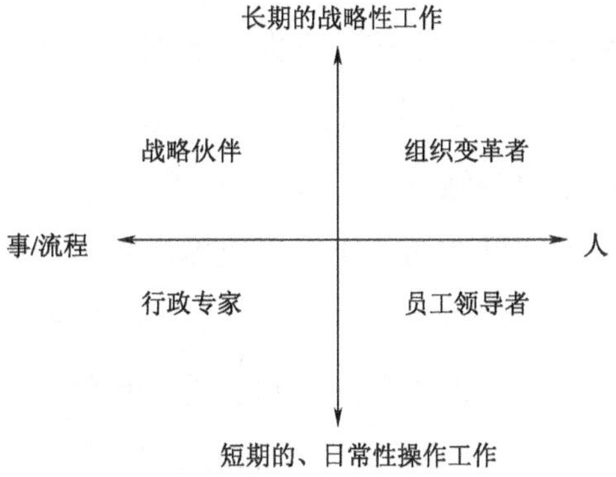

图 1.1　短期的、日常性操作工作

(二)行政专家

将传统的人事管理工作做到专家级的水平,它要求人力资源管理者设计和提供有效的人力资源管理流程来管理人事、培训、奖励、晋升以及其他涉及组织内部员工流动的事项,从而提高行政效率。

(三)组织变革者

人力资源管理者是推动组织变革的人,变革包括三个方面:思维观念的转变,利益关系的打破,行为习惯的改变(例如流程再造)。通过这一角色,人力资源管理者能够提高组织适应变化的能力。

(四)员工领导者

每天关心帮助员工的人叫领导者,它意味着人力资源管理者把更多的精力投入到员工日常的问题、关注点和需求上。要做好员工的领导,不但要发挥传统的领导职能(包括计划、组织、决策、配置资源、激励等),还要对员工进行职业规划、职业指导和压力解决等,从而提高员工的能力和参与程度。

四、爱德华·劳勒三世的"人力资源产品线"思想

爱德华·劳勒三世(Edward E. Lawler III)是美国南加利福尼亚大学

马歇尔商学院的管理和组织学教授。由于劳勒为人力资源管理作出许多贡献，美国薪酬协会和人力资源管理协会给他颁发了终生成就奖，美国《商业周刊》将劳勒评价为世界一流的管理专家之一。

劳勒教授关注于组织绩效、员工参与管理(全面质量管理的引申)以及人力资源管理前沿问题方面的研究。他提出人力资源管理研究和实践需要进一步的融合，需要进行“有用”的研究以弥补理论与实践的差距①。劳勒在戴夫·乌尔里奇等人研究的基础上进一步分析了人力资源管理作为企业的商业先导，人力资源管理者的市场价值体现在他们所拥有的无形资产上，例如拥有的知识、核心竞争力和组织能力。作为商业先导，人力资源管理者必须能够为企业提供相应的产品。劳勒提出了人力资源管理的三条产品线理论。这三条产品线包括：第一条产品线是它几十年来一直提供的传统产品，也是人力资源管理最初的功能，即基本的行政服务和事务，包括薪酬、招聘、培训和员工管理——重点在于资源的效率和服务质量；第二条产品线是人力资源管理者作为商业伙伴所提供的服务，包括发展有效的人力资源管理系统，协助执行商业计划，管理人才——重点在于关注战略、组织发展和变革，精通商业和解决难题的方法，加强信息技术能力，设计有效的系统来确保所需的能力；第三条产品线是作为战略伙伴角色所提供的产品，主要是基于商业战略，基于对人力资本、组织能力、准备和开展人力资源管理训练来作为战略的区分，重点在于具备广度和深度的人力资源管理知识、商业知识、竞争知识、市场和商业战略知识②。在提供第三类产品时，人力资源管理者的战略伙伴角色备受关注，人力资源人员成为战略信息的提供者、组织的设计者和业务单元的执行者。在组织中人力资源管理能够影响到的战略方面的活动包括：影响或设计战略的制定，战略选择，制订战略执行计划，设计组织结构执行战略，

① Edward E Lawler III. Why Hr Practices Are Not Evidence - Based[J]. Academy of Management Journal,50(5),2007:1033 - 1036.

② 迈克尔·洛赛，苏·麦辛吉，戴夫·乌尔里奇. 人力资源管理的未来[M]. 北京：高等教育出版社，2006:143 - 149.

发现新的商业机会，评估可能的并购战略。人力资源管理通过以下活动成为一个全面的战略伙伴：具备组织管理的专业技能；掌握人力资本评价的方法；通过人力资源分析和专业知识提高决策质量；掌握组织设计、业务战略分析和制定的方法技巧①。爱德华·劳勒对于人力资源管理研究的贡献在于他在戴夫·乌尔里奇等人对人力资源战略研究的基础上，进一步明确了人力资源管理者在发挥先导作用时所能够提供的"产品"，使人力资源管理从企业的"合作伙伴"成为真正的"参赛者"。同时，他和乌尔里奇一样关注并致力于人力资源实践与理论研究的结合。

第二节　大学教师人力资源管理的特点与内容

一、大学教师人力资源管理的特点

大学教师人力资源管理是大学人力资源管理的主要内容，是指大学人力资源部门按照大学发展战略目标的要求，依据现代人力资源管理理论和方法，不断获取、开发和整合教师人力资源，并激励教师从事高等教育事业的积极性，以实现大学发展战略目标的过程。

大学教师人力资源管理的特点取决于大学教师人力资源的特点，大学教师作为一种特殊的职业类型，具有以下主要特点：

（一）三位一体的工作任务

高等学校一般有三个基本职能：一是为社会培养高级专门人才；二是发展科学研究事业；三是直接为社会服务。高等学校要实现这三个职能，主要依靠广大教师。首先，大学培养高级专门人才，主要是通过教学形式。因此，教学工作是大学教师的首要任务，教师在传授知识的同时，还承担着发展大学生的智能和进行思想品德教育的职责。其次，大学教师

① Edward E Lawler III, John W Boudreau. What Makes Hr A Strategic Partner? [J]. People & Strategy,32(1),2009:14 - 22.

还必须参加一定的科研工作，包括对教学本身的研究、对专业领域的研究、对实践领域的研究以及跨学科的整合性研究；教师通过科学研究，不断地提高自己的学术水平。最后，为社会服务是现代高等学校不可忽视的职能，大学教师通过为政府和企事业单位承担培训、咨询、研发工作，直接为社会服务。大学教师这三个任务——教学、科研和社会服务，是相互促进的。

（二）知识工作者特征的职业性质

一般来讲，知识工作者是指掌握了某一领域的核心思想和技术，在某一领域具有独到的想法和见解，拥有知识资本，具有特殊的专业技能，并且能够不断创新，为社会发展作出贡献的人。知识工作者的典型特点是工作具有较高的复杂程度，主体具有较强的成就欲望，工作自主性强，具有创新性，希望得到社会的认可。大学教师就是这样一类典型的知识工作者，大学教师作为育人者，其工作、任务和责任包括持续创新，要实现这一点，教师在职业成长过程中必须持续不断地学习、持续不断地创新，而要保证大学教师持续不断地学习和创新，他们必须自我管理，必须学会自我发展，掌握职业发展的自主权。

21世纪全球发展的最大挑战是知识工作者的工作效率。对于知识工作者的生产率，德鲁克在《21世纪管理的挑战》一书中有一段论述堪称经典："要提高知识工作者的生产率……知识工作者必须自我管理，要有自主性……不断地创新必须是知识工作者的工作、任务和责任的一部分……知识工作者必须持续不断地学习。"①

基于以上大学教师的职业特点，大学教师人力资源管理具有以下特点：

第一，认真研究教师胜任素质，严格按照专业素质的高标准要求进行招聘。大学教师的知识工作者特征和其所承担的教学、科研、社会服务职责决定了大学教师的专业素质的高标准、严要求。学术兴趣是学者工作

① 彼得·德鲁克.21世纪管理的挑战[M].北京：机械工业出版社，2006.

的首要动力，学术潜能和学术质量是学者的职业生命力所在。大学教师的胜任素质主要包括教学素质、科研素质和社会服务素质三个部分，为此，各学院、各专业必须配合学校人事部门认真总结和分析提炼各教师岗位的胜任素质要求，采取现代的选拔手段和方法，把那些真正有做教师愿望和有发展潜质的人选拔到大学中来。

第二，充分发挥教师的自我管理功能。教师是高素质人才，有自我管理的需求和能力，而我国高等教育长期沿用行政化体制，大学办学主体是教育行政主管部门，大学的创办成立、经费来源、专业设置、招生计划、教育教学、科学研究等事务，都依照教育行政主管部门的指令办事，形成按行政机构规则行事的运行机制，大学内容也延伸了这一行政管理原则。从本质上看，按照行政的规则来运作的高等学校行政化体制，是与大学的学术自由原则和大学自身的发展规律相悖的，去行政化改革是大学改革的基本内容，有利于大学教师的自我管理和大学精神的传承发扬。实行教师自我管理，其本质就是回归大学的学术共同体，大学教师作为一个群体，是一个具有共同信念、共同价值观和共同行为规范的社会职业群体，只有在共同的信念、共同的价值和共同的规范下，知识与思想的交流才有可能。没有学术共同体的知识分享和交流，教师的自我管理就无从谈起。

第三，充分注重教师专业发展。教师专业发展的重要理论依据是建构主义认知观。建构主义认知观认为，知识不是对现实的纯粹客观的反映，任何一种传载知识的符号系统也不是绝对真实的表征，它只不过是人们对客观世界的一种解释、假设或假说，它不是问题的最终答案，它必将随着人们认识程度的深入而不断地变革、升华和改写，出现新的解释和假设。所以，知识是人们基于自身经验建构成的，知识并不能绝对准确无误地概括世界的法则，提供对任何活动或问题解决都适用的方法。真正的理解只能由学习者自身基于自己的经验背景而建构起来，取决于特定情境下的学习活动过程。显然，建构主义认知观是对传统课程和教学理论的巨大挑战，建构主义提出了全新的教学观念：①教学是激发学生建构知识的过程。既然知识是学习者自我建构的结果，那么教学就不是传授、灌输知识的活动，而是一个激发学生建构知识的过程。②教师是学生学习的引导者、辅助者、资料者提供者，在建构主义看来，教师的价值就体现在能否激发学生以探究、主动、合作的方式进行学习，教师应该是学生的引导者、辅助者或咨询者、学习的资料提供者。③教学活动体现为合作、探究方式。传统中教学多成了一种管理活动，强调规范和纪律，而学生的学习反被淹没了。教学要能引导学生主动参与知识的学习，一方面使学生面对问题情境，刺激他们思考、探究，另一方面营造人际互动、互激的情境，让学生学会在合作中学习。

教师专业发展理论正是基于建构主义的认知观。20 世纪 60 年代以前，教师发展的重点是成为优秀“学者”(scholar)，而 20 世纪 60 年代以后，教师职业发展不仅仅体现在精益的专业知识，还表现在教师必须能够成为好的“教学者”(teacher)以及教师个人的全面发展。教师专业发展包括教师教学知识及教学技能、研究知识及研究技能、服务知识及服务技能等方面的职业化发展，是教师在其学术专业领域以外的一个专门化的职业发展课题。

二、大学教师人力资源管理的主要内容

大学人力资源管理的具体内容可以概括为人力资源规划、岗位规范建设、人力资源获取、人力资源开发、人力资源绩效考核、人力资源激励六个主要方面。

(一)人力资源规划

大学教师人力资源规划指的是大学人力资源部门根据发展战略科学地预测、分析学校在未来教学、科研等工作中的教师供给与需求状况，从而制定相应的政策与措施，以保证学校在适当的时间和一定岗位上获得所需人才的数量与质量。大学人力资源规划主要包括教师招聘计划、教师开发计划、工资福利规划、职业发展规划等内容。

(二)岗位规范建设

岗位规范建设包括岗位分析和岗位评价两项主要工作。岗位分析是

对一个岗位构成要素的研究和界定工作,岗位分析的内容包括岗位描述和岗位任职条件两个方面。岗位描述包括岗位名称、岗位职责、具体工作任务、岗位工作权力、工作关系等内容;岗位任职条件一般包括专业知识、专业技能、心理素质等要求。岗位评价是根据岗位职责、任职条件、岗位特征等因素对组织所有岗位的相对价值进行分析和判断,以作为岗位薪酬体系的基础。教师岗位规范建设是大学教师人力资源管理的基础工作。

(三)人力资源获取

人力资源获取是指从组织外部获取某一岗位所需人才的过程。对大学教师而言,教师的获取是指从人力资源市场招聘获取教师的过程。这一过程包括招募、选拔和录用教师等环节,其中选拔是非常主要的也是非常关键的一环。教师选拔包括履历表初选、面试、笔试、心理测评等主要选拔手段。

(四)人力资源开发

大学教师人力资源开发包括教师专业知识开发、教师职业技能开发以及教师个人职业生涯规划等内容。在教育管理学中,教师专业发展是一个非常重要的研究领域,同样,在大学教师人力资源管理研究中,如何在尊重教师人力资源特点的基础上开发教师职业潜能也是人力资源专家非常关注的一个研究课题,教师人力资源的开发直接影响到大学发展战略的实现。

(五)人力资源绩效考核

大学教师绩效考核要遵循大学教师知识工作的特点,以工作质量为核心,兼顾工作量、工作能力、工作方法等方面的考核。要按照公正性、规范性和科学性原则,在程序上坚持自我考评、上级考评、同行考评等环节,在教学上还要加进学生评教环节。教师绩效考核的结果要与教师年薪挂钩、与教师职业生涯发展挂钩。

(六)人力资源激励

大学教师人力资源激励要做到“事业留人、待遇留人、文化留人”。

一是在认清个体差异的基础上帮助教师制定个人职业生涯发展规划，做到人人有发展，发展有平台；二是使奖励与绩效挂钩，物质激励与精神激励结合；三是积极培育和引导良好的校园文化，激励教师真正热爱教育事业，对教育工作怀抱激情。

第三节　大学教师管理：从人事管理到人力资源管理的转型

一、人力资源管理区别于传统人事管理的根本特征

从传统人事管理到现代人力资源管理，大学教师队伍的管理经历着重大的变革和转型。人力资源管理区别于传统人事管理的根本特征是：

（一）管理本位不同

传统人事管理是以事为本位的，人只是事的依附物，人事管理侧重于工作的完成，忽略对人本身的关注。而现代人力资源管理是以人为本位的，从员工的需要、能力、个性出发，管理的目的也是为了员工。人本主义原则贯穿于人力资源管理的各个过程。

（二）管理地位不同

传统人事管理在大学处于上传下达的事务性管理地位；而现代人力资源管理已经上升到创造价值的职能范畴，人力资源管理部门也已经从服务性部门上升到生产性、效益性部门。同时，战略性人力资源管理已经与大学的长期发展战略紧密结合在一起，这时，人力资源管理已经上升到战略管理的高度。

（三）管理内容不同

传统人事管理主要限于员工招聘、工资发放、考勤、档案保管等日常性、琐碎性工作上，它的业务内容是零星的、不成体系的。而现代人力资源管理是包括战略业务（包括人力资源战略和规划）、基础业务（包括岗

位分析与评价、人力资源制度建设等）、主体业务（包括招聘、培训、绩效考核、薪酬管理）和其他业务在内的系统化业务体系。

如上所述，大学教师人力资源管理包括人力资源规范、岗位分析和岗位评价、招聘、培训开发、绩效考核和薪酬管理等诸多有机联系的内容和环节。

（四）管理体制不同

传统人事管理只视为人事专业人员的工作而不是非人力资源主管的工作。而现代人力资源管理认为，管理员工是每一位管理者的首要职责，所以，每一位管理者首先是人力资源管理者。更重要的是，专业的人力资源部门正演变成人力资源管理的基础建设性部门，它主要负责岗位规范建设和人力资源管理制度建设，而每一位非人力资源主管却每天在一线上肩负着人力资源的招聘、培训、考核和激励职责，非人力资源主管是人力资源管理的主角。

二、中国大学人事管理存在的问题

（一）观念滞后，缺乏现代人力资源管理理念

我国大学教师人力资源管理是建立在传统的行政管理体制之上，对教师队伍的管理在很大程度上还是进行的传统的劳动人事管理，现代意义上的教师人力资源管理理念还没有真正建立起来，仍然把人事工作当作组织的行政事务之一，具体表现为以事为中心，管理活动局限于一系列事务性工作，重事轻人，还没有树立人本管理思想。

（二）重引进轻培养，大学教师培训开发机制不够完善

作为育人者，教师本身应该接受持续的培训开发，教师培训开发是大学教师人力资源管理的重要工作。但我国现行的大学人事管理制度重引进轻培养，为了应付繁重的教学任务，招聘了很多刚毕业的硕士生和博士生，这些毕业生到岗后并没有接受正规的教学技能培训即进入课堂授课，而专业教学技能的缺乏严重影响了他们的教学质量。

(三)重数量轻质量,缺乏科学规范的教师业绩考核制度

绩效考评是现代人力资源管理的核心内容,也是大学充分有效地调动教师从事教育事业激情和积极性的重要手段。当前,我国大学缺乏规范的教师业绩考核制度,对于大学教师的业绩考核无论是教学还是科研都是重数量轻质量。学术质量是知识工作的生命力保障,但在实际工作中,这一科学规律没有得到应有的尊重。不仅如此,对教师的评价也主要限于业务工作的评价,缺乏对其素质和能力的全面评价,教师的发展潜能、工作方法、人格、心理素质等方面的考核几乎没有涉及。

(四)重物质轻精神,缺乏有效的教师激励制度

目前我国大多数大学将物质激励作为主要激励手段,有的不惜重金引进高学历高职称人才,但同时却忽略了大学教师作为异质性人才的高层次需求,如对自由宽松的学术环境、公平有效的同行竞争机制、研发失败宽容机制以及职业生涯规划、员工压力管理等各方面的追求。由于重物质轻精神,大学缺乏一整套有效的教师激励制度,使得激励效果大打折扣。

三、大学教师人力资源管理的未来

(一)建立规范的大学教师人力资源管理制度

第一,根据大学发展战略制定教师人力资源规划。要根据大学长期发展战略,科学地预测和分析学校在未来一定时期的教师供给与需求状况,从而制订相应的教师招聘计划、教师开发计划、工资福利规划、职业发展规划等,以保证学校在适当的时间和一定岗位上获得所需人才的数量与质量。

第二,强化教师岗位规范建设。如前所述,岗位规范建设包括岗位分析和岗位评价两项主要工作。岗位分析是对一个岗位构成要素的研究和界定工作,岗位分析的内容包括岗位描述和岗位任职条件两个方面。教师岗位分析工作的重点是建立教师岗位胜任素质模型,包括专业知识、专

业技能、心理素质等要求。岗位评价就是要根据不同教师岗位的岗位职责、任职条件、岗位特征等因素对大学所有教师岗位的相对价值进行分析和判断,以作为岗位薪酬体系的基础。教师岗位规范建设是大学教师人力资源管理的基础工作,是大学教师打破身份管理、建立岗位管理的最基本任务。

第三,建立科学合理的教师人力资源招聘制度。这一制度包括招募—选拔—录用—招聘评估的所有环节都要引入现代人力资源管理理念和方法,其中,选拔是主要的、关键的一环。教师选拔包括履历表初选、面试、笔试、心理测评等主要选拔手段。必须引入教师全员岗位聘任制度,作为用人单位的非人力资源主管必须掌握现代招聘理念和招聘技巧。

第四,建立科学合理的教师人力资源培训开发制度。包括培训需求评估—培训计划制订—培训计划执行—培训效果评估等所有过程都要贯彻现代培训理念和方法。同时,还要建立完善的教师个人职业生涯规划制度,要在研究大学特点和学者成长规律的基础上建立个性化的教师职业开发制度。必须引入教师终身教育制度,用人单位的非人力资源主管必须掌握现代教师培训开发的理念与和技巧。

第五,建立科学的教师人力资源绩效考核。在考核内容上,大学教师绩效考核要遵循大学教师知识工作的特点,以工作质量为核心,兼顾工作量、工作能力、工作方法等方面的考核。在考核方法上,要坚持学术计量和同行评价相结合的原则。在考核程序上,要按照公正性、规范性和科学性原则,坚持自我考评、上级考评、同行考评等环节,在教学上还要加进学生评教环节。教师绩效考核的结果要与教师年薪挂钩、与教师职业生涯发展挂钩。用人单位的非人力资源主管必须掌握现代教师绩效考核的理念和技巧。

第六,完善教师薪酬体系,建立科学合理的教师激励制度。要在科学的岗位评价基础上建立合理的岗位工资制度,在教师能力评价基础上建立合理的技能工资制度,在科学绩效考核基础上建立合理的绩效工资制度,由此进一步完善教师岗位技能绩效工资制度,并在岗位技能绩效工资制度基础上探讨实行教师年薪制。在完善物质激励的同时还要探讨其他激励制度,如荣誉激励、晋升激励、培训激励、环境激励等。用人单位的非人力资源主管必须掌握现代教师激励的理念和技巧。

(二)走向战略人力资源管理

未来大学的发展无疑取决于教师人才队伍,教师资源是大学最重要的人力资源,随着大学的发展和管理的规范化,人力资源管理必然朝着战略人力资源管理方向发展。只有将教师人力资源管理与大学的发展战略结合起来,大学才能保持自己的竞争优势。

战略人力资源管理首先表现在大学必须从战略角度对其长期发展进行科学合理的目标定位,要把教师引进、培训开发、保持和管理等环节结合起来,制定出教师人力资源管理的长远规划;其次要尊重大学的发展特点和学者的成长规律,造就良好的人才辈出的学术环境、文化氛围和管理机制。

(三)走向全员人力资源管理模式

如前所述,大学教师属于知识工作者,职业发展的成就动机强,自我管理的要求和能力都很高,大学人力资源管理未来必须进入到全员人力资源管理时代。这一时代到来的标志是:①在校长治校、教授治学的现代大学治理模式下,由校、院两级学术委员会担任学校教师人才的聘任、考核工作;②教师职业生涯规划成为教师人力资源管理的重要内容,教师本人、学院、学校人事部门都要加入到教师职业生涯规划的工作中来;③由教师自由组合而成各种学术共同体,在这样一个教师自组织平台上,教师们相互分享和交流学术经验、发展职业能力将会成为教师人力资源开发的重要性模式。

案例1:大学中的大学,让教师走向卓越

“我刚从科研机构来到首都经济贸易大学任教时,授课效果不够理想。怎样把课讲好,成为困扰我的难题。在教师促进中心的帮助下,吴冬梅教授成了我的'个别帮助导师'。吴老师给我传授讲课的经验,让我去听她上课,她还来听我的课,并给我分析授课存在的问题。此后,学生反映更喜欢听我的课了。"这是沈敏荣副教授对教师促进中心的亲身感受。

在首都经济贸易大学,像沈敏荣这样受到教师促进中心帮助的教师有很多,他们把这个组织当作自己的"精神家园",称之为"大学中的大学"。

跨学科的学术共同体

为提升教学质量,很多世界一流的研究型大学均设有教学促进机构,如美国的密歇根大学和哈佛大学40多年前就设立了教学中心,我国的香港大学、香港科技大学、香港中文大学也有教学促进中心等类似机构。特别是香港理工大学教师开发中心多达43人,是全校的最大部门。受此启发,2006年3月,首都经济贸易大学成立了教师促进中心(Office of Teacher Advancement,简称OTA),这是我国内地最早设立的教师职业生涯规划与教师职业促进的教师互助组织,致力于全面促进教师的教学、科研和身心健康,旨在释放教师潜能、追求卓越教学、提升科研层次。

首都经济贸易大学党委书记柯文进教授说,我校是中国首先开展教师促进事业的大学之一,近年来OTA的工作取得了一定成绩。校党委已将教师促进工作纳入学校工作重点,将大力拓展教师促进中心的功能。首都经济贸易大学校长王稼琼教授认为,校领导对教师的关注与硬件环境的改善,不可能代替教师之间的自主交流,教师促进中心就是这样一个教师之间的自助组织,学校应该创造条件让教师间的交流更丰富、更通畅。这是教师促进中心的使命,也是大学的职责所在。

教师促进中心主任吴冬梅教授告诉记者,我们引进多伦多大学模式,并参考香港大学的理念,根据本校实际自主创新,使教师促进中心在中国乃至全球大学中具有鲜明的特色:它是非行政化组织,既不是学校的职能部门,也非教学单位,而是一个跨部门、跨学院、跨学科的教师交流平台;它是志愿者组织,教师促进中心活动的所有组织者、参与者,均为志愿者,不设编制,无报酬;它也是学术共同体组织,将教师或紧密或松散地联系在一起,恢复大学由学术团体和学科方向组成的一种学术共同体的原貌,向大学本质和学者精神回归。

品牌活动增强吸引力

教师促进中心成立以来，举办了主题午餐会、国际国内学术研讨会、学术沙龙等活动，并同时开展了“一对一”教学科研帮助，开设了“巅峰课程”，编辑了《教师职业导航》和《教学科研经验访谈录》，发起了“圣洁课堂公约”签名活动等。通过这一系列品牌活动，增强了教师促进中心的感召力和吸引力，为促进教师成长发挥了重要作用。

教师促进中心举办了28次主题午餐会，包括苏格拉底教学方法探讨、哈佛大学课堂剖析、如何开展双语教学、如何进行课堂设计、研究生指导策略、青年教师职业生涯规划、“案例教学”的组织与设计、中外研究范式对比、学术研究规范、科研文献收集等。参与者包括大批青年教师，也有许多教授、副教授，受益教师占教师总数近七成。

在我国，学术团队对教师个人职业发展的贡献仍显薄弱，单兵突进多于团队作战，越来越多的教师感到自己是在学术道路上“裸奔”。针对这一困惑，教师促进中心组织教师进行专门研讨，与会者围绕“建设大学教师学术创新团队的核心因素”“学术的‘坐而论道’与‘作而论道’”“如何增强学术团队的凝聚力”等话题畅所欲言，提出了很多建设性意见和建议，受到学术界关注。

近日，教师促进中心“个别访谈室”开始启用。记者看到，“个别访谈室”中不仅有讲台、黑板、投影等完善的教学设备，还有沙发、茶几等居家设施，营造了一种温馨和谐的访谈环境。吴冬梅告诉记者，“个别访谈室”不只解决教师教学或科研上的难题，也参照了心理咨询室的设计，为教师营造一对一访谈交流的环境，搭建一个可以倾诉的平台，目的是推动教师在教学、科研上继续进步，有效促进教师的身心健康。到目前为止，多位教师接受了教师促进中心提供的个别访谈，颇受教师们的好评。

教师促进中心还设计“巅峰课程”，把课程相关领域的教师联合起来“同台竞技，巅峰对决”，通过不同学科背景的教师的观点碰撞，让学生在同一堂课上欣赏到多种多样的问题解决方案，启发学生的创造性思维。

“登山”教师的“领队”

“悟师道、品师艺、铸师魂、圆师梦”是教师促进中心的宗旨。借助教师促进中心举办的丰富多彩活动，教师们自由交流经验、体会和困惑。大家普遍认识到，提高专业素养，从教书匠发展为教育家，应成为大学教师的一种追求和使命。因此，仅仅做到优秀还不够，还要追求卓越。而教师促进中心的活动，让教师们从中受益匪浅。

李婧教授对记者说："想成就一个教育家，需要耐心，更需要帮助，尤其是精神。教师促进中心就像是一个精神导师，耐心帮助我们治学、为师。"

由近300名教师共同签署的《圣洁课堂公约》，悬挂在学校每间教室。教师们纷纷表示，每每踏上讲台，一看到这份公约，便又多了一份神圣感与责任感。

刘润楠老师说："作为青年教师，教师促进中心的午餐会让我有机会接触各院(系)的老师。我们就共同关心的话题，进行了很多探讨，给了我很多启发。"

在教师促进中心组织的一次室内拓展活动中，法学院资深教授焦志勇感慨地说："教师的生活是'登山'的生活，倾心教书育人、科学研究、服务社会，是教师'登山'生涯的终极目标。如果登在前面的人回头笑一笑，招一招手，对于登在后面的人是莫大的鼓舞。教师促进中心就是这群'登山'教师的'领队'。"

资料来源：袁新文·大学中的大学，让老师走向卓越[N]. 人民日报，2011(3).

案例2：北京大学教师聘任和职务晋升制度改革方案

(第二次征求意见稿，2003年6月16日)

2002年7月6日，国务院办公厅〔2002〕35号文件转发了国家人事部《关于在事业单位试行人员聘用制度的意见》(以下简称《意见》)。《意见》认为，随着我国社会主义市场经济体制的建立和加入世界贸易组织，迫切要求转换事业单位用人机制，建立充满生机和活力的用人制度。在事业单位试行人员聘用制度，是加快事业单位人事制度改革、提高队伍整体素质、增强事业单位活力的重要措施。在2003年元月底的学校寒假工作研讨会上，校领导班子根据创建世界一流大学的目标和近期面临的形势和任务，结合国家人事部的文件精神,对学校师资队伍建设工作进行了深入研讨,就学校师资人事制度改革形成一致意见。学校认为,创建一流大学的关键是人才,建设一支优秀的教师队伍的关键是科学合理的人事制度。为提高我校教师队伍的活力和竞争力,必须改革和完善现行的人事管理制度。人事制度的改革涉及多个方面,教师聘任和职务的晋升制度是其中最核心的。

根据国家人事部《关于在事业单位试行人员聘用制度的意见》的精神,以《教育法》和《高教法》为基础,结合高等学校的特点和我校的实际情况,现就北京大学教师聘任和职务晋升制度改革的基本原则和主要内容提出指导性意见。各院(系、所、中心)和医学部本部[以下所指“院(系)”或“单位”均包括医学部本部和有独立编制的研究所、中心]应根据本方案的基本精神和原则性规定,结合各院(系)的实际情况,制订出具体的实施方案和工作细则,经学校批准后执行。

第一部分　基本原则

1. 教师聘任和职务晋升制度改革的基本目的是通过实行合同聘任制、分级流动制和引入外部竞争机制,建立起有活力和竞争力的教师聘任和职务晋升制度,全面提高教师队伍的整体水平。

2. 教师面向国内外公开招聘,实行聘任制、合约管理。

3. 教师聘任和职务晋升应坚持学术标准第一和公开、公平、公正的原则。

4. 根据岗位任务和工作性质,学校对教师进行分类管理。教师岗位分为教学科研岗位和专任教学岗位两类。

5. 为了增强教师队伍的活力,提高教师队伍的教学、科研水平和综合竞争能力,学校决定采取有限聘期和有限申请晋升次数等措施在讲师和副教授队伍中实行择优和分流。

6. 为了进一步改善教师队伍的学历结构和学缘结构,新聘教师应当具有博士学位(或本学科最高学位);院(系)原则上不直接从本单位应届毕业生中聘用教师(部分特殊学科除外)。

7. 为了发挥各单位教授在教师聘任和职务晋升中的作用,学校决定在基层学术职务聘任中建立由本单位全体教授参加的“教授会议”(以下简称

“教授会”)评议机制,院(系)一级的学术评议中加强同行评议、特别是校外专家评议在决定职务晋升中的作用。

8. 为切实加强学科建设和队伍建设,提高办学效益和学校的整体竞争力,学校将定期对教学科研单位进行评估。对优势学科,学校将予以重点扶植;对于教学和科研业绩长期不佳的单位,学校将对其采取限期整改、重组和解散等措施。

9. 学校将加强对教师的业绩考核和纪律管理,保证教师能集中精力做好本职工作。

第二部分　实施意见

一、教师岗位实行分类管理和聘任

1. 为了合理配置教师资源,平衡教师的综合工作量,根据岗位任务和性质,将教师分为教学科研岗位教师和专任教学岗位教师两类,进行分类管理。

2. 教学科研岗位教师是学校教师队伍的主体,承担教学和科研双重任务;专任教学岗位教师的主要职责是教学。学校对专任教学岗位教师的编制将严格按照各单位工作性质和教学工作需要进行总量控制。原则上,全校专任教学岗位教师的总数不超过教师总编制数的15%。

3. 教师职务分为助教、讲师、副教授和教授。教授享有直至学校规定的退休年龄的长期职位,其他职级的教师不自动享有长期职位。在新体制实行之后,学校将制定具体办法,给予部分副教授长期职位。被解散的单位的教师(包括教授)原聘任合同不再有效。

4. 在本方案执行前,在本校工作已满25年或者在本校连续工作满10年且年龄距国家规定的退休年龄已不足10年的教师,按照学校聘任制的有关规定,可以在北京大学工作到法定退休年龄。

5. 各单位可以根据科研工作需要聘任专职科研人员,其人事管理办法、人员聘任制度和人员经费的出处等,学校将另文规定。

二、关于教师聘任和职务晋升的基本政策

1. 本条以下的条文主要针对教学科研岗位教师制定。有关专任教学岗位教师的聘任、岗位职责和工作量要求以及考核和晋升等制度，学校将制定单独的实施办法。

2. 教师实行公开招聘和专业技术职务聘任制度，招聘的前提是有岗位空缺。教授岗位已满的院（系）招聘和晋升正教授必须得到学校的批准。

3. 在改革方案的执行过程中，学校将根据学科特点对各院（系）的教师编制做修订；各院（系）应根据学校下达的编制指标和本院（系）的实际情况制定跨年度的动态平衡规划，报学校批准后执行。

4. 为了合理配置教师资源，充分发挥北京大学的学科综合优势，学校鼓励院（系）之间跨单位联合招聘教师。跨单位联合招聘教师的管理办法将另文规定。

5. 讲师（部分单位的助教）岗位向国内外公开招聘；副教授和教授岗位空缺通过外部招聘和内部晋升两种方式实现，内部申请人和外部申请人平等竞争，择优聘任。

6. 除部分特殊学科外，各单位原则上不直接从本单位应届毕业生中招聘教师。暂时做不到的院（系），应向学校提交书面报告，明确招聘本院（系）应届生的比例、逐步递减的计划，经学校批准后方可执行。

7. 新聘教师必须具有博士学位（或本学科最高学位）。刚毕业的博士原则上只能聘为讲师。现职教师 1963 年 1 月 1 日以后出生的晋升副教授、1958 年 1 月 1 日以后出生的晋升教授，须有博士学位（或本学科最高学位）。

8. 本方案实施后新聘的讲师和副教授实行固定聘期合同，每个合同期为三年。教师在讲师岗位上最多有两个合同期（共 6 年），理工医科专业教师在副教授岗位上最多有三个合同期（共 9 年），人文社会科学专业教师在副教授岗位上最多有四个合同期（共 12 年）。

9. 新聘讲师在该级岗位工作两年之后的合同期内有两次申请晋升副教授的机会；新聘副教授在该级岗位工作 5 年之后的合同期内有两次申请晋升正教授的机会（有关申请晋升次数的计算方式见 29 和 30 条）。如果第一次申请不成功，第二次申请须在相隔一年之后；如果第二次申请也不成功，除已获得长期职位的副教授外，聘任关系从学校通知本人之日算起一年后自动解除，不再续约。如果晋升申请成功，聘任关系按新岗位规定执行。

10. 在每个聘期结束前6个月，各单位应对教师进行评估，做出是否续聘的决定，报校人事部备案。

11. 现职教师(指2003年在职，下同)按学校的规定在原职务级别上由各院(系)进行分类聘任，转入新的岗位系列。

12. 现职教师学士到校任教6年，硕士到校任教4年不能晋升为讲师的，即终止聘任。已经达到以上期限的助教，最长延聘1年，须离开本校教师岗位。

13. 现职讲师到校任现职不足2年(含2年)的，累计工作年限2~7年内，最多有2次申请晋升副教授的机会；任现职3~5年(含5年)的，累计工作8年内，最多有2次申请晋升副教授的机会；任现职6年(含)以上，从2003年算起3年内，有1次申请晋升副教授的机会。前两种情况下，第一次申请不成功的，第二次申请须在相隔1年后提出。在上述期限内不能晋升为副教授的，在接到学校通知后1年内离开原岗位(满足本方案第12条条件的教员除外)。

14. 现职副教授从2003年算起按下列条件最多有2次申请晋升正教授的机会：

(1)理工医类：任现职不足2年(含2年)的，累计现岗位上工作5~10年内；任现职3~5年(含5年)的，累计现岗位工作5~12年内；任现职6年以上的，累计现岗位工作13年内。

(2)人文社科类：任现职不足2年(含2年)的，累计现岗位工作5~13年内；任现职3~5年的，累计现岗位工作5~14年内；任现职6年以上的，累计现岗位工作15年内。第一次申请不成功的，第二次申请须在相隔1年后提出。在上述期限内不能晋升为正教授的，须在接到学校通知后1年内离开原岗位(已获得长期职位的副教授和满足本方案第12条条件的教员除外)。

15. 晋职申请次数的计算以申请材料送专家评审为准。院(系)在将申请人材料送专家评审前，应对申请人名单进行公布，申请人可以撤销申请；在申请材料送专家评审前撤销申请的，不计作正式申请。

16. 对特别优秀的教师，可以不受任职年限、学历的限制，按学校有关规定破格晋升(或招聘)。破格晋升计入正常晋升申请次数。

17. 教师在晋升(或受聘)为教授后,即获得长期职位,可以聘任至学校规定的退休年龄。学校将定期对教授和已取得长期职位的副教授进行考核,连续三年未完成岗位合同所规定的教学科研任务者,须离开原岗位,根据本人能力和校内岗位需要申请到其他系列岗位工作,经规定的申请和审批手续,签订新的岗位聘任协议,完成相应的岗位任务,享受相应的待遇;本人愿意也可以离开学校。对连续多次考核不合格的教授,各院(系)也可以降低级别聘用。单位被解散的教授,除非另有聘任,不再享有长期职位。

18. 教学科研系列教师符合学校规定的聘任条件可以申请应聘专任教师系列、实验技术系列、管理系列等岗位,获得批准后应办理相应的转聘手续。

三、关于教师聘任和晋升的学术标准

1. 新聘教师和教师职务晋升必须坚持以学术标准为主,具备优秀的教学、科研和社会服务业绩。学校保持学术标准靠的是有力的竞争机制、各级学术委员会严格把关和不断提高对教师质量的要求。

2. 学校将坚持新聘副教授和教授的学术水平必须高于现有副教授和教授的平均水平的原则,逐步提高教师队伍的整体水平。

3. 新聘的讲师(以及助教)须有相关专业领域扎实、系统的基础理论和得到研究方法的严格训练,有突出的学术贡献,有希望成为本领域的杰出学者和优秀教师。

4. 晋升或新聘任的副教授须有重要的、有影响的学术论文或专著,是本领域国内优秀的青年学者,达到相应年龄段所从事研究领域国内的前列,圆满完成教学工作量,教学效果优良。

5. 晋升或新聘任的教授必须是国内或国际同行公认的所从事学科领域有杰出成就的学者,有标志性的重要研究成果(论文或著作),圆满完成教学工作量,教学效果优良。

6. 教师聘任和晋升必须充分重视申请人的学风和师德。

7. 各院(系)学术委员会应根据学校教师人事体制改革的总体精神,制定本学科职务晋升的包括教学业绩在内的学术标准细则,保证晋升质量。

8. 学部应采取有效措施，保证同类学科不同院（系）的晋升标准基本一致。

四、关于聘任和职务晋升的组织和程序

1. 新聘教师和教师职务晋升均须遵守学校规定的程序进行，坚持公开、公正、公平和择优的原则。

2. 北京大学聘任教师和教师职务晋升实行行政审核和学术审核并行体制。行政审核由院（系）和学校两级构成，学术审核由院（系）（学科组）、学部、校学术委员会三级构成。

3. 各院（系）须成立教师招聘小组或招聘委员会，负责招聘工作的实施和协调。

4. 为发挥各单位教授在教师聘任和职务晋升中的作用，各院（系）在学术审议中建立"教授会"评议制度，对聘任教师和教师职务晋升进行民主评议。

（1）教授会评议的基本要求：对申请人的学术成就、教学能力、潜在能力和发展前景、本单位是否需要、与本单位同类教师相比的位置（超过平均水平/达到平均水平/达不到平均水平）做出评议意见。

（2）副教授不参加申请正教授职务的教授评议会；讲师不参加申请副教授职务的教授评议会。

（3）规模较大的学院可按学科领域划分教授会分会（是否组织教授分会，由各单位自行决定）。教授有权参加本单位所有分会的评议。各单位也可以跨学院聘请教授参加评议。

5. 新聘教师的招聘程序是：

（1）在国内外公开招聘信息。

（2）接受申请。

（3）院（系）学术委员会或招聘小组初选。

（4）选候选人来校参加面试（特殊情况可以委托面试小组在校外面试）。面试包括候选人向有相关专业教师和学术委员会委员参加的面试会议做学术演讲，并组织骨干教师与候选人单独交流等，广泛征求相关专业教师意见；如果新聘的是副教授或教授，须有教授会的评议意见。

(5)由院(系)学术委员会或教师聘任委员会决定是否同意聘任。

(6)正式候选人报学校人事部,由学校决定是否录用。其中:

新聘讲师职务,学校决定聘用,报到时即按讲师正式办理各种手续。

新聘副教授和教授按照《关于我校人才引进工作相关政策的说明》执行。

6. 申请人的申请材料应包括本人简历(包括学术简历)、三封以上专家推荐信、申请人代表作2~5篇。

7. 职务晋升的程序是:

(1)本人提出书面申请,申请书应包括申请人任现职以来的学术研究、教学和社会服务工作的报告,能代表自己学术水平的论文或专著。

(2)同行专家评议。

(3)申请人向本单位全体教授参加的"教授会"报告自己的研究成果,教授会应对申请人是否达到所申请职务水平进行广泛讨论,并通过无记名投票做民意测验。在教授会投票中同意票超过半数的,方可提交学术委员会审议。

(4)院(系)学术委员会审议。

(5)学部学术委员会审议。

(6)校学术委员会审议。

(7)校长批准。

8. 新聘教授和晋升教授由各单位组织同行评议,收回的同行评议书总数不少于5份,其中应有3位校外(包括境外)知名大学(或科研机构)教授做评议人。

9. 院长(系主任)应就院(系)提交学部和学校的晋升候选人写出独立意见,供学部和学校学术委员会评审时参考。

10. 为了保证晋升工作的质量,晋职申请人必须在院(系)学术委员会开会前三个月提出申请。学校只公布学部和校学术委员会的开会时间和院(系)每年上交申报材料的最后期限,不对申请人的申请时间和院(系)的评议时间做统一规定。

五、关于学术委员会的建设

1. 鉴于各级学术委员会在教员聘任和职务晋升中发挥着关键性作用,

为了保证改革方案的有效执行和改革目标的实现，学校将根据本方案的基本精神，进一步加强学术委员会的建设，规范各级学术委员会的运作。

2. 北京大学学术委员会组织由院（系）学术委员会（学科组）、学部学术委员会、校学术委员会三级构成。各级学术委员会行使对聘任教师和教师职务晋升的学术资格进行评议的权力。其中，院（系）学术委员会（学科组）和学部学术委员会是教师任职资格的基本审议机构；校学术委员会是教师任职资格的复审机构，并对规章制度和重大学术问题做决策。

3. 学校鼓励有条件的院（系）聘请校外知名大学和科研机构获得终身教职的教授担任学术委员会委员。考虑到工作的方便，在有外部委员的学术委员会，在学术委员会承担的职责中，除职务晋升工作之外，其他工作在外部成员缺席时做出的决策同样有效。

4. 各级学术委员会组成应保持一个合理的年龄结构。院（系）和学部学术委员会内部委员应为本院（系）和学部学术骨干，并有良好的公信力。院（系）和学部学术委员会委员和主任由院（系）和学部向学校提名候选人，校长审批任命。校学术委员会委员由校长直接任命。

第二章　大学教师胜任素质研究

企业领域胜任素质研究的兴旺发展和教育领域教师能力的基本定位模式变化，引发了大学教师胜任素质研究和探讨的热潮。大学教师胜任素质研究和应用对大学管理工具创新和教师人才培养能力提高具有深远的意义。本章主要从大学教师胜任素质的基础研究、大学教师胜任素质模型及应用研究以及大学教师胜任素质的发展三个方面，归纳总结大学教师胜任素质的研究动态和研究特点。

第一节　大学教师胜任素质研究的背景和意义

一、胜任素质研究的起源与发展

胜任素质(competence)也称为胜任力，是美国哈佛大学心理学教授戴维·麦克利兰(David McClelland)在1973年提出来的概念。他在《测量胜任特征而非智力》一书中指出："单凭学术能力倾向测验以及以知识为内容的测验并不能预测工作中的高绩效和在生活中取得的成功，而一些个人特征和胜任素质可以鉴别高绩效者。"他认为，胜任素质是一系列广泛的特性，只要与成功有关的心理或行为特征都可以看作胜任素质。

这个概念提出后,受到了西方企业界和学术界的极大关注。不久,以胜任素质来鉴别高绩效者和优秀员工的方法逐渐在西方人力资源管理过程中得到广泛运用。对胜任素质的研究为新经济时代人力资源管理开辟了新的途径。在传统人事管理向现代人力资源管理转变的过程中,员工的胜任素质日益成为组织核心竞争力的关键,成为组织竞争优势的来源。

自“胜任素质”和“胜任素质模型”引入我国以来,相关研究和实践已历时将近12年,胜任素质识别的方法和模型建立途径基本上已在学界达成共识,对企业的胜任素质研究已从传统的理论研究转向全方位的实证研究,最根本的方法和逻辑思维论证已经完成。在实践中,胜任素质模型已经成为企业管理的重要工具。借助于管理咨询公司的推力,现在越来越多的胜任素质研究都是针对如何结合某一行业或在某一特定企业进行胜任素质建模,并在此基础上利用建好的模型与企业的整个人力资源管理体系进行绑定管理,尤其是在人员招聘选拔、促进绩效管理等具体环节,使胜任素质模型在更大层面上、在更深层次上服务于企业管理。同时,胜任素质及其模型的研究也在教育领域开展起来,虽然研究和应用的深度和广度不及企业,但逐渐成为研究的热点。

二、教育领域胜任素质研究和应用的动力

最初教育领域对教师的管理是依照企业管理的研究和实践方法来进行的,教育教学活动被看作类似于生产过程,教师评价就像是对生产过程的监控。随着现代大学职能的拓展,大学生对教师依赖程度降低,学生知识获得、学业成就并不完全取决于教师;而工业组织员工的活动集体性强、个体性弱,教师教学活动的集体性弱、个体性强,过去那种过程产品式的教师管理受到了严峻的挑战。由于对教师的要求和管理方式不再等同于一般的职业,引起教师能力的基本定位模式变化,进而推动教育领域胜任素质研究的开展。

(一)从知识导向到能力导向

知识导向的教师评价体系过度看中大学教师是否具备充足的知识以

解释课堂中出现的理论、模型和问题；而基于能力的大学教师评价体系则注重于测评教师是否具有良好的综合能力来使学生获得丰富的知识和技能、积极的生活态度和解决复杂问题的能力。20 世纪 60 年代，随着教育心理学的不断发展，在美国联邦教育部署局的大力倡导下，基于能力本位的教师教育逐渐取代了传统的基于知识的教师教育研究。

最早的基于能力的大学教师测评开始于 1964 年，美国北卡罗来纳州教育部门率先开展了大学教师能力的标准化测评，随着这一举措在实际应用中获得重大成功，在 1984 年以后，美国半数左右的州都开展了教师能力测评项目。但是在不同地区，这种测评的过程和结果却不尽相同，有些州侧重于对教师基本技能和一些专业知识的测评，将这种胜任素质测评用于初始任职资格的确定，而其他一些州则制定了一些更为复杂的测评项目来确定教师的综合能力，目的是甄选出优秀的教师。此外，英国政府于 20 世纪 80 年代起为了提升教育质量，也大体推行基于能力的胜任素质测评，并设立专门的研究机构"国家教育评估中心"(NEAC)进行理论和实践研究。

在美英教育部门的推动下，能力导向的教师胜任素质研究终于被广大的学者和教师所认可，许多教师放弃了自身"知识传播者"的身份，转而将这份职业视为"教育设计师"。但是，他们却面临着新的困难——如何把这种抽象的思想理念转换为实际行动？即需要进行哪些学习和改善来达到这样一个目标。因此，大量学者以成为教育设计师所需要的核心能力为研究目标，在不同的情景下开发了针对教师的胜任素质模型来为相关大学教师进行能力提升提供指引。

(二)从注重标准技能到注重个性品质

能力导向的胜任素质研究方法由于其较强的实用性和针对性，逐渐成为许多学者、科研院所，特别是一些教育咨询机构的研究热点，但是其存在的一些缺点和有限性也引起了广大学者的关注。首先，根据胜任素质冰山模型可以看出，人的能力并不是胜任素质的最深层次，教师内在的固有品质往往决定了一个人能力拓展的界限，那么，既然能力只是品质的外在表现，这种能力导向的胜任素质研究能够从根本上提升教师的绩效吗？其次，教师作为一个高度柔性的知识型工作者，创立这种统一化的能力标准是否真正有利于其发挥自身的潜能？这种"预订能力"对教师的个性心理是否会产生消极影响？

随着麦克利兰和斯班瑟(Spencer)等学者基于心理品质的通用胜任素质模型的普遍应用，大量教育学工作者也开始反思这种侧重于技能和外在能力的胜任素质研究策略的有效性。泰格拉(Tigelaar,2004)认为，以往学界对于高等教育工作者的胜任素质评估，大多从知识、教学方法、指导技能、关心学生等外显能力展开，但显然忽视了大学教师的个性品质。事实上，技能和能力是随着时间和情景的变化可以从外部获得和更新的，但是教师的个性品质却是深层次的力量，决定了这些外显能力和知识的发展空间。这种内隐品质的提炼往往很难通过定量化手段进行，因此许多学者采用行为事件访谈法等定性研究方法来开展实证研究，但是这类研究多从文字性资料进行主观评判，内容效度和结构效度都可能存在问题，而随着研究的不断深入，众多学者的实证应用表明，此类研究具有较好的预测效度。

三、大学教师胜任素质研究的价值和意义

国外对教育领域胜任素质的研究几乎与企业管理的相关研究同步进行。而我国关于教师胜任素质的研究比较晚，在2000年以后逐渐开展起来。蔡永红(1999,2003)、曾晓东(2004)引用国外资料指出，教师胜任素质的评价(Competency Evaluation)是教师评价的一个重要类别，从理论角度探讨了教师胜任素质的内涵，教师胜任能力的评价依据、理论基础、评价目的和用途。

起初对教师胜任素质的研究主要局限于基础教育领域，针对大学教师胜任素质的研究是从2006年起步的，虽然之前有很多期刊论文探讨了大学教师的素质，但大多是单纯的定性分析，且研究零散，并不能归入胜

任素质研究范畴。我国大学教师胜任素质研究在六年内从无到有发展迅速，但是总量依然很少，总体处于萌芽阶段。

大学教师作为一个典型的知识型人才，是近年来胜任力研究的热点所在，并已从当初识别教师入职资格和培训需求的一个辅助工具，慢慢发展成为一个目标明确的开发活动。

大学教师胜任素质研究对于大学管理和大学教师本身都具有现实的指导意义。随着高等学校规模的迅速发展，大学教师数量的急剧增长，加之大学之间竞争日益激烈，迫使大学对教师的管理转向现代人力资源管理。各个大学组织机构中的人事部门，开始运用现代人力资源管理技术，肩负教师选聘培训、发展评价、教师资源储备、留职与辞退等重任，促使大学引入胜任素质理论为教师评价提供新的理论依据和技术方法。大学人事部门建立科学的胜任素质选拔和评价体系，可以减少管理工作的盲目和失误；大学教师了解并熟悉胜任素质模型，有助于对自身进行客观的分析评价，并在教学和科研实践中不断进行自我调整，有针对性地进行自身能力建设，从而达到有效自我管理的实效性。

第二节　大学教师胜任素质的基础研究

一、对大学教师胜任素质的理解

理解大学教师胜任素质的内涵是从界定胜任素质出发的。对胜任素质的界定仍未达成共识，进而使人们对大学教师胜任素质的理解产生不同的认识。

（一）胜任素质的定义和特征

1. 胜任素质的定义

美国心理学家麦克利兰首次提出胜任素质的概念，他将胜任素质定义为从第一手资料直接获得、真正能区分拟研究的生活成就或工作绩效优劣的个人条件和行为特征。之后，许多学者对胜任素质的定义提出了比较有影响的观点。具体包括以下几位学者及其观点：

(1)博亚齐茨(Boyatzis,1982)认为胜任力是指某个人所具备的某些潜在特质,而这些潜在特质就是导致和影响个人在工作上表现出更好、更有效率的工作绩效和成果的基本关键特质。这些潜在特质包括个人动机、特质、技能、自我形象或社会角色或他所使用的知识实体等。

(2)美国的合益(Hay)公司认为胜任力是指能够把平均水平者与高绩效者区分开来的任何动机、态度、技能、知识、行为或个人特点。

(3)斯班瑟(1993)认为胜任力是指能将某一工作中表现优异者与表现平平者区分开来的个人潜在的、深层次特征,它可以是动机、特质、自我形象、态度或者价值观、某领域知识、认知或行为技能——任何可以被可靠测量或计数的并且能够显著区分优秀与一般绩效的个体的特征。

(4)麦克利兰(1994)认为胜任力是指能将高绩效者与一般绩效者区分开来的可以通过可信的方式度量出来的动机、特质、自我概念、态度、价值观、知识、可识别的行为技能和个人特质。

其中,关于胜任素质的定义中,最有代表性的、影响最大的是斯班瑟夫妇提出的定义。他们认为胜任素质是指某一工作(或组织、文化)中表现优秀者与表现一般者区别开来的个体特征,即鉴别胜任素质,以及能将某一工作(或组织、文化)中表现合格者与表现不合格者区分开来的个体特征,即基准胜任素质。

关于胜任素质的基本内容构成,麦克利兰认为胜任素质包括六个方面:①知识,某一行为领域的有用信息;②技能,从事某一活动的熟练程度;③希望在他人面前表现出来的形象;④自我概念,即对自己的身份、个性和价值的认识和看法;⑤特质,即个体行为方面相对持久、稳定的特征;⑥动机,指那些决定外显行为的自然而稳定的思想。

描述胜任素质特征的基础模型是冰山模型。在冰山模型中,胜任素质的六个方面内容构成了一个有机的层次体系。知识和技能是冰山的水上部分,是胜任能力最表层的内容,容易发现,也容易通过培训来改变和发展,但是不能预测或者决定是否有卓越的表现;而社会角色、自我概念、特质和动机是冰山隐藏在水下的部分，不容易被发现和测量，是胜任能力中比较深层的内容，它们决定了人们行为和表现的关键因素。

2. 胜任素质的核心特征

胜任素质具有六个核心特征，即客观性、深层次性、因果关联性、分级可测评性、行为可测评性和关注突破点。

（1）客观性强调胜任素质是通过对比两组人，指出他们之间的根本区别，而不是完成工作所需要具备特征的假设。

（2）深层次性特征指的是胜任素质是跨情境、跨时间的行为或思维风格，是深层次和持久的部分，能够预测个体在广泛的环境和工作任务中的行为。相对于浅层次的知识和技能相对容易改变而言，深层次的特质和动机是难以评估和改进的。对于组织的招聘和选拔工作来说，深层次的特征最有价值，而且工作任务越复杂，深层次的特征越重要。

（3）因果关联性是指胜任素质与所引起和预测的行为和绩效之间的关系。一般来说，动机、特质和自我概念等胜任素质将预测行为的反应方式，而行为反应方式又将影响工作绩效的效果。胜任素质总是包含着引起行动指向结果的动机和特质。

（4）分级可测评性是指每一项胜任素质都可以从几个维度来测量，而这一过程是通过将每个维度划分为不同的等级来实现的。级别之间的差距必须是刚好可以觉察的。

（5）行为可测评性是指胜任素质可以划分一系列的等级，每一等级都有各自的行为描述，可以根据工作的具体操作性事例来客观地衡量胜任素质处于哪一等级。

（6）关注突破点是指不同胜任素质层级对应着不同的绩效，随着胜任素质层级的提高，绩效水平也随之提高。在胜任素质的某个层级点，绩效将会出现大幅度的提高，这一点叫突破点或回报点。在突破点上，绩效的提升幅度最大。要通过提高胜任素质层级来使绩效提升，花在突破点之前的时间和努力是十分值得的，花在突破点之后的时间和努力最好用于其他胜任素质。

（二）大学教师胜任素质

国内外学术界还没有关于大学教师胜任素质的统一的标准定义。对于大学教师胜任素质的界定有三种有代表性的观点：

第一种，丹奈克（Dineke，1997）提出，大学教师胜任素质（Teaching Competency）是指大学教师的人格特征、知识和在不同教学背景下所需要的教学技巧及教学态度的综合。

第二种，邢强与孟卫青（2003）提出，大学教师胜任素质是指大学教师个体所具备的、与实施成功教学有关的一种专业知识、专业技能和专业价值观；它隶属于大学教师的个体特征，是大学教师从事成功教学的必要条件和大学教师教育机构的主要培养目标。

第三种，李长华和曾晓东（2004）认为，大学教师胜任素质是指大学教师知道的（知识）、能做的（技能）、信仰的（价值观）的具体内容，它直接影响大学教师的教学成绩，但它并不指这些因素的作用效果。

国内外学者均认同的一点是，大学教师胜任素质的定义应该包括与实施成功教学有关的专业知识和专业技能，但在胜任素质其他特征上则存在争议：国外学者认为大学教师的人格特征能够表现胜任素质，而国内学者则认为大学教师的专业价值观，即个人品德、职业道德能够表现胜任素质。

综上所述，大学教师胜任素质应包括以下几个方面：首先，针对的是大学教师的个体在不同环境下的综合素质；其次，大学教师个体应具备的主要特征包括专业知识、专业技能和专业价值观等，并且要与实践结合；再次，专业知识、专业技能和专业价值观等具体内容直接作用教学成绩，并不指这些因素的作用效果。

根据麦克利兰的研究，可以将大学教师胜任素质的结构分为两大类，即基准胜任素质和鉴别性胜任素质，基准胜任素质包括专业知识和专业技能，这是对胜任者基础素质的要求，是外显部分；鉴别性胜任素质包括专业态度或价值观，是区分业绩优秀者与业绩平平者的关键因素，是内隐部分。

二、大学教师胜任素质模型的构建理论及方法

(一)胜任素质模型及其特征

1. 胜任素质模型的定义与分类

胜任素质模型是指为完成某项工作、达成某一目标所需要的一系列不同胜任素质的组合,包括不同的动机表现、个性与品质要求、自我形象与社会角色特征以及知识与技能水平。它描述的是特定组织特定职位所要求具备的胜任素质,以及这些胜任素质之间的权重关系。

胜任素质模型具有以下特征;由 4~6 项胜任素质组成;每项胜任素质在整个模型中有一定的权重;每项胜任素质都有明确的界定;部分胜任素质还界定了所必须达到的等级。

胜任素质模型按所预测的绩效标准,可以划分为基准胜任素质模型和鉴别性胜任素质模型;按工作性质和特点、不同工作范围和目标、需求,可以划分为职位胜任素质模型、职能胜任素质模型、角色胜任素质模型和组织胜任素质模型四类。

2. 胜任素质模型内容要项和分级

美国心理学家麦克利兰的素质模型是建立胜任素质的基本出发点。他经过研究提炼并形成了 21 项通用素质要项,并将 21 项素质要项划分为 6 个具体的素质族,同时依据每个素质族中对行为与绩效差异产生影响的显著程度,将其划分为 2~5 项具体的素质。6 个素质族及其包含的具体素质如下:①管理族,包括团队合作、培养人才、监控能力、领导能力等;②认知族,包括演绎思维、归纳思维、专业知识与技能等;③自我概念族,包括自信等;④影响力族,包括影响力、关系建立等;⑤目标与行动族,包括成就导向、主动性、信息收集等;⑥帮助与服务族,包括人际理解力、客户服务等。

素质模型本身还存在着几种不同的分级方法,不同的方法具有不同的功效。我国国内目前已经存在三种比较典型的分级方法:

第一种分级方法针对具体岗位,按照岗位的业绩表现进行分级,并且

一项素质可分为业绩突出(出色)、业绩优秀、业绩合格、业绩不合格几个级别。第一种标准针对具体岗位,所以,其行为指标可以为绩效指标的制定提供很好的参考,也可以为培训、招聘提供合理的标准指引,但是,其缺点是不能够提供不同岗位之间的可比性。

第二种分级方法针对具体素质,按照素质的影响范围、强度和驱动力进行分级,一项素质可以分为 -2 到 +5 几个级别,在此基础上,再确定具体岗位对应的级别。第二种标准针对具体素质,并确定了具体岗位对应的级别,所以其弥补了第一种分级标准的不足,较理想地实现了相同岗位之间和不同岗位之间的对比,但是其依据的"影响范围、强度以及驱动力"的分级标准在实践应用中的可操作性太差,各项素质能级之间的鉴别性不强。

第三种分级方法与岗位职责和个人的职业发展路径相结合,按照个人职业成长与发展的过程进行分级,一般分为学习成长阶段、独立应用阶段、提高扩展阶段、指导他人阶段和领导他人阶段。第三种标准与岗位责任和个人发展相结合,大大提高了各项素质层级划分的可操作性,其缺点主要是不能够提供同一岗位不同个体之间的可比性。

组织必须根据自己的实际和开展素质模型项目的目的,选择或创新最适合的分级方法。

(二)大学教师胜任素质建模思路和方法探讨

实践中,多采用调查或测量等实证手段分析优秀教师素质,或者通过经验总结形式对教师素质进行归纳,或者对不同人群所认为的理想教师应具备的心理素质进行调查,从而得到优秀教师应该具备的素质结构或基本的心理品质。研究的重心和问题有教师的认知类型、教师的仪表仪态、价值取向等方面。

构建胜任素质模型的一般流程是:定义绩效标准—选取分析样本—获取样本有关胜任特征的数据资料—构建胜任素质模型。而构建胜任素质模型的方法多种多样。

1. 胜任力建模的三种基本思路种

胜任力建模的基本思路有以下三种：

第一种思路是确定与组织核心观点和价值观相一致的胜任力。这种思路确定的胜任特征更关注塑造与所在组织文化相适应的员工，其前提是组织必须有经过检验的核心价值观并已形成相对稳定且鲜明的组织文化。它最大的优点是揭示了“冰山”模型中的深层胜任特征。它采用的途径是职业分析方法。基于对某一职业或专业及其必需的职责和任务的职能分析，常常会产生一个广泛的胜任特征清单，常常要建立绩效标准（彭剑峰，2003）。

第二种思路和途径源于麦克利兰、合益公司、哈佛商学院等的研究（Klemp，1977；Spencer，1983）。这种思路通常使用关键事件访谈法，选择那些高绩效的岗位角色，从中抽取其特征。这种开发途径隐含的前提是已经确定出“正确的事”，余下的任务就是“正确做事”，即提高在职员工的绩效，改善其胜任特征。这种思路要求模型开发人员达到很专业的访谈技能水平，这种方法在英美两国管理教育中产生了一些影响。

第三种思路是根据行业关键成功因素（Key Success Factors，KSFs）开发胜任特征模型。汤普森（Thompson）和斯特里克兰德（Strickland）指出这种方法的关键是之一就是要识别并获取行业关键成功因素。其原理是“人—职——组织”匹配原理。在管理实践中，开发企业的核心胜任力时，通常采用 KSFs 方法。

这几种途径各自发展，常常被视为是相互独立的。

2. 我国建立胜任特征模型的两种基本途径

我国建立胜任特征模型有两种基本途径，一种是研究途径，另一种是实践途径。许多研究人员在开发模型时沿袭的是经典的实证研究路线，而在更多的企业胜任力模型开发中应用的是实践途径。胜任力建模的研究途径强调系统的数据采集和分析，对有关证据的数量也要预先定好一个原则，以保证在模型中能够尽量包括各种胜任特征和模型。研究途径也强调区分由各种个人特点连在一起的结构。从概念或经验上，这些特点能够与其他人有所区分。麦克利兰及其同事采用的是研究途径。工业心理学在实践中除了运用传统的工作分析,也使用了研究途径。研究途径的一个最大优势是建构的胜任力模型效度有很好的保证。研究途径能够精确地识别出高绩效者经常表现出来的行为与管理人员、专家们认为对高绩效者通常最为重要的因素之间的差别。正是由于它的信度,使用研究途径建构的胜任力模型能够经受住挑战。

3. 我国学者构建大学教师胜任素质模型的三种主要方法

我国学者构建大学教师胜任素质的三种主要方法如下:

第一种,行为事件访谈法。目前得到公认且最有效的方法是麦克利兰结合关键事件法和主题统觉测验而提出的行为事件访谈法(BEI),即采用开放式的行为回顾探察技术,对被访谈者回答设计问题的内容进行分析,从而确定被访谈者所表现出来的胜任特征,再通过对比担任某一职位角色的卓越成就者和表现平平者所体现出的胜任特征差异,确定该职位角色的胜任特征模型。但是,BEI 法属于定性研究,缺乏量化手段和方法,容易受到主观因素影响,需要引进量化的研究方法来丰富教师胜任素质模型研究。

第二种,层次分析法。美国运筹学家赛迪(Saaty)教授于 20 世纪 70 年代初提出的层次分析法(简称 AHP 法)是一种简便、灵活的多准则决策的数学方法,可以实现由定性到定量的转化,把复杂的问题系统化、层次化。评价指标体系按照总目标、一级指标和二级指标划分为三个不同层次。第一层为综合评价层,第二层为一级评价指标层,第三层为二级指标层,最下层为待评价的对象。同时,为了更加全面地反映各指标对综合评价的影响程度,再利用特定的数学方法来计算和确定每一层次的因素权重,最后以计量值从高至低排出主次顺序来分析解决中心问题。这种定量分析一般用作对定性分析的补充。但层次分析法只能揭示目标因素构造层次和直接组成成分之间的显性关系,不能揭示因素结构内部所隐含的结构关系。

第三种,灰色决策模型。灰色系统理论认为,灰色关联度是事物之间、因素之间关联程度和数量的表现。刘光洁(2004)提出了教师素质评价的灰色决策模型;他将教师素质分为两个层次,第一层包含教师素质和教师状态,第二层是这两个维度的再次划分,其中教师素质包含工作绩效、专业水平、品德操行,教师状态包含工作意愿和责任感,并综合得出教师胜任素质模型包括教师素质(工作绩效、专业水平、品德操行)和教师状态(工作意愿、责任感)。但是,灰色决策模型对数学、统计知识要求较高,过于侧重定量分析,并且层次划分上较复杂,要求有丰富的行业经验。

另外,构建胜任特征模型的一般通用方法还有问卷调查、专家小组、观察法等。但是,调查问卷设计影响调查结果的准确度,调查结果广而不深,问卷调查经常采用由用户自己填答问卷的方式,所以其调查结果的质量常常得不到保证,问卷调查的回收率也难以保证。专家小组所说的观点并不一定都具有典型性。观察法中研究者处于被动的地位,往往难以观察到研究所需要的行为,搜集资料较费时;观察所获得的结果往往只能说明"是什么",而不能解释"为什么"。

(三)胜任素质模型的检验

斯班瑟等(1993)提出验证胜任力模型有效性的三种方法:

第一种方法是"同时交叉效度"(Concurrent Cross Validation),即在同一时间使用第一个效标样本的评分标准,来预测第二个效标样本的胜任力模型是否正确。先搜集优秀绩效者与一般绩效者的第二个效标样本资料,进行行为事件访谈,根据访谈分析结果判断第一次研究的胜任力模型是否可以预测出第二个样本中的优秀绩效者和普通绩效者。

第二种方法是"同时构想效度"(Concurrent Construct Validation),即建构胜任力测验,或情境评价方法,或其他评估方式,在同一时间预测某些人的表现。研究者设计测验,评估胜任力模型描述的胜任特征,并用来测试第二个样本中优秀绩效者和普通绩效者。或者,由主管或其他专业的观察人员运用评分表,对第二个样本的胜任力进行评定。如果胜任力模型与测验或评分表都有效,即评价结果与效标一致,则第三个样本中优秀绩效者应该在测验中获得较高得分。

第三种方法是“预测效度”。使用胜任力模型进行人员选拔或训练，然后，追踪调查他们未来的工作表现，判断是否更好。这种验证方法最有效。选择使用测验法验证模型，依据 BEI 访谈资料，编制测验，抽取不同的被试实施测验，其研究结论得到了交叉验证，同时，也证明测验法完全可以验证胜任力模型。目前，用 BEI 方法在决断一个人将来是否成功时，主要是通过检查其过去的行为和表现，而不是简单地依赖受访者对假设问题的回答。

第三节 大学教师胜任素质模型及应用的成果研究

一、大学教师胜任素质模型研究成果

大学教师胜任素质模型的研究开发呈现出多角度、多方法的特点，为进一步研究和实践应用提供了多种可能。

（一）国外大学教师的胜任素质模型

英国国家教育评价中心在 20 世纪 90 年代初开展了学校管理者胜任素质研究并建立了学校管理者胜任素质模型，即日常管理素质包括分析问题的能力、判别力、组织能力、决断力，心理潜质包括领导力、敏锐性、意志力，人际沟通素质包括口头交流能力、书面交流能力，个人广度素质包括兴趣广泛、自我激励、明确的教育价值观。

美国的 Hay 公司于 2000 年 6 月向美国教育与就业部提交了一份题为“高绩效教师模型”的报告，提出了高绩效教师的五种胜任特征群，即专业化（挑战与支持、信心、创造信任感、尊敬他人）、领导（灵活性、拥有负责任的朋友、管理学生、学习热情）、思维（分析性、概念性）、计划并设定期望（向上动力、信息搜寻、主动性）、与他人关系（影响力、团队精神、理解他人）。此外，这个报告还提出了高绩效教师经常使用的 7 种技术：有较高期望、能很好计划课程、使用多种多样鼓励学生的技术、对学生管理有清晰的策略、明智地安排时间和资源、能够使用一系列评估方法、经

常布置家庭作业等。Hay 公司还研究了不同规模和类型学校高绩效学校领导的特点，提出了优秀学校领导的胜任素质模型。

丹尼尔森(Danielson,1996)等人提出了教师胜任素质模型的 4 个维度，即计划与准备、教师环境监控、教学和专业责任感。

比斯切夫和格罗伯勒(Bisschoff & Grobler,1998)运用结构化问卷对教师胜任素质进行研究，认为教师胜任素质包括学习环境、教师专业承诺、纪律、教师教学基础、教师反思、教师合作能力、有效性和领导 8 个层面，并对其进行了因素探索，最后提出了 2 因素模型，即教育胜任素质和协作胜任素质。

澳大利亚维多利亚独立学校协会(AISV,2003)的一项调查指出，教师胜任素质是一个多因素模型结构，由 15 个因素组成，即沟通能力、计划和组织、工作标准、适应性、人际关系建立、发展友谊、持续性学习、技术或专业知识、辅导、决策、以学习者为中心、质量关注、信息监控、创新、行动发起等，其对成功教学行为至关重要。

(二)国内大学教师的胜任素质模型

国内研究的初始模型基本上以国外的胜任素质模型为基础，但方法多样，视角不同。

1. 从个性品质维度、任职能力或综合角度展开研究

王昱、戴良铁等(2006)以大学教师为研究对象，通过行为事件访谈法和文献查阅法收集有关条目，编制了大学教师胜任特征问卷。在对初试问卷和正式问卷的数据进行因素分析和信度、效度检验的基础上，得出大学教师胜任特征包括以下 7 个结构维度：创新能力、获取信息的能力、人际理解力、责任心、思维能力、关系建立、成就导向。

胡晓军(2007)采用层次分析法进行研究，确定了包含知识素质、能力素质和人格素质 3 个大类的大学教师胜任素质模型。

翟海燕、蔡丙楼(2010)提出了个体维度、工作任务维度和大学发展战略维度的三维整合模型。个体维度涉及教师的人格、效能感、态度等；任务维度涉及教师工作任务在专业性、创造性、协作性等方面的特性；战略维度涉及研究型、教学研究型、应用型等大学的典型战略选择。

2. 基于大学类型和区域特点进行研究

何向荣(2005)对高等职业技术学院绩效管理的模式进行了研究。该研究建立了一个高职教师的胜任特征模型，包括9个胜任特征：成就取向、主动性、团队精神、诚信、专业知识、学习与科研能力、创新能力、计划能力和沟通能力。张议元、马建辉(2006)运用行为事件访谈法建立了高职教师胜任素质模型。该模型包括专业胜任素质、心理胜任素质、职业操守特征、行为胜任素质4个维度，包括专业知识、专业技能、成就导向、主动性、适应性、合作精神、责任心、组织认同、影响力、概念式思维、人际理解力、寻求咨询能力12项胜任特征。

鲍广德(2009)以北京市经济管理类大学教师为研究对象，认为经济管理类大学教师的胜任素质模型包括两大部分：一是基准胜任素质，包括13个项，即责任心、创新能力、诚实正直、组织协调能力、学习能力、敬业精神、帮助学生、沟通能力、尊重他人、团队合作、具有扎实的专业基础、理论联系实际、主动性；二是鉴别性胜任素质，包括11个项目，即进取心、领导能力、反思能力、理解能力、自我完善、接受挑战、科研能力、前瞻性、培养学生、感召力和影响力、成就意识。优秀教师的胜任特征具有一定的区分鉴别能力，而一般教师具有的胜任特征则属于门槛胜任力，是一个合格教师必须具备的胜任力。

薛琴(2008)调查分析提取了教学型大学教师胜任要素，形成了教学型大学教师胜任素质模型调查问卷；通过实证分析构建了教学型大学教师胜任因子模型，包括师德族、思维方式族、关系建立族、成就导向族、知识技能族、职业承诺族、与时俱进族；然后，运用主成分分析法获得教师胜任因子得分及因子权重，构建了完整的教学型大学教师胜任素质模型。

张大伟(2009)分析了研究型大学教师的胜任素质。他认为研究型大学的内部特征和研究型大学师资队伍的特征，使研究型大学对师资队伍中个体素质、工作条件和学术环境的要求有其特殊性，具体表现在：①大学的教育者是学习型、研究型、创新型的个体；②教师个体知识既博又专；③科技工作者是协作型的个体；④个体是进取型的。研究型大学教师应具备的基本素质要求是：科学研究奉献的精神；良好的科学道德；研究的持久性和专注性；知识的共享和传授。

任嵘嵘等(2007)通过对120余名学生和老师的问卷调查，从领导、学生和同行3个维度进行综合评价，确定了河北省大学教学型教师的胜任模型，包括专业能力、驱动能力与个人成熟3个维度。

汤舒俊、刘亚、郭永玉(2000)调查了中南地区5所大学15个不同专业的现任在岗教师，采用行为事件法对省部级"高等学校教育名师奖"或校级"教学名师"荣誉称号获得者进行访谈，确定了大学教师的胜任素质特征，据此形成胜任素质调查问卷。进行全面调查以及探索性因素分析表明大学教师的胜任素质可以归为4个因子：人格魅力、学生导向、教学水平和科研能力，验证性因素分析表明该模型拟合良好。4个因子体现了一名绩效优秀的大学教师的胜任素质结构：人格魅力是根本，教学水平和科研能力是两大支柱，学生导向是终极结果体现。

李忠民(2010)提取了我国西部高等学校教师胜任特征，构建了西部大学胜任素质结构模型。经过测验，胜任教师胜任素质中提取的个体特征、关心班级、专业素养、人际沟通、人际关系能力、职业偏好、尊重他人、理解人这8个因子与胜任素质模型中的胜任特征指标具有较高的吻合度。

3. 不同层次及胜任素质族间关系的研究

徐建平(2004)建构的大学教师胜任素质结构模型中，包括优秀大学教师胜任力特征和大学教师共有的胜任力特征两个主要部分。其中，优秀大学教师的胜任力包括11项特征：进取心、责任感、理解他人、自我控制、专业知识与技能、情绪觉察能力、挑战与支持、自信心、概念性思考、自我评估、效率感。大学教师共有的胜任力包括11种特征：组织管理能力、正直诚实、创造性、宽容性、团队协作、反思能力、职业偏好、沟通技能、尊敬他人、分析性思维、稳定的情绪。并用测验法对这一模型进行了验证，证明结构良好，维度有效。

林立杰(2010)从知识工作者角度,通过专家访谈、关键事件访谈和问卷调查,确定了36项大学教师胜任力模型要素,并将其确定为个性要素族、必备知识族、工作技能和综合能力族,如表2.1所示。在胜任力模型的基础上提出了基于共协整合关系的大学教师非线性胜任力评价方法,克服了传统线性方法的局限性,能较好地反映要素间的共协效应。同时,作者也回答了教师胜任力来源于"工作中经验积累和自我学习"的具体原因。

表2.1 大学知识工作者胜任力模型构成要素

胜任力族	胜任力要素
个性要素族	责任心、自信心、自我控制能力、成就动机、身体适应能力、移情能力、坚韧性、恃强性、变革性、独立性
必备知识族	理论知识、专业知识、环境知识、组织知识
工作技能和综合能力族	学习能力、语言表达能力、观察能力、创新能力、信息采集能力、动手能力、综合分析能力、理解能力、自我发展能力、团队合作能力、指导能力、倾听能力、应变适应能力、关系构建能力、解决问题能力、解决冲突能力、逻辑思维能力、发散思维能力、前瞻性思维能力、提供与反馈能力、定量分析能力、影响他人能力

资料来源:林立杰,高俊山,毛建军.大学知识工作者个体工作胜任力研究[J].现代大学教育,2006,7(3):5-11.

对大学教师胜任力要素与个人业绩关系进行实证研究的结果表明,大学知识工作者胜任力模型中提出的3族36项胜任力要素与个人业绩有紧密的正相关关系。数据分析显示,个性要素族中与个人业绩关系最密切的是自信心和成就动机;必备知识族中与个人业绩关系最密切的胜任力要素是专业知识;工作技能和综合能力族中与个人业绩关系最密切的胜任力要素是信息采集能力、创新能力和学习能力。

大学知识工作者的胜任素质模型是一个多要素、多层次且相互联系的有机系统。不同胜任要素之间的关系符合系统论原理,具有共协作用。这种共协作用的基本形式有三种,即共协抑制、共协补偿和共协促进。属于同一族的各胜任要素在性质上具有相似性，如工作技能和综合能力族中的综合分析能力、逻辑思维能力、发散思维能力、前瞻性思维能力等。虽然同族内各要素反映的是不同方面的能力，但这些要素水平的高低对个人通过这一胜任力族表现出的综合能力的影响是一种共协补偿的关系，即胜任力要素水平有强有弱时，某些强的要素对弱的要素具有一定的补偿作用，从而保持胜任力族的高水平；当各要素水平都处于一个较高水平时，要素之间的协同作用使得个人在该胜任力族上表现出更高的水平；当各要素都处于一个较低的水平时，要素之间的共协抑制作用使得个人在该族上表现出的综合胜任力处于更低的水平。基于大学知识工作者胜任力的有机性，综合考虑了大学知识工作者胜任力族间和族内要素间的有机作用，即族间要素之间共生抑制、族内要素之间协同互补，对大学教师胜任素质进行测评时，要采用基于胜任力族间共生性质力和族内要素间共协补偿性质的整体胜任力水平评价法。

（三）大学教师胜任力模型的改进和发展空间

1. 模型的预测效度尚待检验

目前，我国大学教师胜任力模型的有关研究没有考虑到模型与学生成绩、学校发展战略等关键相关因素之间的联系，使得研究结论缺乏在实践使用中的预测效度。戴维斯（Davis，2006）的研究表明，在通过实证调查得出的教师胜任力模型中，并不是模型中所有的胜任力维度都可以对学生绩效产生强烈影响，需要对大学教师胜任素质进行测量。

应用测量学对大学教师胜任素质进行评价，只是研究的初始阶段，以后需要在更大范围内完善《大学教师胜任力编码词典》，验证、修订大学教师胜任素质结构模型，使其动态发展，进一步提高模型的概括性、代表性和指导性，建立大学教师胜任力测验常模，并形成大学教师胜任素质基本词典。

2. 大学教师的胜任特征有待强化

我国大学教师胜任力模型同其他教师胜任力模型相比，不能有效体现出大学教师的独特品质。例如，如果将王昱等（2006）提出的大学教师胜任力模型与徐建平和张厚粲(2006)进行的中小学教师胜任力研究结果相比,其所提出的6个胜任力维度大多在徐建平的最终模型中得以体现,这样并不能体现出大学教师身上所应具备的独特性,大学教师胜任素质研究应注重对大学特色胜任力的鉴别。

虽然从不同角度和不同研究对象出发,对大学教师的胜任特征进行了分析和研究,但由于大学教师工作的复杂性,对大学教师胜任素质研究还没有形成一个较清晰、明确的胜任素质模型,与其他教育领域的教师相比,对大学教师的胜任素质研究还不够突出其行业特点。

3. 存在文化适应性问题

目前在我国大学教师胜任力研究中,文化适应性研究相对比较薄弱,以西方理论为基础构建胜任力模型固然可以大大提升研究效率,但胜任力思想源于低情景性、侧重效率和规则的西方文化环境,在看重关系人情、官本位的中国传统文化环境中,很有必要进行系统性创新使胜任力模型更具实用性。

4. 多种研究方法应综合使用

许多研究我国教师胜任素质的文献中,都会重点介绍并推荐麦克利兰所提出的行为事件访谈法(BEI)来构建胜任力模型。作为一种定性和定量研究相结合的一种胜任力提取的有效方法,BEI虽具有诸多优点,但是其也具有明显的缺陷,如工作量巨大、样本量受到严格限制、对访谈主持人要求较高、无法提取通用性胜任力等。为了使研究结果更能被广泛接受,应注重多种方法的综合使用。例如,工作日志法是前期资料收集的最有效途径,BEI法和结构化访谈是构建初始胜任力模型的良好选择,焦点小组谈论则更加快速便捷,问卷调查则是大样本验证模型信度、效度的较好方法。

二、大学教师胜任素质应用研究

把胜任素质理论应用到大学教师的人力资源管理环节,是大学教师管理方法和管理工具的重要创新。大学教师胜任素质的应用研究多集中于探讨招聘体系和绩效评价体系,而胜任素质模型在薪酬管理和培训中的应用研究则较少。

(一)基于胜任素质的大学教师评价研究特点

把胜任素质理论引入大学教师评价体系是大学教师胜任素质应用研究的重要内容。

评价的一般流程是:①依据大学教师胜任素质模型确定大学教师获得成功需要的各种能力和行为;②设计测量胜任力所需的、与职业相关的模拟练习;③评价被评价者的表现,给出测查报告,要求评估者经过严格挑选和专门培训;④评价大学教师目前的胜任力状况,并与标准或理想状况进行比较,找出差距。

基于胜任素质的大学教师评价研究体现了四个方面的重要特色:

1. 贯穿大学教师职业生涯全过程的发展性评价

传统的胜任素质评价多用于教师的职前阶段,而现代的胜任素质评价更多地关注教师职业生涯的全过程。传统的胜任素质评价主要关注的是教师在上岗之前所学的知识,能否教学,是否具有教师资格。评价的方法大多采取笔试和试讲再加上对学历、学位和一些资格证书的查验。胜任素质评价关注的是教师作为一个专业工作者在教育教学、研究开发等实现高等教育社会功能活动中的实际行为,以及实施这些行为的心理状态和对这些行为的反思过程。由于这种行为伴随教师职业生涯,因此,不同的职业发展阶段,对胜任素质有不同层次的要求。因此,大学教师胜任素质评价是一个动态的发展性评价。一般来说,大学教师胜任素质经过评价之后,需要根据评价结果与被评价者就被评价者的职业发展进行讨论,并在达成共识的基础上制订具体的发展计划,通常这样的发展计划要执行两到三年,在此期间,要根据新的胜任素质评价结果不断地提供指导和帮助。

2. 适应大学教师角色的多样化

大学教师的角色具有多样化特征,不像中小学教师的角色几乎都是教育教学,大学教师有的以教学为主,有的以科研为主,有的以管理为主,或者兼而有之。

他们的岗位职责不同，胜任素质的内容也不同。同时，大学普遍存在助教、讲师、副教授、教授四级职称结构，相应地每一层级的任职资格也不一样，这就在胜任素质上有不同程度的要求。虽然任职资格是某职称教师达到合格水平应具备的各项要素的结合，包括知识、技能、经验、学历等，它可以判断教师是否达到了某职称所要求的最低要求，但不能判断教师是否达到了优秀程度，因此，在进行胜任素质评价的过程中，应在科学工作分析基础上确定相应的任职资格，进而确定胜任素质的评价内容。

另外，作为专业化的知识工作者，大学教师的评价还必须走专业化的道路，坚持专业人员的自主性，保证专业化职业的评价标准由本专业人员自己评定。

3. 可鉴别性胜任素质是教师胜任素质评价的关键

基准胜任素质是对新任者基础素质的要求，具体包括教师的专业知识和专业技能的水平。基准胜任素质可以通过定量技术对教师的专业知识和专业技能进行测评而得出量化的结论，其科学性强；而鉴别性胜任素质包括专业态度和价值观，难以对其进行量化评价，常通过主观判断对其做定性评价，其科学性不强。但是，鉴别性胜任素质评价是区别业绩优秀者和业绩平平者的关键因素，关系到教师胜任素质评价的成败，研究一般都把鉴别性胜任素质评价作为教师胜任素质评价的关键。

4. 注重评价设计的实效性

胜任力评价中进行的职位分析一般借鉴工业管理领域的职位分析问卷调查法。这种问卷概括了完成工作过程的特征要素，如知识、技能、潜质、工作环境、人际关系、报酬办法、时间特点等。在职位分析过程中强调将职位按工作特征要素进行分析，再根据职位分析问卷给出的记分标准，确定职位在各个要素上的得分，按要素层次和指标的级别给定相应的权重；同时，设计评价胜任素质要素所需的、与职位相关的模拟测验最低一级指标的分值，达到职位量化分析的目的。

为保证测验的效度和信度，运用幻灯片、微格教室、计算机等多媒体技术模拟课堂教学情境，让被测者即时做出反应，使测量的结果接近于被测者在实践中的做法。这种难度相近的测量保证了测验的信度,同时,这种方法要求参与测评的专家组成员应当是经验丰富的专业人士,评定的过程中可以通过掐头去尾均等角色等办法提高测验的效度。最后,计算测评结果,给出评价报告。通常采取的方法是运用统计学中的模糊综合评判法,根据各级指标的不同权重逐级计算,直到得出最后测评结果。

另外,对大学教师胜任素质采用多角度的评价方式,包括学生角度的主观评价、教师自我评价、学生教师对经验丰富教师行为的观察、同事和校长及教育管理人员对教师资格的考评。评价之后还需要对教师职业品质与教学成功之间的相关度进行分析。

(二)基于胜任素质的招聘体系

构建基于胜任能力评价的教师招聘工作体系是建立在胜任能力模型和职位分析之上的。在招聘流程中的资格审查、面试、模拟测验、面谈录用和聘后评估四个环节甄选大学教师胜任素质。

第一,资格审查主要考察应聘者的学历、专业、毕业学校是否具有做教师的资格等硬性指标,并根据职位的不同安排相应的笔试,具体内容可模仿公务员考试的综合素质考试,以考察应聘者的智力水平和基本能力。

第二,将面试所获得的在某个职位上表现一般的教师以及表现优异的教师所具备的特征集合作为面试的标准,并将这些特征进行定义、分级,针对每一等级进行行为描述,获取各个特征的相关的关键行为,设计出关键行为的面试问卷,最后进行修正和补充。根据胜任能力模型制定出来的面试问卷具有极强的针对性,都是各个胜任特征的体现,考官通过应聘者对问卷的回答就能比较容易考察其是否具备某种特征,判断应聘者是否能够胜任其所应聘的职位。

第三,模拟测验主要考察应聘者的授课能力及应变能力。模拟测验与传统的简单笔试和面试不同,以教学技能的测量为例,传统的笔试和面试是在教师有准备的情况下回答固定的智力问题,因此,只能对一般性智力因素和“应然状态”进行测量。而运用评价中心的多种工具模拟课堂教学情境,能够比较有效地测量出应聘者相应的胜任素质。

第四，面谈录用阶段进一步与应聘者进行沟通，使学校和应聘教师能够更好地相互了解，以获得更好的人岗搭配。面谈后即可上报至学校人事处，进入试用阶段，根据应聘者在试用期间胜任素质的表现，确定去留。

（三）基于胜任素质的薪酬设计

目前，胜任力薪酬方案通常与宽带工资结合起来，采用合并的原则是把那些工作性质大体类似的职位归入同一薪酬宽带，一个工资带应该包括几个甚至十几个工资等级，形成高级、中级和初级工资带。同时，将宽带内最低工资等级的最低薪资水平作为宽带内薪资浮动的下限，将宽带内最高工资等级的最高薪资水平作为宽带内薪资浮动的上限。

胜任力与薪酬挂钩一般采用两种方式：一种是直接挂钩，即基本工资完全由胜任力的水平决定；另一种是间接挂钩，即基本工资部分由胜任力的水平决定，其他部分可由岗位或绩效决定，各部分的权重由企业根据自身情况确定。这可使员工的薪酬水平和胜任力水平之间存在正向的变动关系。另外，企业需要根据自身的发展调整胜任力模型，定期对员工胜任力进行评估，参照市场薪酬水平以及公司战略，及时调整员工的薪酬等级。但大学教师完全以胜任素质为基础的薪酬并不可取，而将现行的职位薪酬与胜任力薪酬相结合，将胜任素质作为职位评定的标准之一，比较可行。

（四）基于胜任素质的培训模式

基于胜任素质的大学新教师培训模式分析与传统培训模式不同，它不是以工作分析为出发点，而是以工作绩效差异分析为出发点。针对“一般业绩者”和“优秀业绩者”的差异提出“胜任能力模型”，从而建立培训的“需求分析”，再进行培训设计和实施，最后进行培训效果评价。这种培训模式“涵盖的内容比较宽阔，尤其包括了以工作分析为基础的需求评价方法所不能发现的一些潜在内容。而且，胜任素质理论从绩效差异分析入手，使得分析结论与绩效具有很好的表面效度”。

从人才的性质来看，大学教师的发展方向是专家型人才。人才成长理论认为，专家型人才的成长需要经历三个阶段，即：完整性知识、技能结构为主的初级知识、技能的获得阶段；不完整的知识、技能问题为主的高级知识和技能的获得阶段；专家型知识、技能的获得和创造阶段。因此，大学新教师的胜任素质培训可以分为两个阶段来进行：一是初入职时的基准性胜任素质培训；二是入职后的鉴别性胜任素质培训。初入职时的基准性胜任素质培训的目的是使大学新教师尽快掌握教学、科研和管理所需的基本知识和技能，使他们能够尽快迈上工作岗位。入职后的鉴别性胜任素质培训的目的是使大学新教师形成能够独立进行教学、科研和管理的能力及个性品质，使其尽快成长为熟手型教师并向专家型教师发展。

第四节　大学教师胜任素质的发展研究

一、促进大学教师胜任素质发展的课程评价体系变革

改良传统的课程评价体系有利于教师专业技能的提高。课程评价体系改良的重点是备课反思模式、听课评课模式的优化改进。

(一)备课反思模式

王强(2008)的研究表明，备课反思模式在教师方面存在的问题是：大多数教师备课态度不认真、没有严格按照学校要求执行备课；不同教龄教师之间在备课上存在显著差异但又各有所长；学校的“教案检评”流于形式，是一种徒劳的应付；能够提高教学效果的PPT(Powerpoint)等电子教案，上课实际运用率很低；有助于新教师提高备课效率的“教学提纲或流程图”的认知与运用率极低；经常系统性二次备课和经常撰写教学备课反思的教师非常少。

为更好地促进教师胜任素质发展，提高教师教学效果，备课反思模式有三种改良方式：

第一，规范“随机听课”等制度，教师将电子版的教学提纲(或教案)

和 PPT 发送到学校督导办，供督导专家督察并为之提供改良意见。

第二，对教龄短的新教师提供更为详细的课程开发与教学设计思路、教学流程细节。

第三，采用规范的教案表格、提纲等，指导教师备课。

（二）听课评课模式

“随机听课”、“活动频率”和“参与人员课后能否及时进行深入的评课研讨”是决定听课评课效果的三个主要因素。其中，前两个是间接因素，而后者是直接因素。“活动频率”与“参与人员”是否得当，决定着“课后评课研讨”能否有效地进行，进而决定能否促进教师胜任素质发展。

若听课评课模式的实际效果表现不佳，则有三种改进方式：

第一，加大“随机听课”频率，采取“教师讲课—师生课堂共同研讨—听课的督导专家点拨并形成改进方案—再实践”的模式。

第二，为使兼职的督导专家提出中肯建议，可让听课督导专家将意见或建议以书面的形式上报督导办，由督导办给被听课教师所在院（系）提出，这样既能不打击教师讲课的积极性，又能充分发挥学校督导办监控教学质量的职能。

第三，借鉴英国观评课的成功经验，建立健全“随机听课评课机制”。如表 2.2 所示。

表 2.2　英国观评课成功经验总结

观评课形式	要　　求	主要流程	亮　　点
1. 外部督导听课 2. 内部听课机制 3. 同行随机听课	授课教师：一年 1～2 次被内部评级听课； 观评课人：听课后 10 个工作日内根据听课记录完成评课记录表，并向被听课者提出书面反馈意见	督导专家编制听课计划→报督导办批准备案→授课人向听课督导提供单元教学计划和电子讲义→观课督导提出口头意见反馈→观课督导提出书面评课反馈→听课督导和督导办共同制订计划和提供专业支持→四周后再次听课	1. 学生可以参与听课 2. 以“单元”并非“小课”为单位听课，具有系统连续性

资料来源：王强. 知德共生：教师胜任力发展研究[D]. 上海：华东师范大学，2008：120.

二、促进大学教师胜任素质发展的培养策略

大学教师胜任素质的发展培养可以从改良校本培训模式、选择合适的培训方式、选择合适的培养策略三个方面进行。

(一)校本培训模式变革

大学常规的“校本培训”主要有“新教师培训”、“新课程培训”及“骨干教师培训”,培训所涉及的领域大体相近。王强(2008)的研究发现:校本培训存在形式化问题,校本培训内容设计与实际需求不相符,特别是新教师最需要的“课程深度开发与应用力”和“教育技术与教学的整合度”两个项目没有得到满足。因此,对校本培训模式提出以下三方面的建议:

第一,时间上,校本培训尽量放在工作日内,如学校教研日/周等。

第二,内容上,酌情降低“教师职业道德与法规”和“教育研究方法”等课程的比例,加大“教材深度挖掘与教学设计”。

第三,形式上,采用集教学观摩、问题诊断研讨、改进建议、教学实践于一体的教师工作模式。

(二)按所需的胜任素质特性采取不同的培训方式

外显胜任素质容易获取而且周期较短,可以采用直接方式获得,如采用课堂讲授、现场指导等方式获取;内隐胜任素质不易获取并且周期较长,需要通过经验习得,而采用小组讨论、案例分析、情景模拟、角色扮演、方案设计、项目合作、课题研究、实施指导人计划、团队拓展等体验式方法比较适合。

在培训中,应坚持教学与训练相结合,个体学习与团队学习相结合。在激发学员动机方面,榜样示范的方法值得重视,可以预先挑选和安排一些在教学、研究等领域做出成绩的同辈学员进行示范教学,与大家分享成长经验和心得。此外,要特别注重练习环节,通过个人授课、团队成员反馈等方式帮助学员共同提高教学水平。

(三)按教师胜任素质发展类型选择合适的培养策略

大学对新教师和在职老教师在胜任素质层次和类型方面的要求不

同,新教师应具备基准胜任素质,而在职的老教师则需要具备鉴别性胜任素质,其职业成长的目标是专家型和优秀的教师。因此,培养策略应有所区别,这样才能提高胜任素质发展成效。

1. 基准胜任素质培养:岗前集中培训

岗前集中培训的主要任务是使大学新教师掌握教学、科研和管理工作必须具备的职业规范知识、教学知识和技能、管理知识和技能,以形成大学新教师尽快入职的基准胜任素质。岗前集中培训以课堂教学的形式为主,需要完成教育部《高等学校教师岗前培训暂行细则》规定的四门课程(《教育法规》《高等学校教师职业道德基础知识》《高等教育学》《高等教育心理学》)以及提高教师胜任素质所必需的两门课程(《课堂教学策略》《高等学校管理学》)的学习。岗前培训的重点应放在教学、科研和管理的技能培训上。

2. 鉴别性胜任素质培养:认知师徒制

发展新教师的鉴别性胜任素质,需要持续地关注新教师的专业成长。入职后的认知师徒制辅导是一个可行的策略选择。认知师徒制强调指导教师与新教师双方高级认知活动的绝对参与,强调双方认知活动的自主与自由,着眼于双方的共同成长,辅导者与被辅导者之间的关系是平等的,由熟悉专业教学和科研的导师辅导,有助于新教师掌握基本的教学常规,促进其自我监控与调节能力的提高,成为反思型实践者。

三、促进大学教师胜任素质发展的个人修炼

大学教师的胜任素质发展要正视发挥主动意识,加强个人修炼。大学教师特别是专业教师的个人修炼主要是强化学科素养、教学技能和德性智慧等胜任素质,同时利用学校提供的胜任力开发平台,促进胜任素质的综合全面发展。

(一)学科素养修炼

王强(2011)认为教师学科素养是最基础的胜任素质。依据加涅知

识分类、布卢姆目标分类、PISA 等学力测评体系及我国新课程三维目标，教师的学科素养可分为三个维度，并由此开发出教师自我修炼指南（如表 2.3 所示）。大学教师可以在课程开发与教学设计的过程中，同时从以上三个方面进行开发与设计，从而提高学科素养。尤其是根据学生兴趣与自己专长，借助"综合实践活动课""研究性学习""校本课程""选修课程"等相对灵活的课程平台，以课题研究的形式对学科主题逐个进行突破式研习。

表 2.3　教师学科素养自我修炼指南

基本类型	基本路径
学科知识/技能	1. 重读经典著作核心教材；2. 基本功练习日常化
学科精神/情趣	1. 研读学科史；2. 学科研习故事化；3. 跨学科趣味活动
学科方法/创新	1. 浏览学科期刊常态化；2. 学科生活化与实践问题学科化

资料来源：王强. 教师胜任力发展模式论[M]. 上海：华东师范大学出版社，2011：97.

（二）教学技能的个人修炼

教学技能可以通过课前、课中和课后全过程进行修炼。备课和教学反思是提高教学技能的重要方法，如表 2.4 所示。使用这种方法可以节省备课时间、提高教学与反思实效、方便专业交流，并同时避免过于封闭僵化而限制教师思维或过于烦琐而增加教师负担。

表 2.4　"提纲式初次与二次备课"暨"教学与反思模板"

备课要点	课前初次备课	课后反思二次备课
1. 学科知识结构图/技能要领/操作流程	导语：用简图或文字解析学科知识点之间的内在逻辑，或表征技能要领与操作步骤	导语：通过教学及课下交流，反思学科结构中错漏与紊乱之处，并改良之
2. 学生已有结构与新知识结构的结合点及兴趣点	导语：用图式或文字解析学生已有学科结构与新知识结构的结合点及可能激发的学习兴趣点与难点	导语：通过教学及课下交流，反思对结合点、兴趣点及难点理解错乱或遗漏之处并改良之

续表

备课要点	课前初次备课	课后反思二次备课
3. 根据目标绘制促进学生学科理解的教学流程图	导语:根据学科结构与学生已有知识的结合点与兴趣点,用教学流程简图或文字综合描述知识技能、探究方法及情感价值等内容及教学过程	导语:反思教学流程图中教学目标定位、内容选编及活动安排中的问题,并改良后绘制新图
4. 课程或教材的深度开发与实施	导语:根据教学流程简图,深度挖掘教材教参,高效利用网络及图书馆资源,充分联系生活,选编课程内容	导语:反思选编课程内容实施效果欠佳部分,并增减调整改良之
5. 教学过程设计与实施	导语:依据教学流程简图及课程内容,设计教学过程各环节及形式	导语:反思教学过程各环节存在的具体问题并改良之
6. 课堂教学环境与调控	导语:根据教学设计创设合适的教学环境,并设计针对可能问题的调整方案	导语:通过教学实践,反思教学课堂环境设计中存在的不足,并改良之
7. 多种评价手段的灵活应用	导语:针对学生的学习表现及成绩,确定评价内容、形式及实施的时机	导语:反思评价内容、形式及实施的不足并改良之

资料来源:王强. 知德共生:教师胜任力发展研究[D]. 上海:华东师范大学,2008:114 - 115.(相关内容稍加改动)

(三)德性智慧的个人修炼

教师对个人实践体悟基础上的升华,从而对他人的专业实践具有启发与指导意义的胜任素质,属于具有启发性的"德性智慧"。"德性智慧"的自我修炼可以从"言语文字"、"图式音像"和"社会隐喻"三个方面进行开发。

1. 言语文字

个人修炼方法包括教学日志法和隐喻故事法。教学日志法是教师通过记录自身专业实践行为与反思并与同行交流分享,以提高自身专业反思研究力与职业组织承诺度的教师胜任素质自我修炼方法。为防止这种方法流于形式,从而提高教师主动性,应该掌握两个关键点:一是给教师省时省力的教学模板,如九格式教学日志(如表 2.5 所示),将教师的课堂教学实践分为“三个领域九个反思点”。二是让教师认识到教学日志法在促进教师专业发展，提升德性智慧上的奇特功效，从而提高教学主动性。可通过问题式日志、关键事件日志、对话式日志等形式提升学者日志的针对性与实效性。

表 2.5　九格式教学日志

教师维度	1. 心情(符号 + 箭头记录自身情绪变化)	2. 举止(检视个人手势、表情、着装是否得体)	3. 言语(简录自己的措辞/语调/语速主问题)
学生维度	4. 情绪(勾勒全班/个别学生情绪变化)	5. 行为(简录课堂参与度/个别学生具体言行)	6. 效果(简录学生学习的共性/个别问题)
教学维度	7. 课程(归纳目标、资源、组织主问题)	8. 教学(归纳导入/讲解/探究等环节主问题)	9. 交流(简录学生/教师/领导提的问题建议)

资料来源：王强. 教师胜任力发展模式论[M]. 上海：华东师范大学出版社，2011：108.

隐喻故事法是教师在对自身或他人专业实践行为或事件进行收集整理与归类分析的基础上，将关键特征串编成故事并进行讲解的教师胜任素质自我修炼方法。该方法一是要求教师在日常教学实践中养成勤于观察记录自身或他人专业实践行为事件的习惯以提升反思力；二是要求教师养成对自己或他人专业实践行为事件进行研究的习惯以提升研究力；三是要求教师能将研究发现的规律或特征升华为隐喻故事以便对他人专业实践有所启发以提升德性智慧。

2. 图式音像

图式音像的个人修炼方法包括结构隐喻法和思维图式法。

结构隐喻法是教师将自身或他人专业实践行为细分为若干“微行为”，并根据各个“微行为”间的关联寻找内在结构与之类似的实物，构建具有启发性的实物模型的教师德性智慧自我修炼方法。教师可运用这一方法寻找与其专业行为特点类似的实物，使得从个人专业实践中抽象出来的专业特征对他人的专业实践具有一定的启发性，最终实现从普通实践者向专家型实践者的身份提升。

思维图式法是教师运用图式表征自身专业实践行为事件发生时的心理活动及影响心理活动的因素，以促进教师隐性知识显性化、教师个人实践智慧公共化为目的的教师智慧自我修炼方法。这一方法不仅提升了教师专业反思与研究力，也提升了专业承诺度与组织融入度，从而使教师实现从普通实践者向研究实践者的身份提升。

3. 社会隐喻

教师还可以通过社会生活与教育活动的类比，以“隐喻”的形式提升自身的“德性智慧”。例如，教师将自己在文体休闲活动或在家庭社会角色中、在其他社会活动中体悟到的道理，迁移到对专业教学实践活动的理解上，并以此类比点悟他人。

第三章　大学教师招聘与甄选

人力资源管理的核心是人与工作的相互匹配。人员招聘与甄选作为其中的一项重要职能，就是为特定工作寻找适当人选的过程。招聘(Recruitment)就是寻找和吸引能够从中挑选出胜任工作任务的候选人群的过程；甄选(Selection)则是从合格的候选人群中选择能够较好地完成工作的人。成功的人员招聘对于构建和维持一个成功的组织体系至关重要。教育大计，教师为本。造就一支师德高尚、业务精湛、结构合理、充满活力的高素质专业化教师队伍是整个教育事业发展最重要的基础性工作。教师招聘(Faculty Recruitment)是大学人力资源管理的一项重要职能。大学教师的招聘相对于大学中的其他职位来说有着较强的专业性和独特性，能否选拔出高素质的优秀教师是关系到学校能否培养高素质人才和能否形成核心竞争力的关键所在。大学作为一个组织有其特殊性，要成为一流的高水平大学，就必须拥有一支高水平的师资队伍，拥有一批具有真才实学的专家学者型教师。教师队伍的良好素质是实现大学战略愿景的重要保证。

第一节　大学教师招聘

大学教师是履行教育教学职责的专业人员，负有教书育人、培养社会主义事业建设者和接班人、提高民族素质的使命。大学教师是知识型员工,他们的工作依赖于特殊的专业知识和技能,他们的工作有挑战性,工作过程也难以监督控制。正是由于大学教师工作具有复杂性和不确定性的特点,他们的招聘工作更应该科学化。

大学教师招聘就是指大学为了发展的需要,根据人力资源规划和工作分析的要求,寻找、吸引那些有能力又有兴趣到学校任职,并从中选出适宜人员予以录用的过程。大学教师招聘的需要是由于职位空缺产生的。它包含两方面的含义:一是学校由于组织人员退休、调整、辞职等,产生职位空缺时,要通过招聘教师来填补空缺;二是发现潜在人才,并根据学校短期和中长期的需要来预期空缺和新的招聘机会,以此来满足学校未来的发展。大学教师通常的招聘流程如图 3.1 所示。

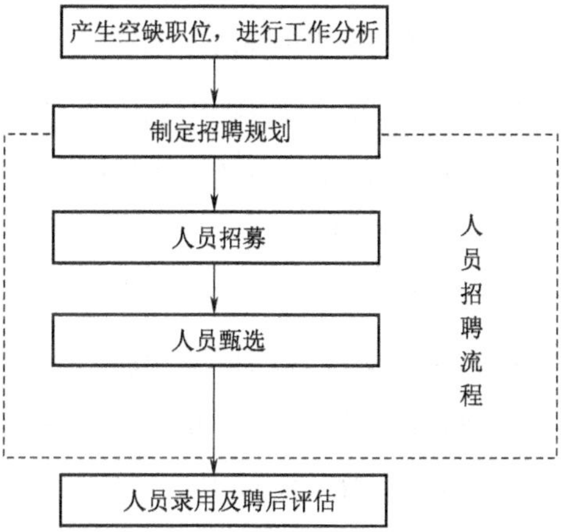

图 3.1 大学教师招聘流程图

一、大学教师工作分析

人员的招聘和选拔是建立在工作分析基础之上的。在开始招聘之前,首先需确定要聘用什么样的人。用人部门在提出招聘计划前,必须综合考虑职位及组织对应征者个人技能和个性特点的需求。工作分析是指"有目的地、系统地收集关于工作的重要信息的过程",它是现代组织实行科学管理的重要手段，是人力资源管理中一项基础而又关键的工作。教师工作分析的主要目的是确定所需教师岗位的数量与要求、人员选拔的依据等，形成教师队伍建设的中长期、近期规划，它是保证教师招聘工作成功的前提和基础。

大学教师工作分析是一个获取与大学教师工作有关的详细信息的过程。在教师招聘的前期工作中，教师职业对教师素质的要求和教师职位对教师行为的要求构成了教师招聘的核心要件。对教师一般素质的要求形成教师的任职资格，是一个人为了完成某种特定的工作所必须具备的知识、技能以及其他特征的目录清单。对教师行为的要求形成教师的任职职责，它描述了一种工作中所包含的任务、职责以及责任的目录清单。任职资格和任职职责的结合又形成教师职位说明书的核心部分，是大学教师招聘的主要参考依据。工作分析通常有三种主要方法：职位分析问卷法、任务分析清单法和工作分析系统法。对大学教师职位进行工作分析，获取招聘时所需要的教师知识、技能和能力，教师进行教学和科研活动所产生的工作职责，工作产出对教师既得成果的要求等信息。这样，大学在进行教师招聘时，就可以集中关注应聘者的基本素质、以前的教学和科研成果积累情况、工作经历等。

胜任特征（Competency），又称“资质”“素质”等，是驱动员工产生优秀工作绩效的各种个性特征的集合，反映的是可以通过不同方式表现出来的知识、技能、个性与内驱力等。胜任特征是判断一个人能否胜任某项工作的起点，是决定并区别绩效好坏差异的个人特征。大学教育的宗旨是为人类创造知识，传授知识，传承人类文明，推动社会进步。实现这一宗旨最重要的条件是，大学的教师是由真正对教学和研究有特殊偏好、具有创造力的学者组成。教学素质和科研素质是大学教师素质的关键点，当然还包含其他许多素质，对于大学教师素质的研究可谓异彩纷呈。张仪元、马建辉（2006）应用行为事件访谈法构建出了高职教师胜任特征模型，该模型主要包括三大维度：专业胜任素质（专业知识、专业技能），心理胜任素质（成就导向、主动性、适应性、合作精神、职业操守特征、责任心、组织认同),行为胜任素质(影响力、概念式思维、人际理解力、寻求咨询能力)[①]。姚蓉(2008)采用问卷调查法和统计方法对大学教师胜任特征进行了实证分析,最后得出了大学教师七维度胜任素质模型:个性特征、教学态度、发展特征、教学技能、专业技能、关注学生、人际沟通[②]。汤舒俊、刘亚、郭永玉(2010)采用行为事件访谈法来分析和归纳大学教师的胜任力特征,最终得出结论:大学教师胜任力可归为四个因子,即人格魅力、学生导向、教学水平和科研能力,其中,人格魅力是根本,教学水平和科研能力是两大支柱,学生导向是终级结果体现[③]。

对大学教师素质要素的讨论,通常可以概括为:①政治思想素质:坚定的共产主义信念,坚定的政治立场,依法治教的观念。②职业道德素质:对高等教育的事业心和责任感,教书育人、遵循规律,热爱学生、诲人不倦,为人师表、关心集体、团结协作,学而不厌、开拓进取。③文化素质:在掌握较为精深的专业知识的同时,还要有广博的科学文化修养。④专业素质:要求教师全面、系统、准确无误地掌握学科的专业知识,融会贯通,专业知识要有深度,活学活用,及时掌握本领域最新的科学成就与发展趋势,及时更新和加深教学的内容。⑤能力素质:教学组织能力,拓展学生视野,培养学生分析问题和解决问题的能力;了解学生的能力,细致深入、迅速准确、全面客观;科学研究能力,具有教学科研的意识(包括对教育的信念与热情、教学实践经验、教学科研的眼光和智慧);创新思维能力,包括敏捷性、求异性和独立性;科研立项能力,较强的课题选择能力、计划组织能力、广博精深的理论水平、熟练准确的实验操作能力、较强的分析判断能力等;掌握外语和现代教育技术的能力。⑥技艺素质:讲课语言、板书、实验技巧、仪表风度。⑦心理素质:高尚的情感、广泛的兴趣、坚强的意志、较强的认知能力、良好的性格特征、心胸开阔的处世态度。

总之,在对教师主要工作任务和工作活动进行总结的基础上,结合对

---

① 张仪元,马建辉. 高职院校教师胜任特征研究[J]. 文化建设,2006(9):41-43.

② 姚蓉. 高校教师胜任力模型构建初探[J]. 科技情报开发与经济,2008(30):186-188.

③ 汤舒俊,刘亚,郭永玉. 高校教师胜任力模型研究[J]. 教育研究与实验,2010(6):78-81.

教师素质模型的深入分析，再综合其他教师工作信息，可以形成一个整体的教师职位信息资料，即教师职位说明书，它为教师招聘工作提供了最为充分的参考依据资料。

二、制订教师招聘计划

计划严谨的招聘计划能够加强选拔行为的可预见度和有效性，只有对招聘环节进行合理的设计和有效的管理，才能得到高质量的师资队伍。因此，做好教师招聘规划是提高招聘效果的前提。

大学中的人员也是处在不断变化之中，如退休、自然减员、辞职、开除等现象都会导致员工的减少，另外，随着教育事业的开拓和教育规模的扩大，大学内部的人员会随着招聘而增加；同时，在大学内部进行的岗位调动、提升、免职、处罚等现象则导致人员结构的改变。制订招聘计划，实质上就是在拟定人员补充政策，目的在于使大学能够合理地、有目标地在中长期内将大学所需数量、质量和结构的合格人员补充在可能产生的职位空缺上。

教师资源需求评估包括四个方面：①形成人力资源的现状数据，通过这些资料分析为实现学校目标必须要完成哪些任务，然后将这些任务与目前大学人员已经具备的技能进行匹配对比。从规划的角度看，这些信息不仅有助于大学确定教师已经具备了哪些技能，而且对开发新的教育课程乃至后勤服务都很有价值，对于今后教师的培训和开发也有一定的指导意义。②必须推算出未来五年的入学人数。由于教育机构是服务性组织，所以入学人数预测是人力资源规划的一个重要内容。现阶段我国人口出生率的下降使大学适龄人口也在不断减少，高等教育大众化使得大学的招生规模有不断扩大的趋势，加之人口流动性也呈现越来越大的趋势，所以在这种复杂的情景下，入学人口预测的工作十分必要。如果没有预料到人数减少而导致大量教室闲置、大量教师富余，就会带来很多负面的后果。③必须根据需求的变化不断审查学校发展的目标。学校未来的发展目标决定了今后人力资源的需求，教师的数量和结构必须与学校未来的发展相适应,大学必须为了今后的发展而储备未来的教师。④进行人力资源预测。在人力资源预测中需要充分考虑人力资源的现状,是否能够获得必要的劳动力对人力资源的预测有显著的影响。

一份全面的教师招聘规划应该包括以下主要内容:

- 哪些岗位需要招聘人员?招聘多少人?
- 每个岗位人员任职资格是什么?
- 什么时候发布招聘信息?在哪里招聘?采取何种招聘渠道?
- 如何进行人员测试?是否委托专业机构进行?
- 招聘费用是多少?
- 招聘的截止日期?

三、大学教师的招募

(一)大学教师的招募程序

在人力资源规划确定当前和未来人员需求之后,接下来就要招募教师了。大学教师招募包括拟定招聘简章和发布招聘信息等活动。

1. 拟定招聘简章

一份优秀的教师招聘简章应该能够突出大学的特色,引起人们的注意。其措辞既要实事求是,又要热情洋溢,表现出对人才的渴求和应有的尊重,语言简明清晰,招聘对象的条件应一目了然。大学教师招聘简章的基本内容有:

- 标题,如“招聘”“诚聘”“××单位诚聘”等。
- 简介招聘学校和所在院(系)的基本情况。
- 招聘职位、人数和招聘对象的条件。
- 应聘时间、地点、邮编、联系方式和联系人。
- 落款,如“××大学”。

2. 发布招聘信息

大学教师招聘简章制定完之后,就要向社会发布招聘信息,发布的方法取决于大学规模、声誉、招聘渠道、招聘目标人员的规模、特点以及招聘预算等因素。针对大学教师的招聘信息发布方法主要包括在招聘区域内张贴招聘简章、在电视和广播上发布招聘信息、在专业报纸和杂志上刊登招聘简章、通过人才市场发布招聘信息、在互联网上发布招聘信息等。

（二）大学教师的招募途径

经验表明，特定的招募途径可以为特定的岗位空缺找到最佳应聘者，所以，招聘开始之前，必须对每个岗位空缺进行分析，确定什么样的招募方法才是最有效的。大学教师招聘的渠道，从大的方面讲包括外部招聘和内部招聘。就外部招聘而言，吸引应聘者的渠道很多，如利用报纸、杂志、广播电视等各种传播媒介的广告进行招聘，参加人才交流会和校园招募，职业介绍机构推荐、导师推荐和申请人自荐以及委托猎头公司等。而采用内部招聘方式的大学一般建有内部公告系统，一旦出现职位空缺，首先在组织内部布告栏上刊登招聘广告。

1. 内部招聘

内部招聘主要是指员工的晋升、降职和岗位间的互相调配。晋升是指人员由原来的职位调任到另一较高的承担更大责任的职位，其权利和报酬均相应增加。降职是指人员由原来的职位调到较低的承担较小责任的职位，权力和报酬相应减少①。随着大学竞争机制的引入，大学教师聘任中也存在部分高岗低聘的现象，其实质是降职。调配是指组织根据发展需要在不同岗位间的调动。内部招聘有利于节约成本，有利于强化竞争，还能给予教师更大的精神奖励，有利于教师职业生涯规划和留住人才。当然，内部招聘存在“近亲”提拔的风险，可能影响大学的稳定性，长此以往还有可能带来保守和僵化。

2. 外部招聘

（1）校园招聘。校园招聘是我国教师招募的主要途径之一。近一半的研究生毕业后进入大学和学术单位从事学术工作。大学通过校园招聘可以引进其他大学的研究生，这些研究生受过规范的学术训练，年轻而富有

① 曾国平，孙灵. 关于企业内部招聘的分析研究[J]. 现代管理科学，2007(06).

朝气，能够为学校带来新思想、新方法，对提高学校学术水平、提高学校竞争力具有积极的促进作用。校园招聘要注意防止大学中的“近亲繁殖”现象。

(2)推荐。在所有招聘中，推荐形式的成本是最低的。通常推荐人和被推荐人对招聘大学都比较了解，而且推荐人与学校形成了一种隐性担保关系，被推荐人的教育背景、业务能力、师德、品质等一般较为可靠。在学校招聘教师时间紧急的情况下，学校内部教师的推荐会显得非常及时。不过，这种做法也有缺点：一是可能会因为是熟人推荐而碍于情面，在一定程度上降低录用标准，从而给今后的工作带来管理上的困难；二是一旦推荐人所推荐的人被拒绝，推荐人本人也有可能产生不满情绪。

(3)申请人自荐。申请人自荐是指申请人看到大学的招聘广告或通过其他渠道了解到大学相关招聘信息后，主动与学校人力资源部门或相关院(系)联系应聘的方式。对于这些毛遂自荐者，大学应该礼貌地接待，最好由人力资源部门指定专人与他们进行接触。这不仅是尊重求职者自尊的问题，还有利于树立大学声誉和今后业务的开展。

(4)广告。招聘广告是各种工作岗位都可以使用的吸引方法，也是应用最为普遍的招聘方式之一。广告最明显的优势在于宣传范围广泛，阅读这些广告的不仅有工作申请人，还有潜在的工作申请人，以及客户和一般大众，所以一所大学的招聘广告代表着大学的形象。招聘广告的内容应根据拟录用岗位的职位说明书编制，使那些潜在的申请人能够将工作岗位的需求与自己的资格和兴趣进行比照，并唤起那些最好的求职者的热情，使之前来应聘。

常见的广告媒体有报纸、杂志、广播电视、招聘现场的宣传材料以及网络等，在实际应用中要针对特定招聘对象选取收效最佳的广告媒体。像大学教师这样的专业雇员可以在教育类的专业杂志上做广告。现今，网络招聘越来越受招聘学校和应聘者的青睐。大学发布招聘信息可以选择学校网站、教育网站、人才市场网站。在学校网站发布教师招聘信息具有时间持久、便于统计浏览人数、节约成本、内容详尽、便于应聘者了解学校更多信息等优点，但缺点是浏览面太小，影响力不够。所以在学校网站发布招聘信息的同时，还应该选择在教育网站和人才市场网站发布信息，这样可以增加浏览人数，也便于网上搜索。

（三）其他招募方式简介

1. 人才交流会

大学可以通过参加人才交流会直接获得大量应聘者的相关资料，既可节省招聘费用，也可缩短招聘周期，并可以在信息公开、竞争公平的条件下，公开考核，择优录用。

2. 猎头公司

猎头公司（也称作“高级管理人员代理招募机构”），是一种类似于职业介绍机构的就业中介组织，但是由于它的运作方式和服务对象的特殊性，所以经常被看作一种独立的招聘渠道，该公司专门为雇主“搜寻”和推荐高级管理人才和关键技术人员。猎头公司的联系面很广，它同许多已被雇用并且没有太大积极性变换工作的高级人才保持着联系，一旦有用人需求，他们便会诱使这些高级人才另谋高就。尽管利用这类机构进行招募活动要支付一定的费用（一般为所推荐人才年薪的1/4 到1/3），但是他们可以替组织的高层管理人员节约时间，并且承担了为这些空缺职位所做的一些初期性广告工作，因此，这种招聘渠道还是有很大的利用价值。

3. 网络招聘

随着个人电脑和互联网的应用，新技术提供了前所未有的获取信息的途径，因而带来了一些全新的、革命性的招聘方式，这种方式适用范围广泛，适合从技术人员到专业人士、高级管理人员的招聘。求职者和雇主可以将个人简历和待聘岗位信息张贴在互联网网站上，供所有人查询。这种方式打破了对招聘活动的空间限制，甚至突破了国界的限制。通过使用互联网，公共组织在选拔人才时有了更广泛的挑选空间；使用在线申请和测试系统，缩短了选拔的时间。

20 世纪 80 年代末，美国曾经对一个包括 245 个样本的组织进行调查，结果显示了这些组织对不同的招聘渠道有效性的评价，如表 3.1 所示。

表 3.1　各种招聘渠道的有效性评价

有效性	行政办公	生产作业	专业技术	佣金销售	经理
第一	报纸招聘(84)	报纸招聘(77)	报纸招聘(94)	报纸招聘(84)	内部晋升(95)
第二	内部晋升(94)	申请人自荐(87)	内部晋升(89)	雇员推荐(76)	报纸招聘(85)
第三	申请人自荐(86)	内部晋升(86)	校园招聘(81)	内部晋升(75)	私人就业服务机构(60)
第四	雇员推荐(87)	雇员推荐(83)	雇员推荐(78)	私人就业服务机构(44)	猎头公司(63)
第五	政府就业机构 (66)	政府就业机构 (68)	申请人自荐(64)	申请人自荐(52)	雇员推荐(64)
注：表中的数字是调查样本组织中采用该种渠道的百分比。					

资料来源：George T Milkovich, John W Boudreau. Human Resource Management[M]. [S. I.]: [s. n.], 1994:292.

四、大学教师的甄选

人员甄选就是组织为了实现人与工作的最佳匹配而对人的评价与挑选过程①。人员甄选的关键在于是否能够有效地预测应聘人员将来的工作行为。根据行为一致性理论，一个人过去的成就是预测未来成就的最好指标，因而教师甄选过程中要考察应聘者以往的学习经历、学术活动、专业活动及所取得的成绩。实际工作表现测试和评价中心等方法由于直接与实际工作行为相联系，因而被公认为效度最高的甄选方法，但是时间与成本的压力大大限制了这些甄选方法的应用范围。更多的情况下，人们采用间接的方法评价申请者的个体差异，由个体差异预测将来的工作表现。人才甄选的过程实际上就是对个人未来工作业绩的预测，任何甄选技术都无法做到对个人行为的特异性以及与环境互动作用后的不可预

① Heneman H G, III Heneman R L, Judge T A. Staffing Organizations[M]. Middleton, WI: Mendota House; Homewood, IL: Austen Press - Irwin, 1994:362.

测性做出解释,因而没有哪种选拔人才的方法是绝对可靠的。单独使用任何一种选拔手段来预测应聘者未来的工作业绩,结论都有可能不准确。因此,一所大学要根据教师需求的种类从上述方法中选择一种或几种,然后与笔试或口试相结合,形成一种考察角度更全面的选拔方式。

(一)甄选技术与方法

除了全世界大多数公共机构都采用的两种传统选拔方法——笔试和口试,还有许多甄选技术和手段可以用于大学教师的甄选。

1. 笔试

对于大多数公共组织,特别是使用业绩和公务员考察制度的组织,笔试是一种仍在使用中的最古老的选拔方法。一般情况是,它们对求职者的知识水平进行考察,要求求职者从几个备选答案中选出正确答案。答案写在特殊的可供机器判分的答题纸上。笔试能够消除人为判分可能产生的错误,同时缩短了判分和处理求职申请的时间。这种测试的设计和运作成本相对便宜,因而很受公共机构雇主的欢迎。这种测试的缺点是它不能完全测试出申请人的工作经验以及培训经历。

2. 口试

与笔试相比,口试在运作时更复杂,也更耗时。口试时,一般是由2~5个对组织和待聘岗位的工作性质都很熟悉的人员组成面试小组共同来面试求职者。求职者按照要求回答一系列问题,其中一些问题和待聘岗位的职能要求密切相关。面试官记录下求职者的答复,并参照一套标准来评估它们——人们将这套标准作为预测应聘者就职后的实际工作业绩的参照工具。口试提供了有关求职者的判断力、解决问题的能力和沟通技巧等多方面的信息,可供组织评估,因此,当要求应聘者在未来工作中经常和公众保持联系,或需承担起监督、管理的职能时,经常会采用口试这种方式来选拔人才。

3. 背景调查与推荐信核查

对应聘者的背景调查通常包括犯罪记录、信用状况、工作经历、学历和从业许可等内容。现在,很多组织都将背景调查作为招聘、选拔人员的必要环节，这在很大程度上是因为招聘教师是有成本的，不合适的员工会给学校带来很多麻烦。当面试过程中有较难识别的应聘者的品质、价值观等要求时，可通过背景调查来了解；当面试人在面试过程中对应聘者某些表现或所描述的事件表示怀疑，需要寻求有效证据时，可进行背景调查，如调查文凭的真实性、离职原因等。此外，背景调查还适用于对应聘者诚信度要求很高的岗位，如财务人员、采购人员、进出口人员。

4. 实际工作表现测试

实际工作表现测试有时也被称为工作样本测试（Work Sample Test），求职者通常被要求完成一系列的操作，完成一些模拟实际岗位的部分日常职责的任务。主张采用这种方法的人认为它提供了有关求职者是否具备完成此工作所需的能力和技巧的直接证据，而其他方法提供的都是间接证据。设计一个这样的测试并不困难，但实施它却不容易，而且很花时间。对大学教师招聘来说，实际工作表现测试最直接的方式就是安排试讲。

5. 面试

面试是专门设计用来从应聘者对口头询问的回答中获取信息的过程，从这些信息中招聘者可以预测应聘者未来的工作表现。面试已成为全部筛选技术中使用最广泛的一种。大多时候，求职者在获得面试机会之前，组织会先对其使用其他选拔方法，如笔试和口试，或采用对其工作经验和受到过的培训分级打分等方法，以缩小面试范围。面试的方法有很多，包括结构化面试、非结构化面试、行为描述面试和全面结构化面试。

（1）结构化面试。这种面试事前有一个固定的框架或问题清单，对所有的应聘者都采纳同样的题库。考官根据框架控制整个面试的进行，按设计好的问题和有关细节逐一发问。获得结构与形式相同的信息，便于分析比较，提高面试效率。

（2）非结构化面试。这种面试无固定模式，随意发问。面试者只需掌握组织、职位的基本情况。面试中所用的问题是非标准化的问题，对应聘同一岗位的同一位应聘者，不同的考官会提不同的问题。

（3）行为描述面试。在这种面试中，面试人员会问一些与当前工作紧密相关的情景问题,询问应聘者在以往工作中碰到类似的情景采取过什么样的行动,根据事先拟定的评分规则给应聘者打分。

(4)全面结构化面试(Comprehensive Structured Interviews)。全面结构化面试综合了前面几种面试技术,询问应聘者面临工作相关的情景时如何处理(行为描述法)、具备哪些专业知识、在各种模拟的环境中应聘者如何表现(情景模拟技术)。

研究者们发现选拔面试在很大程度上是面试考官寻找他心中的“理想候选人”的过程,存在信度和预见度都比较低的现象。后来许多研究者从设计面试程序的角度提出了提高选拔决策的可信度、降低可预测效度的方法,这些方法包括对多维度的工作相关性问题、评估标准、结构化面试向导和多个专业面试评价者的利用。

6. 评价中心技术

以情景模拟为基础,以多种测评技术和方法为手段,测评师们根据被测者的工作情景表现综合评价被测者的各种特征。评价中心方法中包含的模拟练习有:公文筐、无领导小组讨论、管理游戏、个人演说、客观测试、面试等。评价中心技术是多种方法的综合运用,能够有效预测大学教师在未来工作中的表现,同时也是成本较高的甄选方式。

7. 无领导小组讨论

无领导小组讨论也叫团体情景模拟测验,是指一组候选人在给定的时间里和在既定的背景下围绕给定的问题或者指定的工作,以团队讨论或者操作的方式来完成任务,然后根据候选人在团队中的表现来对候选者进行评价的一种测评方式。在大学教师招聘中,无领导小组讨论这种形式更容易把被测评者的胜任特征显现出来。在实际操作中通常将被测评者按照一定数量(常见为5~8人)编为一组,但不指定小组的领导者,各成员处于平等的地位,讨论给定的问题,由测评师对其进行观察并做出评价。其目的在于:一方面考察被测评者在群体讨论中的组织合作能力等综合素质特征,另一方面考察被测评者的语言表达、逻辑思维以及创新能力等个体素质特征。该方法正是运用了松散群体讨论的形式,可以达到较长时间讨论和诱发被测评者发生特定行为的效果,测评师通过对小组讨论过程进行人际相互比较和定量分析,便可判断出被测评者的隐性特征。

8. 个性评价

个性评价法有时也被叫作心理测试。它的基本原理是将有关求职者的性格特点的信息收集起来,进行分析,然后将它们和一些工作成绩斐然的员工的性格特点进行比较,从而预测求职者在未来岗位上的工作表现。经典的人员甄选理论一直强调个体差异(知识、能力、技术、个性与动机等)是个体工作行为差异的重要来源。只有当个体差异符合工作的要求时,个人才能表现出高绩效、低离职。由此,一系列的以区别个体差异为目的的甄选方法应运而生,如个性测量、身体能力测试、智力测试、兴趣与价值观测试、工作知识测验、职业性向测试等。人们曾对这种方法进行了许多研究,而结果却呈现一定的矛盾性,以致有时令人无所适从。目前达成的共识是:如果要使用这种方法,最好将它和另一种方法一起使用,如结合笔试或口试,或者结合对以往经验和所受培训进行打分等方法。

9. 诚实性测试

诚实性测试是采用测谎仪来测试求职者对一系列问题的反应。零售业普遍采用这种测试方法来防止员工盗窃,执法部门为了保护公众安全也经常采用这种测试方法。但是近年来,特别是在美国,因为涉及个人自由权益问题,在执法部门招聘人手时,这种方法的使用受到限制。这种限制是通过联邦立法和州立法实现的。取而代之的是以笔试的方式来进行诚实度测试。

10. 体检

体格检查通常是选拔过程的最后一个步骤。在某些情况下,检查在新雇员开始工作后进行。进行体检有三个目的:一是确定求职者是否符合空缺职位的身体要求,发现为求职者安排工作时应当考虑的体格局限因素;二是建立求职者健康记录,以服务于未来保险或雇员的赔偿要求;三是通过确定健康状况,降低缺勤和事故率。体检这一环节的执行相对比较简单,一般组织会指定一个有信誉或长期往来的医疗机构,要求应聘者在一定时期内进行体检。也有一些大学让自己内部的医疗部门对应聘者进行体检。在这一环节中,要注意不同的职位对健康的要求有所不同。一些对健康状况有特殊要求的职位必须要对应聘者进行严格的体检,以避免不必要的麻烦。

(二)甄选过程

学校的规模、空缺工作的类型、所要招聘人员的数量等因素都会影响组织选择过程的实际进展。大学在教师甄选的过程中都会采用多重限定技术,通过一系列审查手段诸如填写申请表、面试及测试,来证明职位申请者是令人满意的。对某一工作申请者进行甄选一般必须包括一系列步骤。通常典型的教师甄选过程包括资格审查、面试、模拟测验与试讲、面谈试用和录用决策等步骤。具体如下:

1. 资格审查

简历是应征者的自我介绍。通过简历筛选,主要考察应聘者的学历、专业、毕业学校等硬性指标,看其是否具有做教师的资格。根据职位的不同安排相应的笔试,其内容形式可以模仿公务员考试中的综合素质考试,以考察应聘者的智力水平和基本能力。

2. 面试

通常,我们可以将所获得的在某个职位上表现一般的教师以及表现优异的教师所具备的特征集合作为面试的标准,并且将这些特征进行定义、分级,针对每一等级进行行为描述,获取各个特征的相关的关键行为,设计出关键行为的面试问卷,最后进行修正和补充。根据胜任能力模型制定出来的面试问卷具有极强的针对性,都是各个胜任特征的体现,考官通过应聘者对问卷的回答能比较清晰地考察其是否具备某种特征,判断应聘者是否能够胜任其所应聘的职位。

3. 模拟测验与试讲

模拟测验与试讲的目的是考察应聘者的授课能力及应变能力。大学教师的首要任务就是教学工作,因此在招聘教师时要进行试讲,考察应聘者是否具备从事大学教师工作的基本素质。试讲可以反映出应聘者的专业水平、心理素质、仪表风度、个人魅力、语言表达能力、反应能力等各方面的特征。试讲题目由用人单位确定并提前1~2天通知应聘者，试讲评委一般由5~7名具有副高以上职称的本专业的资深教师组成，还要有规范量化的试讲测评表，确保各评委按照同样的标准对不同的应聘者进行评价，这样才能保证考察的公平性。模拟测验与传统的简单笔试和面试不同，以教学技能的测量为例，传统的笔试和面试是在教师有准备的情况下对固定的智力问题和常规程序进行回答，因此只能对一般性智力因素和“应然状态”进行测量。而运用幻灯片、微格教室、计算机等多媒体技术模拟课堂教学情境，让被测评者即时做出反应，这样的测量结果就接近于被测评者在实践中的做法（实然状态），同时难度相近的测量也保证了测验的信度。

4. 面谈试用

组织面谈会，进一步与应聘者进行沟通，使学校和应聘教师能够更好地相互了解，以获得更好的人岗搭配。配发后即可上报至学校人事处，进入试用阶段。试用是针对有教师资格但没有教学经历的新任教师，试用期以一个学期为宜，原则上不超过一年，具体试用方式应由用人单位自行规定。试用合格即立即聘用。根据应聘者在试用期间的表现，由各院（系）或职能部门负责人讨论，确定去留。

5. 录用决策

将整个甄选过程中获得的相关信息综合起来，挑选出最佳候选人。一旦做出最后的决定，必须用正式的方式向挑选出的候选人授予工作。

（三）教师甄选过程中的道德问题和法律问题

1. 公平就业机会对甄选的意义

美国的公平就业机会立法确立了保障公平就业机会的法律条款，美国大学联合会（the Association of American Universities）、制度协作委员会（the Committee on Institutional Cooperation）和美国大学教授协会（the American Association of University Professors）等行业联合会共同制定了美国大学教师的招聘原则，这些都为教师招聘营造了充分的政策环境。在招聘和甄选过程中，性别、种族、肤色、宗教和国籍歧视是不允许的。一般来说性别和文化因素以非常复杂的方式影响招募过程。有些群体在大学教师和管理人员中的代表很少，这不仅仅由教育结构不合理所致，还受更广的文化因素的影响。对女性和少数民族或种族的管理职位中所占名额不足的关注，影响了招募过程并导致了特殊的培训项目的发展。

为了确保针对妇女的歧视不会发生在聘用过程中，大学领导第一步要做的工作就是审查招募和甄选程序。注意以下具体方面可以减少可能出现的性别歧视：

第一，让妇女做招募者和面试者。

第二，帮助女性雇员应征合适的管理职位。

第三，与一些大学或组织进行联络，让它们推荐女性雇员，如美国大学妇女联合会（AAUW）、美国女教育管理者委员会（NCAWE）。

第四，甄选委员会中应有女性代表。

第五，在面试女性应聘者时，仅仅询问与工作绩效所要求的能力相关的问题。

第六，审查并评价整个甄选过程，以确保工作分析、甄选标准和数据收集方法（如书面测试和实际应用）是与工作相关的，并且不会筛出女性。

2. 隐私问题

许多国家（如美国）的法律，都有保护雇员隐私权的规定。美国心理学会的教育和心理测试标准规定，被测评者拥有隐私和保守信息方面的某些权利。首先，被测评者有权要求对测试结果保密，有权同意使用这些测试结果。其次，被测评者有权要求只有有资格解释测试分数的人才能接触到测试结果，或者测试分数必须附有充分的信息确保对测试结果的解释是恰当的。最后，被测评者有权要求测试对所有被测评者都是同等公平的，换句话说，测试必须安全可靠，任何参加测试的人不能事先得到关于问题或者答案的信息①。

---

① 加里・德斯勒. 人力资源管理[M]. 刘昕，等，译. 北京：中国人民大学出版社，2003：166.

在甄选过程中,婚姻状况、住房状况等信息在有些国家(如美国)也是不能涉及的隐私问题,这些需要依据不同国家的法律和文化来谨慎对待。

五、大学教师的聘用

经过层层选拔,最后由学校的招聘委员会做出聘用决定,确定要录取的人员。应聘人员与高等学校通过签订聘任合同的形式,明确双方的权利、义务和责任关系。聘任关系实行合同化管理。当大学拟录用的应聘者同意接受职位后,大学就要考虑与其签订试用合同或聘用合同了。具体来说,应该根据聘任合同规范文本的精神,针对不同类型的教师,在教师和学校双方平等协商的基础上,通过细节谈判,签订期限长短不等的聘用合同,明确双方的权利和义务。在签订聘任合同的过程中,必须注意以下两个问题:

第一,大学教师的聘任合同由大学校长签订,或者由校长委托院长(系主任)签订。

第二,在整个招聘过程要遵守国家有关法律,不能因性别、民族、年龄、学术观点等非资格因素差别对应聘者进行歧视。

六、聘用后管理

聘用后管理是整个招聘流程的一个重要组成部分,包括对招聘的成本评估、录用人员评估和招聘总结评价等。聘用后评估是指在一定时期内,对已完成的招聘工作的目的、过程、效率、效果、质量和影响等进行的客观、全面的分析,通过招聘工作分析,对整个招聘工作进行总结,确定招聘的预期目标是否达到,招聘过程是否科学,招聘方法是否有效,招聘效果是否满意等。通过分析评价,可以找出存在的问题及产生问题的原因,总结经验教训,及时将有关信息反馈到人力资源管理部门和用人部门,为提高招聘工作水平提供参照。开展录用人员评估能够清晰反馈招聘质量,还可以帮助组织录用的新员工尽快融入新环境、顺利开展工作。因此,聘用后评估过程也是一个学习的过程、一个提高的过程,通过对招聘工作的分析,总结正反经验教训,可以使招聘工作更加科学合理。

广义的聘用后管理还包括导向性培训和新员工的职业生涯发展规划。导向性培训可以有效帮助新招聘人员尽快进入良好的工作状态;职业生涯发展规划则意味着从组织的角度,帮助员工制订个人发展计划,为员工配备指导者,也为员工的顺利发展提供条件与支持,最终使员工个人目标和组织目标高度协同一致,促成组织目标的成功实现。这些聘用后的管理活动体现了大学以人为本的管理理念,有助于降低新员工的流失率,提高招聘的成效。

第二节　国外大学教师招聘的实践流程及启示

一、国外大学教师招聘的程序①

招聘的一般程序是大学教师招聘的普遍性的表现,不同国家在教师招聘的实践上又体现了各自的特征,这些特征一方面反映了教师的管理机制,另一面也体现了教师招聘的效率和效益问题。

(一)美国大学教师招聘程序

有学者通过研究将美国大学教师招聘的程序归纳如下:

第一,由各学院院长、系部主任向校人事主管部门上报年度师资需求计划。

第二,校人事主管部门向校董事会汇报年度师资补充计划,由董事会批准。

第三,校人事主管部门向各学院、系部下达年度师资补充计划,经院、校长批准,成立聘任委员会。

① 易金生.美国高校教师招聘及其启示[J].天津市教科院学报,2004.

第四，校人事主管部门通过广告、因特网等宣传媒介向全社会公布学校师资招聘信息，其内容包括招聘单位和职位、招聘条件、工资待遇和工资来源、职位申请的最后期限，以及与之联系的单位和联系人地址、邮编和电话等，面向全社会广泛招聘。

第五，应聘者向校人事主管部门提交个人应聘材料。

第六，校人事主管部门将应聘者名单和材料转交各学院、系部。

第七，各学院院长、系部主任组织同行专家对应聘人员进行测试、面试，要求应聘人员试讲，精选出 2～5 名候选人，由聘任委员会评议，由院长签署意见并转呈校长和校教授会评议，最后报董事会批准。

（二）德国大学教师招聘程序[①]

德国大学招聘教师一般有五项程序：①由学院提出用人申请，由校长事务局（校长、3 名校长助理、事务局长）根据学院的申请在报纸上公开招聘大学教师；②在学院内组织由 5～6 名教授包括学生代表参加的任用委员会，通过书面审查选出 3 名申请者，并按照审查结果排序；③学院委员会（院长、院长助理、7 名教授、2 名学术人员、2 名学生、1 名非学术人员）进行审议，先前的排序有可能变动；④学院委员会选定的名单由评议会（校长、7 名教授、2 名学术人员、2 名学生、1 名非学术人员）进行审议，评议会也有可能改变学院选定人员的排序，其审议结果作为学校一级的最后排名顺序向州学术部提出；⑤由州学术长官做出决定，学术长官有权改变大学的人员排序进行任命，还可以任命另外的人。

（三）日本大学教师招聘程序

日本国立公立大学教师的聘任是校长根据教授会的商议而定的，虽因大学和学部的不同而异，但是基本上按照以下方法和手续进行：①依据需要承担的教学和科研任务确定拟招聘教师的岗位和职责；②向大学、研究机构等有关单位公开招聘候选者，或由校外有关人士推荐候选者；③召开学科内的选考会议，选出合适的候选者；④向学部教授会推荐人选；

① 董克用. 中国教师聘任制[M]. 北京：中国人事出版社，2008.

⑤学部教授会通过投票、综合评议等方式决定招聘任用者；⑥经校长确认，最终决定录用。私立大学的招聘程序大致相同，还要增加一个理事会审议的程序才能最后决定。

二、国外大学教师的任职资格

各国大学对不同职称教师的任职资格都有明确规定，一般都有学历、学术水平及教学经历三项。

美国大学教师必须具有博士学位以及与本职称水平相适应的科研能力和教学能力。具体到不同类型的院校，存在一些差别，如在文科学院，教学比科研更重要。应聘者必须出具个人简历、学历证明、各学历阶段的成绩单，以及三封同专业专家、教授的推荐信；有些院校要求应聘者有较强的表达能力、组织能力、口头和书面证明材料等，还要有承担科研的能力以及其他学校任教的经历等。

德国大学教师基本上只有助教、大学讲师和教授三级，取得助教资格必须具有博士学位。德国大学聘任教授的必要条件包括：一是具有学术业绩；二是在从事职业至少 5 年中能使学术观点和方法得到应用与发展，并取得特殊业绩；三是从事的职业至少有 3 年是在校外进行的[①]。要成为教授，必须以优秀成绩达到博士考试的合格标准，还要通过教授资格考试，考试内容包括专题著作或研究论文的正式审查以及学术研讨会的演讲等。

英国大学教师应聘条件包括学位、经历、科研成果以及 2 ~ 3 人的推荐信等。

日本大学要对应聘者的学历、资历和科研成果进行全面考察，应聘条件是学历、资历、科研成就、教学组织能力与教学效果。

三、国外大学教师招聘的经验与启示

国外大学的教师招聘工作已开展多年，基本上形成了较为完善的教

① 董克用．中国教师聘任制［M］．北京：中国人事出版社，2008．

师招聘体系，积累了丰富的经验。我们应该总结先进经验，从中寻求借鉴和启示，这对我国大学开展教师招聘工作是大有裨益的。

我们可以从国外大学教师招聘中得到如下经验与启示：

第一，成立专门的招聘小组，负责教师招聘工作。美国大学要根据拟聘岗位的层次和级别组成相应的招聘委员会并对应聘者进行初步筛选，考核结束后在讨论录用人员名单时，如果招聘委员会成员为应聘者所在系的成员，则应回避，以体现选拔的公平性和严肃性。英国大学由学术委员会负责选拔教师，成员是教授、讲师、学生、职工的代表。英国规定，选拔委员会的成员的职称应高于应聘者。评定完成后，学部部长与各系主任还要再审阅。有的大学在选拔教师时还邀请校内外有关学科教授参加，以保证公平性。德国大学招聘委员会的成员由各专业委员会分别选举产生，并有助教和学生代表。

第二，公开招聘是国外大学在招聘教师时的显著特点。当大学职位出现空缺时，大多数国家的大学都会面向社会公开招聘，择优录用应聘人员，所聘职位职称越高，开放性越强，有的大学甚至会面向全世界招聘教师。例如，为了贯彻开放而有竞争力的人事政策，德国规定教授必须公开招聘，日本在世界著名杂志上刊登广告，向国内外公开招聘教授。为了确保招聘工作公开、公正，一些大学还采用无记名投票的方式来选择录用人选。

第三，任职资格比较严格。各国大学对不同职称教师的任职资格都有明确规定，一般都有学术水平、学历及教学能力三项。美国大学教师必须具有博士学位以及与本职称水平相适应的科研能力和教学能力。德国大学规定，取得助教资格必须具有博士学位，而应聘教授的前提是获取“教师备选资格”。

第四，防止“近亲繁殖”。对高等教育而言，教师资源跨校的自由流动是非常有必要的，对整个高等教育的质量都有促进作用。美国大学一般把本校毕业的教师比率控制在全体教师总数的1/3以下，消除由于本校毕业而可能造成的学术帮派和自家主义习惯[1]；而德国教授必须有校

① 董克用. 中国教师聘任制[M]. 北京：中国人事出版社，2008.

外经历的规定也有利于提高大学教师队伍的质量水平。

第五,重视校外工作和研究的经历。美国大学研究生毕业后留校当教师的很少,一般是毕业后去其他大学从事教育研究工作,一段时间后再返回;德国原则上不允许同一大学的副教授直接升为教授,教授从校外招聘,规定须有3年以上在校外工作的经历。

第六,利用各种优厚条件吸引优秀人才。美国大学利用高薪待遇、良好环境、发挥学校特色等各种优厚条件吸引人才,也善于发挥国外优秀人才的作用。日本大学在任用外国优秀研究者和民间富有经验者执教方面进行着积极探索。2002年,日本有412所大学公开招聘了4 200人,其中约有300人来自企业界,这也是日本大学充满活力的原因之一。

第七,要有先进的招聘理念作指导。卓越、多元化是美国大学教师的普遍理念。下面的说法同样表达了一些美国大学的教师招聘理念与策略:

- 一个空缺的岗位,表示大学获得了一个从眼前和长远出发,重新思考岗位与所需人才类型的机会。你应该精心思考如何去吸引与遴选人才,使这个岗位体现对大学使命与战略的支持。

- 在你还没有仔细分析学科需求,并制订最新的岗位说明之前,你最好还是推迟你的岗位招聘。

- 思考一下体育教练是如何物色体育人才的。教练是走出去搜寻他们所需的人才的,绝不会在报纸上发布一个广告后,回来在那里坐等。

- 既要强调招聘的结果,也要强调招聘的过程。招聘的过程应当是正面的而不是负面的,积极主动的而不是消极被动的,有灵活性和创造性而不是机械地照章办事。

- 处在一个不断发展变化的世界的前沿,对所有人才敞开机会的大门十分关键。人才不是以种族、宗教、肤色或性别、年龄、国籍来定义的,要识别与招募最有才能的教师和职员①。

---

① 刘继荣.美国高校教师招聘的经验与启示[J].高等工程教育研究,2008(3).

第三节 国内大学教师招聘的实践

比较研究是很重要的，因为招募和选拔受很多因素影响，如文化、政治背景、教育系统的结构、教育机构的相对地位、管理的概念和对管理人员的期望等。比较研究对于开发具有国际视野的大学教师选拔程序具有一定的借鉴作用。

1986 年以前，我国实行的是教师职务评定制度。1986 年 1 月全国职称改革工作会议召开，正式决定改革过去的职称评定制度，实行专业技术职务聘任制。同年，中央职称改革工作领导小组正式颁布了《高等学校教师职务试行条例》，从此全国高等学校相继实施了教师职务聘任制[①]。但这一制度在刚开始实施时困难重重，直到进入 21 世纪之后学校教育改革的外部环境才日趋成熟，我国大学才纷纷颁布教师聘任试行条例，开始进行教师聘任制的改革。

一、我国大学教师招聘流程

国内大学的教师招聘活动基本上还沿袭着传统的程序：每年 11 月至年底，各个院（系）向人事处申报下一年的师资需求计划；人事部门根据院（系）的人员需求计划以及学校学科建设、专业发展的需要，将相关计划提交校长办公会审议批准，并向各院（系）下达正式的教师补充计划；学校人事处在校园网或其他媒体上发布招聘信息，求职者根据要求将自己的应聘材料提交给人事部门或具体用人单位；人事处对符合条件的应聘者进行初步筛查和综合能力面试，再由院（系）指定内容进行试讲；最后由人事处公布录取人员名单并为新人办理入职手续。

国内各大学依据自己的具体情况都纷纷出台了教师招聘的相关办法，应该说从招聘流程上来看，我国大学已经有了科学规范的招聘框架。

---

① 董克用. 中国教师聘任制[M]. 北京：中国人事出版社，2008：140.

二、我国大学教师招聘存在的问题

（一）缺乏长期的人力资源规划

国内很多大学没有根据人力资源规划组织招聘，经常是某个职位已经出现空缺，才考虑组织招聘，这是当前部分大学获取新教师时存在的一个典型问题。其实，人力资源规划是招聘顺利进行的基本条件之一。组织的战略目标是人力资源规划的基础，每所大学的定位不同，发展战略也有较大的差别，所需要的教师的能力素质当然各不相同。每所学校都应该在宏观上根据自身的战略规划确定所需要教师的素质结构，并通过大学的人力资源规划表现出来。将目标定位于建设研究型大学的大学所需要的教师不仅要有深厚的理论知识，同时也要有较强的学术研究能力、成果发表能力、合作能力和社交能力等。教学型大学的教师在关注科研的同时更侧重于教学能力、沟通能力和仁爱精神。因此，在制定人力资源规划时要结合学科发展的需要确定将要招聘人员的类型、数量以及人员补充的时间。现在一些大学在人才招聘过程中急于提高师资队伍的学历、职称结构，不考虑所要招聘的人才是否与学校发展定位相符，也没有考虑层次的差别，一谈到人才，就盲目地招聘，造成人才浪费，学科发展不平衡，甚至引起组织内部人员的恶性竞争、倾轧，最终导致人才外流①。

（二）人力资源甄选手段简单

国内大学招聘教师的甄选方式基本上是非结构化面试，大多是经过初试和复试，应聘者与主考官面谈，试讲一下就决定是否聘用。由于非结构化面试具有面试问题的不确定性、答案的非标准性、过程的发散性和面试评分标准的模糊性等特点，所以其应该与结构化面试结合使用。运用非结构化面试可以考察应聘者的专业知识、思维能力和沟通表达能力，还可以通过观察应聘者的行为表现来考察应聘者的气质、性格、工作态度和为本组织服务的愿望是否强烈等。但是非结构化面试带有很大的随意

① 张悦. 普通高校教师招聘工作改进研究[D]. 大连：大连理工大学，2007.

性，有时招聘人员所提问题的真实目的带有很大的隐蔽性，因而可能造成应聘人员理解上的偏差，反映不出其真实水平，从而很难真正实现人—岗匹配。

（三）人事部门与院（系）之间的合作有待加强

在招聘过程中，大学人事处的主要职责是：组织和协调好招聘活动；汇总整理人员补充计划，发布人才需求信息；收集、整理、转发应聘材料；对候选人进行初步面试、筛选，推荐给学院（系）考虑，督办应聘材料的处理进程和结果；办理入校工作手续等。院（系）在招聘过程中的主要职责是：制定本院（系）的人力资源规划；对特定工作岗位进行工作分析（包括工作内容、工作背景、教师的资格条件和类型）；安排面试试讲，对应聘者最终的教学和科研水平进行测评、核定等。目前人事处在人才面试考核中发挥的作用比较小，对受聘人员的跟踪考核也不够充分；而院（系）在招聘手段和甄选方法方面也缺乏专业指导和监督。总之，二者的分工和协作机制还有待加强，两个部门在合作中应充分发挥各自的专业优势。在实践中，人事处在下放招聘权限的同时，应该加强人才发展规划的制定、人才需求信息的掌握、人才甄选方法的开发与应用、受聘人员的跟踪考核等方面的指导、监督和服务的职能作用。

（四）招聘后管理落后

聘后管理是招聘后期的工作。在我国，很多大学并不重视聘后工作，只将招聘来的人才用作提高学科知名度与招生竞争力，或作为申请资金和项目、申报博士及硕士点的砝码，忽视了人才引进后的管理和使用，使人才利用率极低，造成人才的极大浪费和人才再流失。这一环节的忽视直接影响了招聘效率，背离了招聘的目标，严重时甚至阻碍学校建设和发展。大学教师招聘中普遍存在成本高且缺乏成本评估的问题。此外，招聘评估中另一个不容忽视的问题是录用人员评估。目前，在我国大学教师招聘中这一问题往往被忽略。很少有大学聘后进行如招聘完成比率、教师录用比率和应聘者比率及教师录用质量分数的量化分析和评估。

三、我国大学招聘教师的对策与建议

我国大学在改进教师招聘工作时,要在立足于国情、校情的基础上,认真分析、研究、总结国外大学的先进经验,从中寻求借鉴和启示。

(一)制定完善的人力资源规划

科学合理的人力资源规划是大学教师招聘成功的先决条件,人事部门必须明确大学发展战略,做好人力资源规划。规划要能够比较准确地预测未来一段时期内教师的需求与供给情况,包括人才的层次、能力水平、所属专业、何时需要、可能提供的待遇以及学校的财政支持等信息,为学校的教师招聘工作提供充足的资源。

(二)合理划分招聘权

大学教师招聘中要明确人事部门和用人部门的工作职责。人事部门与用人部门的工作性质不同,他们在各自的工作领域里是专家。用人部门了解本学科领域的发展现状、学术热点以及未来的发展趋势;人事部门长年从事招聘活动,积累了丰富的经验,可以帮助用人部门确定周详的用人标准以及选择合适的甄选工具。因此,在招聘过程中就要发挥双方的特长,互相取长补短,将二者的优势结合在一起,这样才能为学校招到最适合的人选。

(三)优化学缘结构

教师的学缘结构是指某个教育单位中,从不同学校毕业取得相同学位的教师的比例。大学招聘要面向社会公开招聘,通过校外的广泛应聘、竞争、选拔,选贤任能,促进大学之间、大学与社会之间、不同学术流派之间的不断沟通和交流。

(四)丰富教师甄选手段

甄选的测评工具有许多种,每种方法都有自己的特点,并分别适合测量不同的素质要素。思维能力、获取信息能力可以通过纸笔测验来测评,人际理解能力、成就导向要利用情景模拟测评,对专业知识和基础知识的测评采用笔试和面试相结合的方法,而对事业心和创新能力的测评历来是难题。因此,大学在招聘过程中应根据不同应聘岗位对能力的不同需求,选择不同的甄选手段组合。

(五)设置有针对性的招募条件

作为知识型员工的大学教师非常重视非物质激励和自我价值的实现。大学如果一味用物质方法来吸引、激励员工,不但会加大自身的经济负担,也无法取得最佳的效果。因此,大学应该针对教师的不同需要设置不同的招募条件。向青年教师提供有激励性的薪酬方案,通过设置宽松的工作环境、富有挑战性的工作任务和目标,追求奋斗的乐趣以及成功后的个人成就感,满足高层次人才的成就动机,从而使招募条件更具有吸引力。

(六)招聘制度规范、公开和公正

大学应该专门成立招聘委员会,制定一套完整、可行和较为稳定的程序、规则和相应的机制,使招聘工作程序化、公开化和制度化,增加招聘工作的透明度。应聘人员录用与否取决于大学招聘委员会的集体决定,这样就可以有效地抵御招聘中的不良风气。

(七)针对不同人才,灵活运用不同的招聘程序

按照大学对教师资源的需求程度的不同和这些教师资源本身素质的差异来划分,可以将教师资源分为三种类型:普通教师资源、重要教师资源和特聘教师资源。普通教师资源包括初次进入高等教育教师劳动力市场的求职者和应聘助教、讲师职位的求职者,以及担任教师时间较短、在本专业领域尚未有明显建树的求职者;重要教师资源包括申请学校教授、副教授岗位,以及担任教师职务时间不短、在专业领域里取得了初步成就、有标志性科研成果的求职者,他们对学校来说是很重要的求职者;特聘教师资源主要是指那些在其专业领域处于领先水平、享有很高的国内和国际声誉、进行专业开创或专业拓展、对学校的发展至关重要、学校也极其需要的教师资源。针对不同类型的教师资源,大学在招聘时应该采用不同的方式。

对于普通教师和重要教师的招聘，可以按照一般教师招聘的程序进行，即由大学招聘委员会发布招聘信息，求职者把应聘信息反馈给招聘委员会，由招聘委员会和院(系)进行初选、面试，安排求职者试讲并最后确定候选人。而对于特聘教师的招聘，更多的时候是招聘委员会主动向这类教师资源投递招聘信息，被动获取其应聘反馈信息。当双方都有意向的时候，招聘委员会组织这类教师资源和院(系)负责人直接见面，由院(系)负责人决定是否聘用并报学校人事处审批。针对不同人才类型，要灵活运用不同的招聘程序。

(八)做好招聘后的评估与管理

聘后评估与管理主要是事后对招聘工作的有效性进行评价，一方面可以通过考察新进教师的适应情况和工作表现来判断招聘目标是否实现，另一方面还要对招聘工作本身进行收益和成本分析。通过对招聘实施效果进行评估，来检验前期工作是否到位，供求预测是否准确，规划是否合理，措施是否得力。评估的结果应该运用于进一步修正学校总体战略与人力资源规划。

案例1：西南大学诚聘海内外优秀人才(2010年)

一、西南大学高端人才招聘计划

(一)中央“千人计划”重点学科平台创新人才长期项目人选

1. 招聘条件

(1)取得海外博士学位，不超过55岁；

(2)在海外知名大学、科研院所、国际知名企业或金融机构担任正教授或相当职务的专家学者；

(3)从事自然科学、工程技术以及经济金融、管理等领域的研究工作，具有世界一流研究水平，近5年在国际重要核心刊物上发表过具有重要影响的学术论文，或获得国际重要科技奖项，或掌握重要实验技能、科学工程建设关键技术；

(4)每年在国内工作不少于9个月。

2. 相关待遇

引进人才享受国家《关于为海外高层次引进人才提供相应工作条件的若干规定》《关于海外高层次引进人才享受特定生活待遇的若干规定》内所规定的相关工作条件和待遇以及重庆市和学校提供的其他优厚待遇。

(二)中央"千人计划"重点学科平台创新人才短期项目人选

1. 招聘条件

(1)取得海外博士学位,不超过55岁;

(2)在海外知名大学、科研院所、国际知名企业或金融机构担任正教授或相当职务的专家学者;

(3)从事自然科学、工程技术以及经济金融、管理等领域的研究工作,具有世界一流研究水平,近5年在国际重要核心刊物上发表过具有重要影响的学术论文,或获得国际重要科技奖项,或掌握重要实验技能、科学工程建设关键技术;

(4)每年在国内工作不少于2个月。

2. 相关待遇

引进人才享受国家《关于为海外高层次引进人才提供相应工作条件的若干规定》《关于海外高层次引进人才享受特定生活待遇的若干规定》内所规定的相关工作条件和待遇以及重庆市和学校提供的其他优厚待遇。

(三)中央"青年千人计划"项目人选

1. 招聘条件

(1)自然科学或工程技术领域,年龄不超过40周岁;

(2)在海外知名大学或科研院所取得博士学位,并有3年以上的海外科研工作经历;

(3)在海外知名大学、科研机构或知名企业研发机构有正式教学或科研职位;

(4)引进后全职回国工作,"青年千人计划"和创新人才短期项目申报人须2011年1月1日之后回国或来华工作；

(5)所从事科研领域同龄人中的拔尖人才，有成为该领域学术或技术带头人的发展潜力。

注：对博士在读期间已取得突出研究成果的应届毕业生，或其他有突出成绩的，可以破格引进。

2. 相关待遇

(1)中央财政将对引进的青年人才给予一次性每人50万元的补助；

(2)根据“青年千人计划”评审标准给予引进人才100万~300万元的科研补助经费，科研经费一次核定，按进度拨款；

(3)重庆市和学校提供的其他优厚待遇①。

(四)教育部“长江学者”特聘教授、讲座教授

1. 招聘条件

详见教育部“长江学者奖励计划”网站：http://www.cksp.edu.cn/index.php

2. 相关待遇

(1)特聘教授待遇：

——每年岗位津贴人民币20万元；

——享受国家和学校规定标准的工资、保险和其他福利待遇；

——提供购房补贴70万~80万元；

——发给安家费人民币40万元；

——为自然科学类的特聘教授提供科研配套经费不低于人民币200万元，为人文社会科学类的特聘教授提供科研配套经费不低于人民币80万元；

——提供科研所需要的实验室、办公室；

——保证招收博士生和博士后的名额；

——安排配偶工作，解决子女入学问题。

---

① http://www.1000plan.org/qrjh/article/10575

本校在职人员受聘为特聘教授享受以上第一、二、五项待遇。

(2)讲座教授待遇：

——每月岗位津贴人民币2.5万元，按实际工作月支付；

——免费提供70平方米以上的公寓式住房，发给安家费人民币2万元；

——工科类提供60万~80万元的科研经费，理科类提供30万~50万元的科研经费，人文社会科学类提供20万~30万元的科研经费；

——提供科研所需要的实验室、办公室；

——保证招收博士生和博士后的名额。

(五)重庆市"两江学者"特聘教授/重庆市"百人计划"特聘教授

1. 招聘条件

(1)取得海外博士学位，不超过55岁；

(2)在国外知名大学、科研院所担任相当于教授职务的专家学者；

(3)具有世界一流研究水平，近5年在国际重要核心刊物上发表过具有重要影响的学术论文；

(4)获得国际重要科技奖项、掌握重要实验技能或科学工程建设关键技术。

2. 相关待遇

(1)重庆市"两江学者"特聘教授：

——重庆市财政每月给予"两江学者"特聘教授岗位津贴5 000元，我校每月发给校内特殊岗位津贴3 000元；

——聘期内提供科研资助金240万元(重庆市财政和我校共同承担)；

——安家补助和购房补贴按照重庆市和学校政策执行；

——指配3名科研助手；

——满足工作用车；

——除上述待遇外，还可享受《重庆市引进高层次人才若干优惠政策规定》中二类人才的医疗保险、家属随调、子女入学、税收减免等优惠政策，退休后享受市级劳动模范待遇。

(2)重庆市“百人计划”特聘教授:

入选“百人计划”的海外高层次人才,按照《重庆市百名海外高层次人才集聚计划实施办法》(渝委人才办〔2009〕17号)文件的规定,将作为市政府特聘专家,授予“重庆市特聘专家”称号,享受重庆市和学校提供的相关优厚工作条件和生活待遇,纳入市委直接掌握联系的专家管理服务。

(六)重庆市“巴渝学者”特聘教授

1. 招聘条件

(1)一般具有博士学位,自然科学类申请者年龄一般不超过45周岁,人文社会科学类申请者年龄一般不超过50周岁;

(2)学术造诣高深,在科学研究方面取得国内外同行公认的重要成就;

(3)具有发展潜力,对本学科建设和学术研究工作有创新性构想,具有带领本学科在其前沿领域赶超或保持国内、国际先进水平的能力;

(4)具有较强的团结协作、拼搏奉献精神及相应的组织管理能力;

(5)保证聘期内每年在我校工作9个月以上。

2. 相关待遇

(1)每年岗位津贴人民币10万元;

(2)享受国家和学校规定标准的工资、保险和其他福利待遇;

(3)提供购房补贴25万元;

(4)发给安家费人民币15万元;

(5)为自然科学类的特聘教授提供科研配套经费不低于人民币40万元,为人文社会科学类的特聘教授提供科研配套经费不低于人民币15万元;

(6)提供科研所需要的实验室、办公室;

(7)协助解决配偶工作和子女入学问题。

本校在职人员受聘为特聘教授享受(1)(2)项待遇。

二、西南大学引进海外人才和团队计划

(一)杰出人才延揽计划

1. 引进对象

海外著名大学教授或终身教授,年龄50岁左右,在国际学术界具有重要学术影响力的学科领军人才。

2. 引进待遇

(1)全职引进者(全部人事关系转入我校,以下同)报到后享受国家和学校规定的有关工资、津贴和福利等,并享受如下待遇和条件:

——聘任为教授、博导;

——发给安家补贴100万元;

——提供购房补贴100万元;

——提供科研资助经费500万元(人文社会科学200万元);

——用人单位提供所需办公及实验条件,协助搭建研究平台,协助组建研究团队;

——配偶符合我校岗位聘用条件的优先聘用,协助解决子女入学、入托。

(2)柔性引进者报到后享受以下待遇:

——聘任为教授、博导;

——月薪1.5万~2万(按实际工作月数计算),全年来校工作者年薪18万~25万;

——为其购买人身意外伤害保险或大病医疗保险;

——报销1~2次来校工作的往返交通费;

——所在学院提供所需办公及实验条件;

——由用人单位安排在校工作期间的住宿。

(二)优秀人才汇聚计划

1. 引进对象

海外著名大学助理教授、副教授,年龄40岁左右(人文社会科学45岁左右),在国际学术界具有较大学术影响的学术拔尖人才。

2. 引进待遇

(1)全职引进者报到工作后享受国家和学校规定的有关工资、津贴和福利等,并享受如下待遇和条件:

——聘任为教授,符合博导条件者聘任为博导;

——发给安家补贴30万元；

——提供购房补贴50万～60万元；

——提供科研资助经费150万元(人文社会科学60万元)；

——用人单位提供所需办公及实验条件,协助搭建研究平台,协助组建研究团队；

——配偶符合我校岗位聘用条件的优先聘用,协助解决子女入学、入托。

(2)柔性引进者报到后享受以下待遇：

——聘任为教授,符合博导条件者聘任为博导；

——月薪0.5万～1.2万元(按实际工作月数计算),全年来校工作者年薪6万～15万元；

——为其购买人身意外伤害保险或大病医疗保险；

——报销1～2次来校工作的往返交通费；

——用人单位提供所需办公及实验条件；

——由用人单位安排在校工作期间的住宿。

(三)后备人才储备计划

1. 引进对象

海外著名大学博士或博士后,年龄30岁左右,具有非常突出的研究基础和良好的发展潜力的青年后备人才。

2. 引进待遇

报到工作后享受国家和学校规定的有关工资、津贴和福利等,并享受如下待遇：

(1)直接聘任为副教授,特别突出者可聘任为教授；

(2)发给安家补贴7万元(世界前100名大学者8万元)；

(3)提供租房补贴2年；

(4)提供科研资助经费6万元(世界前100名大学者10万元),人文社科4万元(世界前100名大学者6万元)；

(5)推荐申报中央基本科研业务经费5万～15万元资助(人文社科

3万~10万元)；

(6)推荐申报教育部留学回国人员科研启动经费项目(资助额度1.5万~4.5万元)；

(7)优先推荐申报国家人社部留学回国人员科技活动择优资助项目(资助额度2万~10万元)。

(四)学术团队引进计划

1.引进对象

面对本学科前沿领域和重大问题进行创新性研究的海外创新学术团队。

2.引进待遇

(1)团队成员按照条件和相应标准聘任为相应职务并享受相应待遇；

(2)提供实验室和科研平台；

(3)提供科研启动经费,标准为700万元(人文社会科学200万元)。

对于成果特别突出的人才,其待遇和资助标准可面议。海内外其他各类优秀人才按照西南大学聚贤工程有关规定的待遇、资助标准执行。

三、西南大学2011年教学科研岗位人员需求计划

(一)招聘要求

1.有海外学习工作经历、能熟练运用英语开展全英文课程教学者,同等情况下优先考核聘用。

2.应聘者原则上应为博士,其本科和研究生阶段一般应就读于"211工程"及以上院校、中国科学院、社科院系统或全国重点专业院校。严格控制本校毕业生留校,原则上不招聘本校应届毕业生。应聘者年龄博士一般不超过30岁,教授一般不超过40岁。有海外留学背景或科研成果突出者可放宽年龄要求。

(二)联系方式

应聘者请直接将简历和科研成果代表作发送到我校相关用人单位联

系人处，详见《西南大学2011年教学科研人员需求计划表》。也可联系人事处工作人员，联系方式如下：

才业锦:023－68251223　　　E－mail:caiyejin@swu.edu.cn

夏大飞:023－68254265　　　E－mail:xiadafei@swu.edu.cn

周　敏:023－68254265　　　E－mail:zzmm1979@swu.edu.cn

地址:重庆市北碚区天生路2号　　邮编:400715

资料来源:http://renshi.swu.edu.cn/rsc/content.php?aid=787

案例2:浙江大学教师岗位申请表

一、申请人简况

<table>
<tr><td>姓 名</td><td></td><td>性 别</td><td></td><td>出生年月日</td><td></td><td>国 籍</td><td></td></tr>
<tr><td>民族</td><td></td><td>出生地</td><td></td><td>现专业技术职务</td><td></td><td>任职时间</td><td></td></tr>
<tr><td colspan="2">户口所在地</td><td colspan="2"></td><td>政治面貌</td><td></td><td>加入时间</td><td></td></tr>
<tr><td colspan="2">身份证号码(或护照号码)</td><td colspan="6"></td></tr>
<tr><td colspan="2">现工作单位</td><td colspan="6"></td></tr>
<tr><td colspan="2">从事专业及专长</td><td colspan="6"></td></tr>
<tr><td colspan="2">外语及熟练程度</td><td colspan="6"></td></tr>
<tr><td colspan="2">最后学历、毕业学校、所学专业、学位及取得时间</td><td colspan="6"></td></tr>
<tr><td colspan="2">联系电话及E－mail</td><td colspan="6"></td></tr>
<tr><td colspan="2">通信地址及邮编</td><td colspan="6"></td></tr>
<tr><td rowspan="6">家庭成员情况</td><td>配偶姓名</td><td></td><td>出生年月</td><td></td><td>国籍</td><td></td><td>户口所在地</td></tr>
<tr><td>最后学历、毕业学校、专业及时间</td><td colspan="3"></td><td colspan="2">身份证号码(或护照号码)</td><td></td></tr>
<tr><td colspan="2">现工作单位及任职</td><td colspan="5"></td></tr>
<tr><td>子女姓名</td><td>出生年月</td><td colspan="2">出生地</td><td colspan="2">学习或工作单位</td><td>户口所在地</td></tr>
<tr><td></td><td></td><td colspan="2"></td><td colspan="2"></td><td></td></tr>
<tr><td></td><td></td><td colspan="2"></td><td colspan="2"></td><td></td></tr>
</table>

续表

<table>
<tr><td>主要学术兼职</td><td colspan="4"></td></tr>
<tr><td colspan="5">个人简历(要求从高中开始填写,时间不间断)</td></tr>
<tr><td rowspan="7">学习进修经历</td><td>自何年月</td><td>至何年月</td><td>在何地、何学校(何单位)、何专业学习、进修</td><td>任何职</td></tr>
<tr><td></td><td></td><td></td><td></td></tr>
<tr><td></td><td></td><td></td><td></td></tr>
<tr><td></td><td></td><td></td><td></td></tr>
<tr><td></td><td></td><td></td><td></td></tr>
<tr><td></td><td></td><td></td><td></td></tr>
<tr><td></td><td></td><td></td><td></td></tr>
<tr><td rowspan="8">工作经历</td><td>自何年月</td><td>至何年月</td><td>在何地、何学校(系、所)、何单位任职</td><td>任何职</td></tr>
<tr><td></td><td></td><td></td><td></td></tr>
<tr><td></td><td></td><td></td><td></td></tr>
<tr><td></td><td></td><td></td><td></td></tr>
<tr><td></td><td></td><td></td><td></td></tr>
<tr><td></td><td></td><td></td><td></td></tr>
<tr><td></td><td></td><td></td><td></td></tr>
<tr><td></td><td></td><td></td><td></td></tr>
</table>

二、申请人主要学术成就

2.1 申请人主要研究方向、研究内容和学术成就简介(不超过 500 字)

续表

2.2 申请人近五年代表性论文、著作情况					
论文：论文题目，发表期刊名称，卷，期，起止页码，所有作者姓名（申请人名字加粗，通信作者名字上用“＊”标示）	发表年月	是否被 SCI、EI、SSCI、AHCI 收录	期刊影响因子	他引次数	是否 TOP 期刊
著作：所有作者姓名，书名，出版地，出版社（申请人名字加粗）	出版年月	个人字数	总字数		
2.3 申请人近五年承担的主要科研项目					
项目名称	项目性质及来源	项目经费（括号内为本人实际承担经费）（单位：万元）	起始年月	终止年月	本人排序

续表

2.4 申请人近五年获奖情况

获奖项目名称	奖励名称及等级	授奖单位	获奖年月	本人排序

2.5 申请人近五年获得专利情况

专利名称	专利授权国	专利号	授权公告年月	本人排序

2.6 申请人近五年担任国际学术会议重要职务及在国际学术会议大会报告、特邀报告情况

2.7 申请人近五年教学与人才培养情况

授课课程名称	授课对象	授课时数

	年度	培养或协助指导研究生研究方向	指导硕士生数	协助指导硕士生数	指导博士生数	协助指导博士生数
指导研究生情况						

续表

获教育成果奖项目名称	奖励名称及等级	授奖单位	获奖年月	本人排序
2.8 申请人其他获奖及荣誉称号				

三、申请人对工作、生活条件的要求

如科研启动经费、办公与实验用房、公寓或住房待遇等方面的要求:

四、申请人承诺

本人对上述所填写内容的客观真实性负责。 申请人签名: 年 月 日

五、专家推荐意见(活页)

推荐者姓名: 职务: 工作单位: 联系电话和 E-mail: 推荐意见: 推荐者签名: 年 月 日

六、聘期内工作思路与教学科研工作目标

<table>
<tr><td colspan="9">本栏应根据浙江大学首期聘任期限，由申请人与相应学科协商填写，主要填写以下几部分内容：履行相应学科教师岗位职责的工作思路、工作内容和预期目标。</td></tr>
<tr><td colspan="9">首聘期　　年
工作思路、工作内容：
聘期内教学、科研、学科建设、社会工作等方面的工作任务和目标（要求做到明确、具体，如开设课程，取得国家、省部级等项目，以第一作者或通信作者发表有影响的学术论文，出版著作或教材，取得成果和奖励等）
申请人签名：　　年　月　日　　　学科（或研究所）负责人签名：　　年　月　日</td></tr>
<tr><td colspan="9">院（系）负责人审核意见：
负责人签名：　公章　　　　　　　　年　月　日</td></tr>
<tr><td colspan="8">表决结果</td><td rowspan="2">院（系）负责人签名：公章
年　月　日</td></tr>
<tr><td>参加人数</td><td></td><td>同意</td><td></td><td>弃权</td><td></td><td>反对</td><td></td></tr>
<tr><td colspan="9">学部人力资源委员会（或具有相同职能的委员会）意见</td></tr>
<tr><td colspan="9">学校审批意见</td></tr>
<tr><td colspan="9">分管校长签名：　　　　　　　　年　月　日</td></tr>
</table>

资料来源：http://talent.sciencenet.cn/upload/file/201122513232618.doc

第四章　大学教师专业发展

大学教师的专业发展不仅贯穿于教师职业生涯的全过程，而且是大学教师职业生涯发展的核心。众所周知，大学教师的职业发展要经历一个从新手到专家的过程，在大学教师职业发展的过程中，专业发展作为教师顺利完成教学、科研任务的必要条件，已被教育学、心理学和管理学等不同领域的研究者所重视。教师的专业发展是当前教育改革的一个重点，提高教师专业化水平是世界各国教育的共同目标，是我国实现科教兴国战略的重要保证，是教师成长的必由之路。注重教师内在素质的提高，尊重教师专业发展的规律性已成为发展趋势。

大学教师专业发展是指在教师职业生涯的每一阶段，教师内在专业结构不断更新、演进和丰富的过程。20 世纪 80 年代以来，教师专业发展课题成为国外研究的热点，研究结果大量涌现，目前已经成为一个新的专门研究领域。就已有研究来看，教师专业发展研究的焦点主要集中在两个方面：一是教师实际经历的专业发展的变化过程，这个过程侧重于研究教师专业发展体现在哪些方面，各个方面发展要经历哪些阶段、是否有关键期等；二是教师专业发展的促进方式，研究在教师专业发展有关观念指导下，给教师提供哪些以及如何提供外在环境和条件，才能更好地帮助教师顺利地走过专业发展所必须经历的诸多阶段。

第一节　大学教师专业发展概论

一、教师专业发展的概念

自从20世纪80年代提出教师专业发展概念以来，经过30多年的理论研究和实践探索，教师专业发展已经成为世界许多国家教育研究共同关注的热点课题。厘清大学教师专业发展的相关概念和理论，探究和总结促进大学教师专业发展的路径，对于提升大学教师专业化水平，提高教育教学质量有着十分重要的理论和现实意义。

对于教师专业发展的界定，学者有不同的论述。最开始是"教师专业化"提法，即教师职业成为专门职业并获得相应的专业地位的过程。英国教育家霍勒教授对教师专业化提出了六个要求：①履行重要的社会服务；②需要持之以恒的理论与实践训练；③系统的知识训练；④高度的自主性；⑤经常性的在职进修；⑥团体的理论规范。从广义的角度来讲，"教师专业化"和"教师专业发展"这两个概念是相通的，都是指加强教师专业性的过程，教师专业发展是教师专业化不断深入发展的结果。但从狭义上来说，二者又有区别："教师专业化"更多地是从社会学角度加以考虑的，如通过建立教师专业组织，制定专业标准，使教师群体外在的专业性得到提升；"教师专业发展"更多地是从教育学维度加以界定的，主要强调教师个体的、内在的专业提升。

叶澜认为，教师专业发展是指教师具有较强的自我发展意识和动力，自觉承担专业发展的主要责任，激励自我更新，通过自我反思、自我专业结构剖析、自我专业发展设计与计划的拟订、自我专业发展计划实施和自我专业发展方向调控等达到自我专业发展和自我更新的目的[①]。李明善认为，教师专业发展是以教师个人成长为导向，以专业化或成熟为目标，

① 叶澜，等. 教师角色与教师发展新探[M]. 北京：教育科学出版社，2001.

以教师知识、技能、信念、态度、情意等专业素质提高为内容的教师个体专业结构动态持续的终生发展过程①。王霞认为,教师专业发展是指教师在整个专业生涯中,通过终身专业训练,习得教育专业知识技能,实施专业自主,表现专业道德,并逐步提高自身从教素质,成为一个良好的教育工作者的专业成长过程②。具体包括三方面内容:专业眼光——能用发展的眼光、教育的眼光看待学生和用整体的、和谐的眼光看待教育活动;专业品质——基于教育理想和信念、体现于日常细微的行为之中的以身作则、率先垂范;专业技能——课堂监控、演示讲解、练习指导等方面的技能。加夫(Gaff)等人认为,大学教师的专业发展就是促进大学教师在学科领域的成长和发展,主要关注教师某一个学科专长的培养,强调教师专业角色的成长和发展③。刘万海认为,教师专业发展是以教师专业自主意识为动力,以教师教育为主要辅助途径,教师的专业知能素质和信念系统不断完善、提升的动态发展过程④。

可以看出,教师专业发展是一个内涵相当丰富的概念。从国内外现有研究看,研究者对教师专业发展的理解具有多样性。基本上可以归为两类:一类是"教师专业"的发展,即将教师专业发展视为教师职业成为专门职业并获得应有的专业地位的过程,强调的是教师群体的、外在的专业性的提升;所关注的问题包括专业的历史发展、专业资格审定、专业组织、专业守则、社会地位等。另一类是"教师"的专业发展,它关注的重点是教师个体的发展,是指在关注教师社会、经济地位的提高和争取资源与权利分配的同时,更强调教师个体的、内在专业性的提高,关注教师如何形成自己的专业精神、专业知识及技能。

大学教师专业发展不仅要求教师符合发展多种专业属性的要求,而

① 李明善.教师专业发展论纲[M].吉林:吉林大学出版社,2011.

② 王霞.教师的专业发展与网络学习[EB/OL].http://wenku.baidu.com/view/8e44401da76e58fafab003ba.html.

③ Gaff J,Simpson R. Faculty Development in the United States[J]. Innovative Higher Education,1994,18(4):168.

④ 刘万海.教师专业发展:内涵、问题与趋势[J].教育探索,2003(12):103-105.

且更强调专业规范、专业自主和专业评价。潘懋元教授认为,大学教师专业发展就是大学教师在学术水平、教师职业知识与技能以及师德等方面的发展①。林杰指出,大学教师专业发展就是大学教师在教学、科研、社会服务、辅导、行政管理等各项工作中其专业的成长与发展②。台湾教育学者陈碧祥认为,大学教师专业发展是指大学教师从事教学、研究及服务工作时,经由独立、合作、正式及非正式等进修、研究活动,引导自我反省与理解,增进教学、研究及服务等专业知识与精神,主要目的在于促进个人自我实现,提升学校学术文化水平,实现学校教育目标,从而提升整体教育质量③。

综上所述,笔者认为大学教师专业发展是指大学教师在整个职业生涯中,通过依托专业组织,实施专业自主、表现职业道德,不断更新和丰富内在专业结构。大学教师内在专业结构的具体内容包括教师的教育观念、专业知识、专业能力、专业态度和动机、自我专业发展需要和意识等。总体来说,大学教师的专业发展更侧重教师的主体意识,强调教师进行持续、终身、多样化和多途径的自主学习、自我反思和自我提高。

二、历史演进

大学教师专业发展的内涵并不是固定不变的,在不同时期、不同国家或地区,它会因为社会发展需要的变化而有所不同。整体而言,大学教师专业发展是由教师专业发展演进而来,其内涵也经历了一个不断扩大的过程,从关注专业水平的提高到教学发展向职业发展拓展,到逐渐关注人的终身成长发展。

(一)提高教师专业化水平是教育发展战略的客观要求

随着历史的发展,世界国对人才数量的需求日益增长,对人才质量的

---

① 潘懋元,罗丹. 高校教师发展简论[J]. 中国大学教学,2007(1):6.

② 林杰. 高校教师专业发展的内涵与策略[J]. 大学教育科学,2006(1):57.

③ 陈碧祥. 我国高校教师升等制度与教师专业成长及学校发展定位关系之探究[J]. (中国台湾)国立台北师范学院学报,2001(14):163-208.

要求也越来越高。教育事业必须适应历史的新变化和社会的新要求,不断进行调整,在规模数量发展的同时,不断提高质量。这要求教师提高学历标准,不断更新自己的知识,不断学习,勇于创新,转变教育观念,改革教学方法。教师专业化正是符合了教育的这种更新和变化,符合了教育发展的新要求。确认教师职业的专业性,推进教师专业化进程,一直是有关国际组织和各国政府努力的目标,也是世界上许多先进国家当前的教育战略和共同措施。1955 年召开的世界教师专业组织会议率先研讨了教师专业化问题,推动了教师专业组织的形成和发展。1966 年国际劳工组织和联合国教科文组织提出的《关于教师地位的建议》(以下简称《建议》),是首次以官方文件形式对教师专业化做出的明确说明。《建议》指出:“应把教育工作视为专门的职业,这种职业要求教师经过严格、持续的学习,获得并保持专门的知识和特别的技术。”在教学领域,随着教学专业化的推动,教师作为教学专业人员日渐成为一种共识。30 年后,这一原则在国际劳工组织和联合国教科文组织的同名文件中再次得到重申。

20 世纪 80 年代以来,教师专业发展问题日益成为人们关注的焦点。1986 年,美国的卡内基工作小组和霍姆斯小组相继发表了《国家为培养 21 世纪的教师做准备》和《明天的教师》两个重要报告,提出了教学专业的改进计划,包括提出建立初任教师、专业教师和终身专业教师三级教师证书制度等建议,特别指出教师的专业地位是改进教学的中心问题,同时强调以确立教师专业性为教师教育改革和职业发展的目标。卡内基基金组织的“美国教师专业标准委员会”还专门编制了明确界定教师职业专业性的文件——《教师专业标准大纲》。1990 年霍姆斯小组又发表题为《明日的学校——建立专业发展学校的原则》,继续推动教师专业化运动的深入开展,这些重要举措也使得美国走在教师专业化运动的最前沿,影响着世界各国的教育教学改革。日本早在 1971 年就在全国教育审议会通过的《关于今后学校教育的综合扩充与调整的基本措施》中指出:教师职业本来就需要极强的专门性,决定教育质量的最大因素是教师的质量,应当确认、加强教师的专业化。在英国，随着教师聘任制和教育证书制度的实施，教师专业化进程不断加快。20世纪80年代末、90年代初，英国以《教师教育课程鉴定标准》《教师职前训练改革》等官方文件的形式肯定了旨在促进教师专业化的"校本教师培训模式"。我国的香港和台湾地区从20世纪80年代后期就开始了加大教师专业教育制度的改革，教师专业化的观念已成为社会的共识。

(二)教师专业发展是相关学科和实践发展的客观要求

在教师专业化研究进程中，研究者们最初较多采用的是从社会学角度探究教师群体的、外在的专业化，关注群体专业化的策略，而后逐渐将研究视角转向教师个体的、内在的专业化，这种强调教师个体的、内在的专业化后被人们更多地称为"教师专业发展"。这两者在广义上是相通的，都指向加强教师专业化的过程；在狭义上是有所不同的，那就是从不同的思维角度强调教师专业化的提升途径。前者主要涉及教育制度和教育体系方面，关注教师专业资格审定、专业组织、专业守则和社会地位等；后者主要涉及教师内在的专业素养和意识水平的提高，更强调教师个体如何形成自己的专业精神、专业知识及技能。

在教师专业化进程中，人们最初大多研究群体专业化策略，着重于提升教师的整体素质，以提高教育教学工作的专业化水平。教师群体专业化阶段存在两种不同的取向：一种是工会主义取向，它以谈判、罢工等为主要形式，谋求整个教师职业和教师个人社会地位的提升和经济水平、工作条件的改善；另一种是专业主义取向，通过强调入职高标准来要求教师提高对社会的专业服务水平。20世纪80年代以后，工会主义取向的实现越来越困难，也因过分强调外部提升而忽略自身教育教学技能的改善而备受争议。专业主义取向虽然能够提高门槛，有助于筛选教师，但却无法保证每一位教师在知识、技能、情感和意志上不断改进和提高。因而要真正促进教师专业成长，促进其内在专业结构不断更新、演进和丰富，就必须追求教师个体的、内在的、主动的、终身的专业发展。

1980年，《世界教育年鉴》以"教师专业发展"为主题发表了一系列文章,提出教师专业化目标有两个:一是把教师视为社会分层中的一层,专业化的目标是争取专业地位与权利以及力求集体向上流动;二是把教师视为提供基于教学的服务的专业工作者,专业化的目标是发展教师的教育教学的知识与技能,提高教育教学水平。其理论研究的重心开始从教师群体的专业化转到教师个体的专业发展,教师个体的内在能动性越来越受重视[①]。20 世纪 80 年代以后,教师专业发展成为人们关注的焦点,英国、日本等国家纷纷建立激励机制以促进教师的专业发展。近年来,教师专业发展的理论研究成果极大丰富,并且教师专业发展的实践也发生了较大变化:一方面,从强调培训转变为让教师成为主动的学习者,让教师通过反思型的教学实践和教师专业发展项目来主动规划个人专业的成长;另一方面,从关注提供单一化、补足式的教师发展活动,转移到为教师创设发展的时间和空间、发展的条件和资源等,培育有利于教师专业发展的环境。

从世界范围来看,随着对教师和教师教育问题的进一步关注,可以相信,教师专业发展问题无论在理论研究方面还是在实践方面都将受到前所未有的重视。世界各国不仅在理论上继续研究教师专业发展,其研究成果将在理念和政策两个层面上更好地体现出来,而且在实践上会继续推进教师专业发展的活动,在深度和广度上都将达到一个新的水平。

三、大学教师专业发展的内容

美国大学教师专业发展的内容是针对美国大学教师职前教育阶段、初任教师导入阶段、在职成长阶段分别设计的,具体包括基础知识(人文学科、社会学科、自然学科、数学等基础性课程知识)、专业教育背景(任教学科专业的知识、人文及行为学科知识、教学理论与实践、教学实习)、对教学内容和教学方法进行钻研、对学生表现进行观察和评估、残障学生

---

① 单中惠.教师专业发展的国际比较[M].北京:教育科学出版社,2010.

帮助、与家长和社区沟通、进行课堂管理、研究多元文化背景下不同学生的需求等，其内容和形式相当丰富和具体。

针对教师专业发展的具体内容与专业结构，国内不少学者提出了教师的专业素质结构模型。比较有代表性的有：叶澜的专业理念、知识结构、能力结构，林瑞钦的所教学科的知识（能教）、教育专业知识（会教）、教育专业精神（愿教），曾荣光的专业知识、服务理想，申继亮、辛涛的职业理想、知识水平、教育观念、自我监控能力、教学行为与策略等。潘懋元认为，大学教师专业发展主要包括学术水平、教师职业知识与技能以及师德三大方面的发展[①]。陈碧祥认为，大学教师专业发展内涵包括教学、研究和社会服务专业能力与知识。其中，教学专业能力与知识包括教育理念与精神、课程能力、教学能力、学科知识、教学知识（包括学生特性、学习特性、教育环境脉络知识等）、评价知识、学习如何教学的知识。研究专业能力与知识包括学术研究理念与精神，学术研究能力，学科专业知识，发表、欣赏及批判能力[②]。社会服务专业能力与知识包括服务理念与精神、社会文化特性与知识、社会批判理念与精神。卢晓中强调高等教育大众化背景下的大学教师专业发展是一个持续的过程，是一个发展的概念，它既是一种状态，又是一个不断深化的过程，因而，大学教师专业发展的内容包括：教学、科研、社会服务的知识和精神的一体化；专业发展与教育教学改革的一体化；外在规约与内在动机的一体化；专业发展责任的一体化；高等教育教学理论与教育教学实践的一体化和专业发展过程的一体化[③]。总之，在教师专业发展的早期研究中，研究者比较多地从知、情、意等方面来分析，认为教师专业涵盖三个基本范畴：教师专业知识的发展、专业技能的娴熟、专业情意的健全。教师应掌握的专业知识一般又倾

---

① 潘懋元. 大学教师发展简论——在第四届高等教育质量国际学术研讨会上的发言稿[J]. 国际高等教育研究，2007(1)：7.

② 陈碧祥. 我国大学教师升等制度与教师专业成长及学校发展定位关系之探究[J].（中国台湾）国立台北师范学院学报，2001(14)：163－208.

③ 卢晓中，张玥. 大学教育大众化背景下高校教师专业发展一体化简论[J]. 现代大学教育，2007(4).

向于三个方面:基础文化知识、教育学科知识、任教专业学科知识。近两年来,随着对教师专业构成研究的深入,提出了一些新的观点,比如,申继亮把教师的专业知识分为本体性知识、条件性知识、一般文化知识、实践性知识四个方面。一些学者则进一步探索专业自主、专业意识等更带有情境性、实践性的问题。

大学教师工作的复杂性决定了大学教师专业发展的复杂性。大学教师专业发展就是要促进其专业结构的发展,大学教师专业结构的具体内容包括大学教师的教育信念、专业知识、专业能力、专业态度和动机、自我专业发展需要和意识等。大学教师的教育信念反映的是大学教师对教育、学生以及学习等的基本看法,它形成之后在一段时间内保持相对稳定。教育信念在教师专业结构中位于较高层次,它统摄着教师专业结构的其他方面。大学教师的教育信念主要有关于学习者和学习的信念、关于教学的信念、关于学科的信念、关于自我和教学作用的信念等。大学教师的教育信念不仅影响其教学行为,而且对教师的学习和成长也有重大影响。大学教师的知识结构体系具有一定的复杂性。对一名专业教师而言,其首先应该具备相当水平的基础文化知识,这是大学教师维持正常教学和不断自我学习的基本前提;此外,大学教师还要有所任学科的专业知识和教学法知识,要实现二者的融合并体现出个人特征。在大学教师的整个职业生涯中,要将自己的专业学科知识和一般教学法知识作为发展的重点,有意识地把专业学科知识和教学法知识结合起来,帮助学生更好地学习和理解相关知识。与教师的知识一样,大学教师的能力对教师专业工作来说具有重要的意义。大学教师专业能力具体包括基础能力(智慧能力、表达能力、审美能力),它是维持教师正常教学思维流畅性的基本保证;职业能力(教育能力、组织能力、学科教学能力、教学科研能力等);自我完善能力和自学能力(扩展能力、处理人际关系能力)。大学教师的专业结构中还包括专业态度和动机,这是教师专业活动的动力系统,它涉及教师的职业理想、对教师专业的热爱程度、教师工作的积极性和对教师职业的满意度等因素。大学教师自我专业发展需要和意识,能够保证教师自觉地促进自我的专业成长，它是保证大学教师自我专业发展的内在主观动力。它是教师真正实现自主专业发展的基础和前提，可以增强教师对自己专业发展的责任感，使自己的专业发展朝着积极的方向保持动态发展的循环。

总之，大学教师专业发展就是强调在积极的教育信念的指导下，在大学教师自我专业发展的需要和意识支配下，不断促进大学教师的专业知识和专业能力的提高，并且不断增强教师的有关意识和动机的动态的、连续的过程。

第二节　教师专业发展相关理论

大学教师专业发展是一项实践性很强的活动，但相关的理论支持必不可少。大学教师专业发展的内涵极其丰富，过程和途径也比较复杂，要真正帮助大学教师提高教学水平，促进专业发展，就要对大学教师专业发展过程中的各种因素进行分析、归类，对复杂现象进行抽象和简化，才能把握大学教师专业发展的主要因素和规律。因此，梳理教师专业发展相关理论可以为大学教师专业发展的策略和方法提供理论基础和支撑。

一、教师专业发展阶段论

国内外学者大多仍以美国学者富勒的“教师关注阶段论”“职业生命周期阶段论”“心理发展阶段论”“综合阶段论”等为基本理论依据，以教师成长的先后顺序、教师关注内容的变化、教师的素质和关注成绩变化等为依据，将教师专业发展的过程划分为不同阶段。

（一）两阶段论

吴康宁提出教师专业发展可分为预期专业社会化与继续专业社会化两个阶段。前者是指个体为适应将要承担的专业角色而进行的准备性个体社会化，是师范教育阶段；后者是指个体在承担某种专业角色后为了更好地扮演角色而进行的社会化，包括教师工作实践及各种在职学习[①]。朱玉东认为，教师专业发展包括职前专业发展和在职教师专业发展两个阶段，职前教师教育为教师专业发展奠定初步基础，在职教师教育是教师从新手教师走向专家型教师、从经验型教师走向研究型教师的必由之路[②]。

（二）三阶段论

鲍德温（Baldwin）将大学教师的职业生涯分为三个阶段，即初级阶段、中级阶段和高级阶段，这三个阶段贯穿大学教师职业生涯发展和变革的始终。古勒（Gooler）从大学教师不同发展阶段的工作效率或成果方面论述每个阶段的特点，提出大学教师在生涯的初级阶段进步会非常迅速，工作效率高，会取得显著的成果，得到任期以后效率增长缓慢并逐渐开始进入一个无效率时期（Non-Productivity）。纳菲尔凯姆（Knefelkam）将大学教师的职业生涯划分为（应用和产出）收获阶段、酝酿或休眠阶段（Gestation or Dormancy）、智力重生阶段（Intellectual Rebirth）[③]。

20世纪70年代，伯顿提出教师发展要经历存活期（新任教师，1年）、调整期（2～4年）和成熟期（5年以上）三个阶段，随着不同阶段的发展，教师对学生的关注程度在不断加深，对教学内容的把握也更加游刃有余。具体来讲，首先是求生存阶段，这一阶段的教师刚进入一个新环境，他们所关心的是做好教学工作，他们已经开始注意了解学生了，但并不愿意尝试新的方法以增强效果。其次是调整阶段，这时候教师的知识已较丰富，心情已较轻松，开始有精力了解学生的复杂性，更多地关心学生，此时也会寻求新的教学技巧与解决问题的新方法，以满足不同学生的需求。最后是成熟阶段，教师的经验更加丰富，对教学活动驾轻就熟，并且对教学环境已有充分的了解与熟悉，因而这一时期的教

① 吴康宁.教育社会学[M].北京:人民教育出版社,1998:215－221.

② 朱玉东.反思与教师的专业发展[J].教育科学研究,2003(11):26－28.

③ Bai, Kang. Criteria for assessment and evaluation of the outcomes of sabbatical leaves as a mechanism for faculty development[D]. Alabama: The University Of Alabama, 1999.

师可以放心地、专心地处理教学中所发生的事情,能够不断地追求并尝试新的方法,逐渐获得专业见解,且更能关心学生,更能满足学生的需要。国内也有学者从大学教师成长的经历出发,提出大学教师专业发展要经历从实习教师到合格教师,再到优秀教师三个持续的发展阶段。

(三)四阶段论

20世纪60年代末,美国学者富勒认为,在成为专业教师的过程中,教师们所关注的事物是依据一定的次序更迭的。为此,他提出了教师专业成长过程中的四阶段模式。第一阶段为任教前关注阶段。处于职前阶段的大学生只是想象中的教师,没有教学经验,只关注自己。第二阶段为早期求生存阶段。这一阶段的教师初次实际接触教学工作,他们最关注的是自己的生存问题,如对课堂控制的情况是否能被学生和同事肯定和接纳以及上级的评价如何等。第三阶段是关注教学情境阶段。这一阶段的教师关注的焦点是教学和在这种教学情境下如何完成教学任务。第四阶段为关注学生阶段。教师在适应教学的角色和负荷之后开始真正关心学生的学习、品德乃至情绪需求[①]。钟祖荣认为,教师的成长大致要经过准备期、适应期、发展期和创造期四个阶段。准备期是指教师入职前接受教育和学习积累的阶段;适应期是从入职开始,到1~3年后初步适应大学教育教学工作的阶段;发展期是教师在实践中不断提高自己的教学能力和素质,使之达到熟练程度的时期;创造期则是教师在教学自动化基础上开始不断创新的阶段,是形成自己独特见解和教学风格的关键时期。每个阶段结束时的教师可以分别称为新任教师、合格教师、骨干教师、专家教师[②]。

(四)五阶段论

美国学者伯林纳等人根据教学专业知识与技能的学习和掌握情况而划分,提出教师专业发展有五个阶段:新手阶段、高级新手阶段、胜任阶

① 教育部师范教育司.教师专业化的理论与实践[M].北京:人民教育出版社,2001.

② 李斌.国内外教师专业发展过程研究述评[J].江苏教育学院学报(社会科学版),2003(4).

段、熟练阶段和专家阶段。在新手阶段,教师的任务是学习一些陈述性知识,获得初步的教学经验。高级新手阶段(具有2年和3年教龄)的教师从教学活动中积累了一些经验,意识到了教学情境的相似性,能把过去所学的知识与现在所遇到的情境和问题相联系,也会运用一些教学策略来调节和控制自己的行为。胜任阶段的教师,能按个人想法自由处理事件,依据自己的计划有望对所选择的信息做出反应,并能够对所做的事情承担更多的职责。熟练阶段(第5年以后),教师对教学情境产生了敏锐的直觉感受,积累的大量丰富经验中,综合性识别能力得到进一步提高。专家阶段的教师对教学情境不但有直觉的把握,而且能以更加灵活的方式,理智地做出合适的反应,他们的行为表现流畅、灵活,不需要刻意的加工[①]。

上述教师专业发展阶段的理论虽然研究的角度和关注点不同,有的经验性的描述多于实证性的研究,但它们仍然会带给我们许多有益的启示。教师专业发展是一个复杂的过程,要严格划分出具体阶段并准确概括各个阶段的特征并非易事;教师专业发展又是一个动态的过程,在现实中个别优秀教师很可能会跳过其中一个甚至几个阶段。另外,教师的人格特质、情感等因素在教师专业发展中的作用也是不容忽视的。教师专业发展的阶段是一个漫长的、动态的、贯穿整个职业生涯的历程,其间既有高潮也有低谷。

二、教师专业发展周期论

职业生涯周期理论是用生命周期作为类比来研究教师职业生涯的发展过程与周期。1985年美国学者费斯勒在理论研究的基础上,通过对教师日常教学的观察和访谈推出了一套动态的教师生涯循环理论。他提出教师职业周期模型是一种动态的、灵活的、非线性的发展模式,教师实际经历的职业周期受环境因素(包括个人的和组织的)影响,并

---

① 申继亮,王凯荣,李琼.教师职业及其发展[J].中小学教师培训,2000(3).

在此基础上建构了教师职业生涯发展周期模型。在该模型中，费斯勒把教师职业周期分为职前期、职初期、能力建构期、热情成长期、职业挫折期、职业稳定期、职业消退期和离岗期八个阶段，同时结合翔实的个案，分析了个人生活环境和学校组织环境对教师的影响，阐明了教师在每个阶段的专业发展特征和需求，并提出了相应的激励措施和支持体系方面的建议，为我们了解教师专业成长提供了一个非常有用的参考架构。

休伯曼等人通过对教师职业生涯周期的研究，把教师职业生涯过程归纳为五个时期：①入职期（第1～3年），这是一个适应和发现期，新教师一方面对复杂的课堂教学和自己的胜任力产生怀疑，产生理想与现实的失落感，急切需要获得实用的教学技能；另一方面，也会因初为人师而表现出积极、热情的一面。②稳定期（第4～6年）。教师初步掌握了教学法，逐渐适应课堂教学，并可根据实际情况以自己的个性特征去探索自己的教学风格，由从关注自己转向关注教学活动，此时的教师对专业发展较为投入，情绪较为稳定，表现出一定的自信和愉悦。在这一阶段，要求教师个体更新知识结构、提高教学技能，并且不断丰富学识和完善人格。③试验期（第7～25年）。自此时期开始，教师的职业发展路线表现出差异性。教师试图开展不同的个性化实验；教师改革的愿望进一步加强，开始寻求新的思想和挑战；教师的职业动机强烈，职业志向水平达到更高层次。同时，教师也产生自我怀疑和重新评估，并重新审视自己所从事的职业，严重者可演变成职业生涯道路中的一场"危机"。④平静和保守期（第26～33年）。这一阶段在教师职业生涯中表现并不明显，主要是50岁左右的教师的一种"心理状态"。长期的教育工作使之成为资深老教师。他们所拥有的教育经验和技巧使之对教师工作充满自信，并滋长了职业自满情绪，由此而失去专业发展的热情和精力，其兴趣在于"做自己乐意的事"。⑤退休期（第34～40年）。在这一时期，教师逐渐退缩，为退休做准备，教师职业生涯逐渐终结。休伯曼的这个理论揭示了不同教龄的教师只要心理发展水平接近，仍可能达到相同的专业发展水平。而且这种理论框架也能更好地解释教师专业发展中的实际情况。

三、教师专业发展结构论

教师专业发展结构是指教师专业发展内容或者要素之间的组合形式。大学教师专业发展的具体内容包括大学教师的教育观念、专业知识、专业能力、专业态度和动机、自我专业发展需要和意识等内容,这些要素的组合关系呈现出三种取向:教师专业发展的理智取向、实践—反思取向和生态取向。不同的取向对大学教师专业发展的结构有不同的理解。

教师专业发展的理智取向(Intellectual Approach)强调教师的知识、技能、价值和教学技术的更新,认为教师专业发展就是教师掌握各种专业知识和技能的过程,它主张教师最重要的两类知识是学科知识和教学知识,还应该重视发展教师的沟通技能和团队协作技能。实践—反思取向(Practical-Reflective Approach)则注重教师专业发展的过程性和体验性,认为教师不仅是学习者,还是自身教学行动的研究者,具有对自己的教育教学实践行为进行反思、研究、改进的能力以及对更广阔的教育问题的探究和处理能力。实践—反思取向强调教师作为一个"人"的独特性,强调教师个人生活与其专业生活的关联,认为情感和态度在教师发展中具有同样重要的作用。教师专业发展的生态取向(Ecological Approach)认为大学教师群体专业发展的环境是由社会各个部门、大学、教师个人等多种限制因子所构成的综合生态环境,只有各个影响因子共同作用、相互协调,才能保证大学教师专业的持续良性发展。生态取向突破了关注教师本身的局限,强调教师专业发展的过程和结果与所处的环境有关,它主张给予教师更多的专业自主性和专业信任,关心教师的工作环境和工作压力问题,鼓励教师共同持续学习、发挥创造力、相互鼓励和分享从课程和教学中所获得的知识,培育终身学习、持续改善的学校文化。

虽然教师专业发展的阶段论、周期论强调的重点略有差异,但二者都认为教师的专业发展是贯穿其职业生涯的、动态持续发展的过程,大学教师的专业发展不是一蹴而就的，它得一步一步地循序渐进，呈现出阶段性特征。教师专业发展的结构论受建构主义思潮的影响，重视教师专业发展的综合性、情境性、个体性和实践性。它强调教师以自己的方式主动学习和发展；认为社会互动可以促进教师专业发展的多元化；强调情境是专业发展的土壤，重视真实情境下的教师专业发展；主张教师应在原有经验的基础上进行反思，重新建构新的知识和经验。总之，不同的教师专业发展理论对于实践具有不同的指导意义，在促进教师专业发展的途径、方法、内容选择方面也会有不同的理解。

第三节　中外大学教师专业发展初步比较

一、国外大学教师专业发展概况

（一）美国大学教师专业发展概况——以密歇根大学为例

教育传统和现状的差异使得世界各国对大学教师专业发展的理解和操作有很大的不同。美国大学教师专业发展经过近半个世纪的历程，已经突破了目标、手段和内容单一的局限，显现出多主体、多保障、资源丰富、积极发挥教师的主动作用等特点。美国密歇根大学始建于1817年，是一所历史悠久的公立大学。1962年，密歇根大学设立学习和教学研究中心（Center for Research on Learning and Teaching），这是全美乃至全球最早建立的大学教师发展机构。在50来年的探索和发展过程中，密歇根大学学习和教学研究中心形成了一套成熟的教师专业发展运行模式，在大学教师发展方面积累了丰富的经验。

1. 机构设置与使命

国外大学通常会设立相对独立的教师发展“办公室”或“中心”，为教师发展提供组织保障，其宗旨就是与教师、管理者一起，共同支持和促进大学的学习和教学，促进教师的专业发展，形成重视教学、尊重个性的良好氛围。这些机构会开展相关的学习、研讨和实践活动，促进本校教师的发展。美国的大学受地方分权体制的影响,其教师专业发展机构也体现出多样性的特点,从机构的名称上即可略见一二,如华盛顿大学的“教学发展与研究中心”(Center for Instructional Development & Research)、弗吉尼亚大学的“教学资源中心”(The Teaching Resource Center)、耶鲁大学的“教学支持与发展办公室”(Office of Teaching Fellow Preparation & Development)等。

组织的使命和目标是战略管理的核心概念,使命是组织文化理念体系建设的根本出发点,是行动的动力,具有战略导向功能和凝聚人心的功能。一个机构的使命从本质上回答了这个机构生存和发展的根本问题,向外传达关于“因何存在”“到底该做什么”的信息,进而明确“活动范围是什么”“发展方向怎样”“未来会发展成什么样”等。美国大学的教师发展机构都非常重视阐述机构的使命和目标。密歇根大学学习和教学研究中心的使命是支持和改善密歇根大学的学习和教学,在全校形成重视教学、尊重和鼓励学生个体发展的文化氛围,促进形成每个学生都能取得学业成果的积极教育氛围①。

2. 大学教师专业发展的路径与形式

大学教师专业发展的形式包括学术休假、学术访问、教师研习会、教师培训课程等多种专业发展形式。大学教师专业发展的对象既包括在职教师,又包括新入职教师、研究生助教,还可能包括校外乃至全球的教师。密歇根大学学习和教学研究中心在美国处于教师发展实践和研究的前沿高地,因而中心每年也为校外和国外的专业人员提供大量服务。近些年来,该中心每年提供校内服务 15 000 人次以上,对外提供服务也在 3 000 人次以上②。

(1)专业培训。国外大学教师培训工作主要围绕教师教学的实际问题展开,在实践中普遍采用集体授课、研习会(Seminar)、讨论、网络学习等多种培训形式发展教师的教学能力、研究能力和管理能力。密歇根大

① Mission Statement[EB/OL]. http://www.crlt.unich.edu/aboutcrlt/mission.html.

② About CRLT[EB/OL].[2007-10-16]. http://www.crlt.unich.edu/aboutcrlt/aboutcrlt.html.

学学习和教学研究中心非常重视实践性、技能性、操作性，培训内容相当广泛，涉及大学教学基本知识、如何改善课堂表现、多元化和包容性等许多方面。培训的形式有很多，详见表 4.1。

表 4.1　国外大学教师培训的主要组织形式

划分	具体形式		备　注
按课程举办形式	面对面	研讨会形式	是各个大学教师培训所采用的最普遍的形式，不论长训、短训，大部分都采用这种形式
		论坛形式	集中讨论各种与教学相关的问题，引发思考
	网络教学	网上研讨会形式	在一个大家共同休息的时间段内（一般为午休的 1 小时），教师通过网络集中进行实时的研讨学习
		网络课程形式	为教师提供各学科的在线课程，并为教师提供丰富的网上资源及详尽的在线学习指导手册，同时开设虚拟社区，便于参与教师的在线讨论
	面授、网络相结合		主要培训与技术相关的课程
按培训时间长短	3 天主题培训		主要基于某一教学中的常见问题展开系统培训
	1 ~ 3 小时短训		主要以研讨会形式进行，各个学校大多开设了这种形式的培训
	不限制学习时间的课程		通常为网络课程
按培训对象	新职工		主要目的：为其教师生涯提供一个成功的开始
	全体教职员工		主要目的：提供讲授技巧，指导教师与学生更好地交流，开展以学生为中心的评价与反馈
	具体院（系）的教师		针对具体学科教学时的问题展开培训
	辅导教师（Tutor）		使辅导教师更有效地对学生进行教学辅导
	实验演示教师（Demonstrator）		主要针对生物科学、化学、工程学、地球科学、信息学、物理学等理科或工科的实验演示教师展开
	评分教师（Marker）		主要针对评分教师如何对课程和课堂做出反馈和提供反馈信息进行培训
	实习教师（Field Demonstrator）		面向具体学科的实习教师

续表

划分	具体形式	备注
按培训频率	以学期为周期	一般在每学期开学前进行
	以1个月为周期	研讨会形式，为长期项目
	以1年为周期	为员工和有经验的教师提供时间较长的研究生课程，以加强教师引导课堂讨论的技能
	不定周期	是大部分大学培训采用的形式，主要针对具体的教学需求而定
按培训结果是否认证	证书类培训	通过证书的获得，说明此人参加过相关教师的培训，为更高阶的培训做准备
	无证书培训	大部分学校所采用的培训策略

资料来源：国外知名高校教师教学促进项目调查与研究（北京大学第十六届“挑战杯”——五四青年科学奖竞赛特别贡献奖参赛作品）[R].[S.l.]:[s.n.],2008.

(2)学术交流访问。学术交流访问可以促进大学教师与校外机构的教学、研究人员进行思想和实践的交流，是美国教师专业发展的传统形式。密歇根大学也充分地利用这一形式促进学术交流和本校教师的学术发展，通过请进来、走出去策略，促进大学教师之间的学术交流。

(3)学术休假制度。学校为教师提供形式多样的休假，其宗旨是给教师提供自我专业发展的时间和机遇。休假的具体形式有短期休假(Leave of Absence)、研究休假(Study Leave)等。

(4)评估与评价。协助教师和院(系)进行评估，如教学评价、教学技术评价、课程评价等；协助教师对学生进行学习评价。

(5)个人教学咨询。密歇根大学学习与教学研究中心为教师提供咨询服务。为咨询对象提供教学相关资源的信息和建议；对涉及课程设计、教学方法创新、学生评教结果解释等具体教学问题，向咨询者提供详细说明和指导。

(6)课堂录制。课堂录制(Video Tape)通过将教师课堂教学录制下来,和专家顾问共同观看并讨论和分析结果的自我反馈方式,使教师了解并掌握学生课堂上所看到的一切,通过和教学促进中心进行私密、友好的咨询,使教师深刻认识到自己教学中有待进一步改进的地方,并对自己现在所处的水平有更加清晰的认识,从而更加有效地帮助学生学习。同时,教师可以为自己保留录像带的一个副本。很多教学研究员和年轻的教师可以在他们的教学档案中包含他们的教学录像带,供以后参考。

(7)微格教学。微格教学(Microteaching)意思是微型化教学,由同一类课程或者同一院(系)的教学人员组成一个小组,小组成员轮流充当教师,分别就他们计划好的课程内容进行5~10分钟的教学,其他成员和教学促进中心的一个顾问,作为这次实验教学的学生,在教师教学以后提供反馈。每个教师的教学过程均被录下并且有机会在以后与一个顾问共同观看、回顾。微格教学能够帮助教师对自己的教学有一个全面的了解。

(8)研究和推广。总结密歇根大学如何开展促进学习和教学的研究的经验,并形成相关成果发表和交流,对全校教师、管理人员以及全美高等教育界宣传和推广研究成果。

3. 大学教师专业发展的内容

美国大学教师专业发展的内容主要集中在教学发展、学术性发展和管理能力发展三方面。教学发展又分为四个维度:教学技巧与策略、评价学生策略、教学技术方法及应用和学生管理。学术性发展包括两个方面,即科研中技术工具的使用和科研立项、资助与管理辅导。

根据北京大学《国外知名大学教师教学促进项目调查与研究》报告,全球40所著名大学的教师专业发展机构在培训内容的选择上各有侧重,主要围绕教师教学的实际问题展开,重视实践性、技能性、操作性,而丰富的培训内容只有依托有效的培训模式,才能达到促进教学的目的,这方面也有很多值得我们学习的地方。具体专业发展的培训内容分布如表4.2所示。

表 4.2　国外大学教师专业发展的内容分布

<table>
<tr><td rowspan="13">教学技巧与策略</td><td>如何进行实验室、现场教学</td><td rowspan="2">学术性发展</td><td>科研中技术工具的使用</td></tr>
<tr><td>学生应该学什么(跨学科学习)</td><td>科研立项、资助与管理</td></tr>
<tr><td>案例教学</td><td rowspan="12">教学技术方法及应用</td><td>网络工具的使用</td></tr>
<tr><td>课堂教学设计</td><td>网络教学</td></tr>
<tr><td>教学档案袋</td><td>各种技术如何促进教学</td></tr>
<tr><td>教学反思</td><td>计算机安全</td></tr>
<tr><td>学习社区(小组学习)</td><td>软件培训与支持</td></tr>
<tr><td>如何促进学生积极学习</td><td>交互电视</td></tr>
<tr><td>指导学生背诵</td><td>游戏</td></tr>
<tr><td>课堂讲授技巧</td><td>学生应答系统</td></tr>
<tr><td>教学基本概念和原则</td><td>更好利用技术</td></tr>
<tr><td>促进学生阅读与写作</td><td>教学设计技术</td></tr>
<tr><td>反馈策略</td><td>组织在线讨论</td></tr>
<tr><td rowspan="6">评价学生策略</td><td>评价学习</td><td>反剽窃工具</td></tr>
<tr><td>评价教学实践</td><td rowspan="6">学生管理</td><td>研究生管理</td></tr>
<tr><td>期中评价</td><td>学生学术道德</td></tr>
<tr><td>有效的考试</td><td>班级文明</td></tr>
<tr><td>基础考试</td><td>多元化和平等培训</td></tr>
<tr><td>主观考试和给分</td><td>学生课堂行为分析</td></tr>
<tr><td colspan="2"></td><td>课堂冲突管理</td></tr>
</table>

(二)日本大学教师专业发展的概况

日本在 20 世纪 80 年代末引入“专业发展”这个概念,但是机构化的建设相对滞后。后来来自大学教育内外的观点都认为,大学教师的专业发展是大学发展的关键因素。1998 年,日本文部省颁布文件,建议推进大学教师发展机构化建设。日本各大学开始建立教师发展的组织,至今已有十多年的历史。教师专业发展的组织虽然名称不一样,但都起着促进教师发展、专业成长的作用。在机构设置方面,通常推举一名在学校有名望的学者兼任负责人,另设若干专职委员,与其他兼职委员共同组成专业发展促进机构的推进部委员会。

在日本，大学教师专业发展的内容主要包括以下方面：①大学理念、目标介绍专题；②老教师对新任教师的指导；③帮助教师改进教育技法的培训活动（学习理论、教学法、教案、讨论法、学业评价法、教育仪器使用方法、媒体使用）；④协助促成课程改进项目；⑤教育制度的理解（学校教育法、大学设置基准、学校规章、学习规章、单位制度、学习指导制度）；⑥评估（学生评价、教师同伴评价、教师各种活动的定期评价）；⑦帮助教师开展研究活动；⑧理解大学的运营管理和教授委员会权限的关系；⑨学术研究和教育工作协调校内组织建设的研究；⑩使教师熟悉大学教师的伦理规定与社会责任；⑪自我反省、评价活动及其利用[①]。

大学教师专业发展活动实施的形式多样，内容丰富。例如，举行教学改革演讲与讨论会、开办公开教学观摩课、开展教师对学生的访问调查、开展教育援助中心援助活动、开展合作研修活动等。

二、我国大学教师专业发展的历史及现状

（一）我国大学教师专业发展的历史

我国大学教师专业发展的研究起步较晚，主要还是借鉴国外尤其是美国的一些研究成果。我国大学教师专业水平的提高，新中国成立以后主要依靠职前教育、职后进修和培训来实现。从 1953 年教育部颁布的《高等学校教师进修暂行办法》到 1985 年以后三级师资培训中心的逐步建立，再到 1996 年《高等学校教师培训工作规程》和 1997 年《高等学校教师岗前培训暂行细则》等政策法规的出台，培训作为大学教师提高的主要方式已经得到了制度上的有力保障[②]。

从 1991 年到 1997 年，我国大学教师的管理逐步向管理法制化、发展综合化的方向发展，为了适应国家发展，这个时期出台了一系列影响高等

① 卢辉炬，严仲连. 美、日、中大学教师发展之比较[J]. 社会科学家，2008(6).

② 潘懋元，罗丹. 高校教师发展简论[J]. 中国大学教学，2007(1).

教育走向的重大政策。大学教师发展成为政策中最重要的主题之一。1993 年我国出台了《关于加快高等教育发展》的文件,1994 年又颁布了《中华人民共和国教师法》及《 教师资格条例》,开始实施大学教师资格认证制度,对教师的公民条件、思想品德条件、学历条件、教育教学能力条件提出了要求。1996 年我国教育部颁布《高等学校教师培训工作规程》和《教师培训条例》,试图将大学教师培训工作制度化。1999 年为减缓大学扩招给予师资的压力,教育部印发了《关于新时期加强高等学校教师队伍建设的意见》,提出两个转变:从基础性培训和学历补偿教育逐步转为着眼于更新知识和全面提高教师素质的继续教育;从主要依靠政府行为逐步转为政府行为、学校行为和个人行为相结合。2001 年,教育部《关于加强高等学校本科教学工作,提高教育质量的若干意见》中也明确提出了大学教学内容和方法改革的主张,对教师的品德和教学能力提出了明确的要求。这一时期教师的地位得到进一步的肯定,教师的工作和生活条件、社会地位进一步受到重视,并开始受到国家法律的保护。围绕教师资格、教师职务、教师聘任、教师培训、教师权力等的法律也相继出台,使教师管理进一步法制化。伴随着社会政策环境的变换,大学教师也由"教书匠"变为"专家",逐渐向专业化的方向发展。

在研究领域,学者们和实践者们也对大学教师专业发展进行了深入研究。自 20 世纪 80 年代以来,教师专业发展问题已经成为世界范围教育改革的热点问题之一,在 30 年的时间里,随着研究视野的不断拓展,各方关注程度尤其是教师自觉意识的提高,人们对教师专业发展的内涵、意义、过程、机制、途径与策略等方面都有了逐步深入的探究,这为新时期加快推进教师专业成长,切实提高专业发展的科学性、实效性及整体的教学质量,提供了较好的理论氛围与经验支持。从国内研究整体来看,大学教师专业发展取得了一定成绩,内容比较丰富,特别是研究者开始从多学科视野中展开研究,并且从研究方法上也呈现出从单一思辨到丰富多元的趋势[①]。

---

① 朱旭东,周钧. 教师专业发展研究述评[J]. 中国教育学刊,2007(1):68.

（二）现阶段我国大学教师专业发展的背景

第一，近年来，随着我国经济社会发展和高等教育的发展，大学硬件设施不断优化，为大学教师自身的专业成长创造了良好的物质条件。学校尽可能为大学教师提供较为先进的多媒体教学设备和教学实验仪器，使他们能够更为形象、生动地进行教学；大学的图书馆藏书量增加，电子文献的数量和使用不断充实和完善，这些都为教师进行科学研究提供了更多的可查资料；学校加大科研经费的投入量，使教师能够在比较宽松的环境下进行科学研究。这些都为大学教师的专业发展提供了物质保障。

第二，大学人文环境的优化为大学教师专业发展提供了文化氛围和软环境的支持。学校的人文环境就是指以德性为核心的人性化了的教育环境。近年来，很多研究者已经意识到教师发展对高等教育改革的重要性，很多大学贯彻“以教师和学生发展为本”的理念，进行人文关怀，这样，大学教师就能更快地适应环境，积极投入到工作中来。此外，很多大学在价值导向上倡导协作精神和“我以学校为荣”的价值观，借此激发教师的竞争意识和培养他们的团队精神。这些都有利于促进教师的专业发展。

第三，大学教师自身的专业发展需求越来越强烈。知识的快速更新让大学教师意识到不断学习发展的重要性和必要性；大学在人才引进和使用方面强化了竞争机制，评、聘分离的聘用制和级别工资的使用，使大学教师必须不断地为自己设定更高的发展目标。这些都说明，大学教师的专业发展具有一定的紧迫性。大学教师的任职资格和准入门槛较高，1993 年，国务院颁布的《中华人民共和国教师法》规定，取得高等学校教师资格应当具备研究生或者大学本科毕业学历。近些年来，进入大学的门槛在逐渐加高，能够胜任教学岗位的教师一般须取得博士学位，甚至要求有海外博士学位和留学背景等。高等教育是一个动态的发展过程，需要不断更新教育教学观念，创新人才培养模式，改革教学方法等，才能适应时代的发展，培养出符合社会经济发展需求的人才，这促使大学教师必须不断地自我更新来顺应新形势的发展。对于大学教师这样一个具有系统专业知识和科研能力的群体来说,成为优秀的反思型教师和研究型教师是他们业务精进的体现,也是他们努力追求的目标。因而,在当今教育形势下,不管是初任教师,还是教学经验丰富的大学教师,都愿意不断更新专业知识,跟踪学科前沿,促进教学效果和学生学习质量的提高,并且这种愿望呈现出越来越迫切的趋势。

第四,大学中的学术自由为教师专业发展提供了便利的微观政策环境。大学教师在选择和使用教材以及运用教育方法、对学生的评价等方面有较大的自主权,这为大学教师反思自身的教学观念、行为和课堂教学情境提供了现实土壤,也为大学教师的专业发展提供了广阔的空间。很多大学给予教师更大的自主权,教材往往根据课程设置的特点和学生发展的特点由教师自己选择;教师可以用直接讲解的方法,也可以用让学生自由讨论的方法来进行教学,可以通过建立学生教学档案和采用案例法来促进教师教学的生动性,这些方法只要能促进学生的发展,提高学生的学习水平和能力,都是可行的。此外,对于学生的评价,教师可以采取将出勤率、平时成绩加考试成绩、学生德育等多种衡量因素相结合的方法来进行。这些举措既体现了学术自由,也契合了目前正流行的教师反思理论的理念,更有利于大学教师总结成功经验,发展自我,有利于增强教师自我专业发展的意识。

(三)我国大学教师专业发展的现状

1. 我国大学教师专业发展的组织机构及使命

世界范围内促进教师专业发展模式表现为政府主导模式、大学主导模式、院(系)主导模式和个人主导模式。我国大学教师专业发展模式主要是大学主导模式和院(系)主导模式。大学主导模式,就是在大学中设置独立的机构从事教师专业发展的相关工作,该机构可以是与其他行政部门相平行的组织,也可以采取挂靠的形式,相对独立,如清华大学建立的教学研究与培训中心,中国海洋大学建立的教学支持中心,北京大学建立的教学促进中心,首都经济贸易大学建立的教师促进中心(Office of Teacher Advancement,OTA)等。首都经济贸易大学的教师促进中心于

2007 年 12 月正式成立，目前挂靠学校人事处，它一方面吸收了世界一流大学的经验，另一方面与本校的教师职业生涯规划工作紧密结合。其宗旨是，通过 OTA 这个平台，全面促进教师的教学、科研、身心健康等各个方面的发展。

我国大学教师专业发展的另外一种常见模式就是院（系）主导模式，这种模式已经在我国一些大学被广泛采用。该模式一般存在于学院之中，特别强调院（系）、基层教育教学组织在此方面的领导能力，充分利用学校自身资源，不断完善促进专业发展的措施，一般是由院（系）的教授负责管理，如江南大学在教育学院设置了教师卓越中心。

在我国，相当数量的大学没有成立专门负责教师专业发展的组织机构，但涉及专业发展的具体职能如在职培训、教学评估、教学技术应用、教学资源支持等由大学人事处、教务处、教育技术中心、图书馆等相关部门承担。

2. 我国大学教师专业发展的内容

不同的教师专业发展组织形式通常采用一些类似的活动：有的活动是围绕课堂教学基本技能开展的训练；有的活动是学校或院（系）组织的各种教师发展研讨活动，包括讨论会、各类教师发展研讨会（如教学改革研讨会、各类学术研讨会）等；还有一类活动重在向教师普及现代技术和提供工具性平台。大学教师作为专业人员，其职责已经超越了教与学的范畴，与其他专业人员一样，教师还需承担其他责任，满足其他期望，比如进行有效交流沟通，提高自身的知识和技能，遵守法律和道德规范，维护职业声誉等。上述职责以及达到上述期望所具备的知识、技能和情感态度，构成了大学教师的专业基础。教师作为专业人员，能够进行有效的沟通是应该具备的基本技能。称职的大学教师经常需要与外部环境进行有效的沟通，如与学习者、同事、学科专家、学校管理者、家长和社会等，同时也会借助各种手段和方法进行交流，包括当面会谈，借助便签、电话、电子邮件和网络等。要根据不同的情境和文化背景采取不同的交流方法。大学教师作为专业人员应该不断地努力更新和提高自己的专业知识和技能,建立和保持专业联系,参加专业发展活动和建立个人工作档案。大学教师作为专业人员,应该有责任遵守专业实践领域已有的道德规范和法律条文。最后,专业人员的一个重要特征是有自己的专业信仰和价值观,大学教师应该有意识地树立和维护职业声誉,要尊重他人的价值观和见解。总之,大学教师专业发展的内容相当宽泛,包括教育观念、专业知识、专业能力、专业态度和动机、自我专业发展需要和意识等。

3. 我国大学教师专业发展的途径

国内各大学均为教师提供了专业发展的途径,主要有以下几种:一是教师自学,即教师为了满足教学需求而在课后展开一系列学习活动。二是国内进修深造,例如参加各种学历或学位进修班和由教育部门或是教育出版机构开设的短期培训班,或是到其他高等院校参加就某一课题开展的短期培训;参加硕士、博士研究生考试,以获取继续深造的机会。三是作为国内访问学者开展交流活动,即让学科带头人、骨干教师等学校的教学管理中坚力量走出校门参与校际学术和管理交流,以期在相关学科领域获得动态和前沿的信息,更新教学和管理的策略和理念。四是出国深造。这包括:学校选拔优秀教师到国外高等学府进行相关专业领域的进修学习;教师出国攻读博士学位;教师利用当地和中央教育部门提供的各种继续教育机会出国深造。五是校本培训。这主要包括:针对教师的专题讲座,聘请专家就某一学科领域或某一教学理论与教师展开讨论;对新教师进行岗前培训以及在新、老教师之间开展帮、带学习;跨院(系)教师进行学习交流。

(四)促进我国大学教师专业发展的策略

1. 大学教师专业发展有赖于良好的外在与内在环境

教师专业发展已经成为一个系统工程,它的顺利实施必须依靠外界的各种支持和帮助。高质量的教师专业发展对外在环境提出的要求有:对资源的需求,对高质量的专业发展给予激励和赞誉,维持促进专业发展的各种力量之间的信任和合作,具备实施专业发展的时间,获取强有力的管理支持。

2. 依据大学类型制定不同的大学教师专业发展制度

不同类型的大学由于办学理念与办学目标不同，其教师的专业发展也应采取不同的发展制度。在宏观上，我们应该研究在制度和政策层面上如何为大学教师专业发展提供有利的外部条件；在微观上，我们应该研究在学校层面如何建立起完善的教师专业发展机制。对于研究型大学而言，应该多注重教师学术水平与科研能力的培养。因此，在外部环境方面此类大学应为教师提供更为先进的实验设施、研究条件，营造良好的学术环境，尽可能增加教师出国的机会，以此来丰富教师在其专业领域的学术水平。对于高职高专类的院校而言，它直接培养社会所需要的实践型、技术型人才，此类大学就应该趋向培养教师应用高深知识的能力[①]。因此，此类大学应加强与社会的联系，适时了解社会的需求，根据不同时期的社会需求对在校教师采取不同形式的培训。

3. 健全大学教师专业组织

发达国家的教师专业化程度较高，不可忽视的一点是，各国都有若干规范且具有权威性的教师专业组织，它们在推动教师专业化的进程中发挥着重要作用。尽管各国大学教师专业组织名称存在差异，但其宗旨都在于维护和发展高度的教育标准、高度的专业标准、高度的社会服务和高标准的教师工作环境[②]。我们应该借鉴别国在促进大学教师专业发展过程中的经验，除了采取带薪休假、在职培训和访问学者等传统形式以外，可以通过设立网站来开展网络和远程教育，方便教师进修和专业发展。另外，应设立各类学科学会，提供资金支持，促进大学各部门之间、教师之间、教师与学生之间的合作，充分发挥专业组织的影响，让教师在组织中交流教学经验，探讨学术问题，开拓新的教育观念，促进专业发展。

综上所述，在世界其他国家的教师专业发展中，教师专业化经历了20世纪30年代的概念提出，到60年代的认可，再到70年代的被强调，其间从探索到成熟，到80年代的全面展开。由于世界教师专业发展已有现

---

① 曲铁华. 高校教师专业发展途径解析[J]. 现代教育科学,2007(5).

② 孟中媛. 高校教师专业化发展的国际比较与思考[J]. 教育探索,2007(3).

实成果,我国大学在实践中不必再重新摸索,可以在选择和借鉴的基础上实现更快、更好的发展。随着改革开放的深入,中国将顺应世界教师专业化的潮流,继续推动有中国传统特色的教师专业发展。借鉴、创新的发展模式,将使中国的教师专业发展前景更加广阔。

案例1:美国大学教师发展机构的标杆
——哈佛大学博克教学和学习中心介绍

哈佛大学博克教学和学习中心是美国最早的教师发展和教学促进中心之一。自创建以来,博克中心致力于哈佛大学全体教师与研究生助教教学水平的提升,中心的活动主要是支持课堂教学和教学评价,采用个体辅导、工作坊、习明纳等多种形式以满足教师的多元化需求。博克中心还开展与教学相关的研究,出版的研究成果直接服务于教师教学,具有较高的应用价值。博克中心成为美国大学教师发展机构的一个标杆。

博克中心的服务内容

1. 课堂教学的支持

为教师提供课堂教学的支持和服务是博克中心的首要工作。中心的专家们与各学科教授、首席教师以及教学团队一起工作。服务的内容包括:课程开始前对教师进行培训;为助教提供微格教学;参与教师会议,传递教育教学资源;讨论并进行中期课程评价;安排录像或课堂观察。

2. 教学评价与反馈

获得及时的课堂教学反馈可以使教师适时调整教学方式。博克中心要求所有教师在学期的一半或3/4时从学生那里获得信息反馈。学生对课程或教师授课的评价既可以用纸质答卷,也可以上网回答。在规模小的班级,一些教师倾向于通过讨论的方式获得反馈信息。这种早期评价可以使教师及时调整不当的教学方式。

博克中心不直接对教师进行评价,但可以从行政办公室获取本科教学评价的信息,对每学期的教学优异者进行奖励,授予哈佛大学卓越教学证书。授予对象主要是助教和讲师,此举以期激励初级职称教师。

3. 教学研究与出版

博克中心一方面鼓励教师进行教学研究和反思，另一方面也开展一些教学和学习方面的研究，目标是促进课堂实践，提高中心的绩效。例如，新教师与助教经常询问的一个问题是：在人文学科与社会科学的教学中，布置多大的阅读量为合适？多年来，哈佛学院的课业要求中对学生阅读量都有细致的规定。

博克中心鼓励教师们拿出像在学术研究上那样的探索精神，进行教学反思。为了鼓励教师在教学方面进行调研、评价和革新，博克中心提供如下服务：①支持和管理与教学相关的研究项目，包括博士后、研究生和本科生完成的论文或研究项目；②进行一些调研，内容包括教师和学生在对概论课程、教学观念等认识上的差异，本科生对课堂教学的预期及感受；③针对一些教学革新项目进行持续性的评估，如新教师培训、以行动为基础的学习、教学研讨会；④将教学研究成果提交给哈佛大学相关委员会，并在全国和国际性会议上作报告。此外，中心还将多年积累的教学经验进行总结升华，将相关研究成果进行整合或翻译，转化成易于操作的资料或报告，公开出版，提供给哈佛的教师。

博克中心的活动形式

1. 个人咨询和辅导

博克中心为所有教师和教辅人员提供个人咨询。咨询的内容主要围绕教学而展开，包括演讲技能与技巧，课程设计，布置作业、论文和出试题，课程与助教管理，引导讨论的技能技巧，学期教学评价，评分以及对学生作业的反馈，大课如何公平评价，录像和课堂观察。此外，还包括如何解决课程中遇到的特殊问题以及教师内心的困惑。总之，范围非常广泛。

2. 习明纳和午餐会

习明纳（专题研讨班）是博克中心最常用的、最行之有效的活动形式。知名者有克里斯坦森习明纳，这是由教师及富有经验的助教组成的高级研讨班，旨在通过对来自真实课堂情境的案例进行研讨，提高教师在课堂上引导讨论的技巧。每年秋季开班，为期十周。研讨选择的真实案例都是反映在课堂冲突的关键时刻,教师如何做出抉择。大家在一起共同探究导致课堂冲突的因素,探寻教师在不利情况下如何激励学生学习。

再如预防剽窃习明纳。教学技术研发小组设计了一套能够甄别剽窃的软件(Turn It In),在许多课程教学中得到运用,这个软件可以有效发现学生作业中的剽窃问题。这个习明纳给教师讲授如何使用这个软件,并由一些使用过软件的教师介绍经验。

鉴于教学逐渐成为聘任、晋升、终身教授的重要条件,博克中心除了提供常规的促进教师专业发展的活动外,还经常发起午餐会。在餐会上大家讨论各种议题,如利用教学文件夹去获取奖励基金,或者将之付梓等。

3. 工作坊和模拟剧场

博克中心的专家和工作人员在组建工作坊前都会了解每个学科的特殊性、课堂情况及学生的需要。例如,说与学是将口头交流技巧的教学渗透进研究生课程的项目。通过说来学有许多途径,如课堂讨论、口头报告、辩论等,这样可以促进教师的批判性思考,加深对课程材料的理解,促进专业学习,培养重要的交流与领导技能。再如,行动学习系列课程(Activity Based Learning)包括一系列课程,为学生进行公共服务、田野工作、社区研究与实习做准备。这些课程的开设目的是通过理论与实践的结合加深和丰富学生的学术经验和学习成果。

博克中心还向密歇根大学学习,设有职业演员表演的小剧场。演职员可以模拟复杂的教学情境,将学术生活中较为敏感的议题用间接而幽默的方式表现出来,以引发观众(教师和助教)的讨论。

博克中心的启示

哈佛大学作为世界一流大学,非常重视教学,进而重视教师教学水平和质量。博克中心的建立将教师发展工作提升至学校组织的层面,自中心创建以来哈佛大学给予了持之以恒的支持。中心与各院(系)密切配合,主导着哈佛大学教师发展的基本内容和形式。

博克中心这样专门的教师发展和教学促进机构的设置,大力推动了美国大学教师发展工作的专业化、职能化。中心的开发人员不仅是教学技术专家,也是教学评价和诊断专家。他们实践经验丰富,具有非凡的沟通、协调和组织能力。他们可以直接或外聘相关专家为教师和助教答疑解惑。教学中心丰富的资源和开发人员务实的作风,使得教师与学生助教主动参与到中心的各种活动和项目中来。

资料来源:林杰.哈佛大学博克教学和学习中心——美国大学教师发展机构的标杆[J].清华大学教育研究,2011(2).

案例2:追求教学卓越——多伦多大学OTA介绍

多伦多大学的教学促进办公室(Office of Teaching Advancement,OTA)是2002年1月建立的,受主管教学的副校长委任,由历史学教授肯尼斯·R.巴特雷特(Kenneth R. Bartlett)担任OTA的指导者。2002年6月,设在罗伯特图书馆四层的OTA开始为多伦多大学所有教师提供范围广泛的资源和服务。

OTA的建立,反映了多伦多大学尽其所能,以各种形式进行教学的庄严承诺。从大学本科的教学、研究生学位的指导到临床的实习,OTA的使命就是要协助教师发展教学技能,认识教学优秀的标准,并且确保教师在教学与科研之间建立有效的平衡。

多伦多大学是加拿大和北美地区的一所科研型公立大学,有3 000名教师,7万名学生。大学采取分权管理模式,每个院(系)都有自己的文化。分权管理十分必要,但也带来一些问题,那就是如何保证教学的优秀。因此,一件非常重要的事情就是,必须能对各学院的杰出教学给予适当评价认可,并为之提供保证手段。该学校认为,大学的使命说到底就是发现和传播知识,知识交流的方式从根本上决定了多伦多大学在加拿大所扮演的角色。

看来,建立一个专门的机构来促进教学开发是十分必要的。OTA的职责就是向各院(系)提供学校制定的指导方针,使得分权管理并不是绝对的分权,而是在统一标准的指导下,各个院(系)有适合自己特点的具体措施。然而,综合性大学,特别是研究型大学,会遇到自己文化所特有的问题。在多伦多大学这样一个综合的、多学科的大学中,知识的交流方式会因学科的不同而有所不同。靠单一的教学模式不仅不可行,而且是有害的。更有甚者,在研究型大学内,人们常因某人的杰出科研而对他在教室的蹩脚表现予以忽视。有成就的学者很少承认自己在教学上的贫乏,他们通常用教学要求不明确、缺乏训练、学生质量低下或者其他种种借口来予以搪塞。所以,建立 OTA 的真正目的就是改变多伦多大学的文化,以反映大学对研究型学院教学的重视,并为每名教师和各个院(系)提供激励,大家能以一个教学机构的态度来追求教学卓越的机制,消除对教学的忐忑不安或满不在乎。

OTA 把以上宏伟目标的实现视为大学学术使命的一部分。OTA 与其他部门密切合作,为教师提供指导性支持,以使教师认识到教学是其学术职业生涯的一个重要部分,并为其提供每一种必需的教学帮助。所以,OTA 是面向全校的,它直接对教学副校长汇报工作,并行使中心协调服务的职能,与教师个人、各部门协同工作,把各种资源和奖励集中到教学一线。

许多经验和事实说明,学生需要大学提供更有效的教学服务。OTA 认识到:一方面,这是学生带到学院的客户理念,它也反映了高昂学费背后的要求,学生希望他们的教育投资得到好的学习回报。另一方面,学生已经习惯于多种多样的教学模式和高技术的媒体服务。为了实现学生对多伦多大学的期望,OTA 认为应该承认学生的要求并鼓励他们的学习热情。就像学术研究一样,做任何事情,好奇心驱使是非常有效率的。所以,必须鼓励学生的好奇心,以使其成为一个具有创造力的思考者和建设性的公民。而只有教室的教学才能实现这些目标。所以,OTA 的责任就是:提供一个良好的环境,使多伦多大学的毕业生成为最优秀的大学毕业生,更使多伦多大学的教师都能享有教学卓越的一切措施和技术。

多伦多大学已经培育出多种多样的教学形式,它们已经成为各个院(系)的中心功能。大学中所有机构都在以某种方式参与教学,而 OTA 则扮演着一个基础性的服务角色，即竭尽全力为学生的学习作出贡献。OTA 这个授权就是协助完成大学最基本的“使命”，并实现自己传播知识的功能。

OTA 只有五名工作人员，但工作效率很高。他们组织对各个院(系)的教学进行指导，如给教师办学习班，研讨教师如何发展专业；进行教学手段的技术培训、助教的专项培训；讨论如何控制大课堂，如何组织小课堂；接受教师的个案咨询，组织教学质量的评估评价；特别是对评估后需要改进的教师，可以应邀进行保密性会谈，既保全这些教师的面子，又能有针对性地提供帮助，使他们树立讲好课的信心。对于一些“问题教师”，进行跟踪性帮助。例如，将他的授课录像送给本人观看，提出改进意见，同时给其一段时间进行改进。过一段时间后，再进行第二次录像、第二次会谈，一起评价，交流感受。这些都有效地激发了教师改进教学的积极性。

登录 OTA 网页，我们更可以感受到 OTA 工作的广度和深度。从教学奖励、课程与时间进度管理、教员培训与开发、部门教学信息到教学资源、教学技术、教学中的问题和政策、流程与指南等，一应俱全。

从多伦多大学的 OTA，我们可以感悟到：

一所大学，包括研究型大学，必须树立教学第一的文化和理念。大学的研究最终还是为了教学，教学之所以重要，是因为教学质量影响着学生的一生。因此，教学促进是大学非常基础性的工作。教学第一的文化和理念是追求教学卓越的原动力。

全球化趋势，使大学学生的来源不再单一，如何应对多元文化、不同背景的学生，对教师来说是个新的挑战。只有有效提高教学技能，才能适应国际化挑战，才能在新形势下完成大学的基本使命。

学生对大学的期望值越来越高，不能容忍差的教学质量，新时代见多识广的学生对新知识如饥似渴，也向大学的教学提出挑战。教学质量不能与时俱进，大学就难以生存。

面对知识经济，教师不仅要有能力告诉学生答案，而且要有能力教给学生创新能力。超越知识传授,培养学生创新潜质,越来越成为大学的重要功能和教师的重要职责。

教学促进,必须有明确的目标和明确的任务,在大学各项工作中处于核心地位。教学促进,必须引起大学各方面的高度重视,得到人财物的全面支持。

教学促进工作,给教师以真诚帮助,成为教师的得力助手和知心朋友;教学促进机构,解决教师的各种难题,成为大家喜爱的教师之家。

优秀教师参与教学促进工作,梳理教学方法和交流教学经验,可以将这些方法和经验上升为教学理论,与同事分享成果,形成教学互助团队,从而创造教学卓越文化。

教学促进机构的设立和教学促进工作的开展,为大学教学质量的不断提高提供了制度保证和有效机制,使追求教学卓越不再是一句口号,而是大学一项每天都要进行的、脚踏实地的日常工作。

资料来源:文魁.追求教学卓越——多伦多大学OTA的启示[J].北京教育,2007(9).

第五章　大学教师职业生涯规划

第一节　大学教师职业生涯规划基本理论

一、大学教师职业生涯规划的相关基本概念

职业一般是指人们在社会生活中所从事的以获得物质报酬作为自己主要生活来源并能满足自己精神需求的、在社会分工中具有专门技能的工作①。职业是社会分工的结果,是人类社会生产和社会生活进步的标志。它是一个人安身立命之本、施展抱负之基、成就自我之途。随着经济和社会的不断发展以及科学技术的突飞猛进,社会职业的数量、种类、结构、要求都在不停地发生着变化。而根据美国生涯理论专家萨珀的观点,"生涯"则是生活里各种事件的方向;它统合了个人一生中各种职业和生活的角色,由此表现出个人独特的自我发展形态;它也是人生自青春期至退休所有有报酬或无报酬职位的综述,除了职位之外还包括与工作有关的各种角色。生涯发展是以人为中心的,只有个人在寻求它的时候,它才存在。

---

① 石建勋.职业生涯规划与管理[M].北京:清华大学出版社,2009:1-3.

职业生涯则是指一个人一生的工作经历，包括职业、职位的变迁以及职业理想的实现过程①。它由时间、范围和深度构成：时间指的是人一生中不同的职业阶段；范围指的是一生扮演的不同职业角色的数量；深度则是指对一种职业角色投入的程度。

对于大学教师的职业生涯的含义并没有统一的认识，借鉴美国心理学家舒伯和霍尔对职业生涯做出的具有较大影响的界定，大学教师职业生涯的含义主要有两种倾向。一种从广义的角度认为：大学教师职业生涯是指一个大学教师一生中的所有职业和生活角色，它包括所有有酬和无酬的职位总和及与工作有关的多种角色。另一种从狭义的角度认为：大学教师的职业生涯是终其一生，与工作或职业有关的经验和活动。强调的是一般意义上的职业。大学教师职业生涯从主、客观角度讲分为“外职业生涯”和“内职业生涯”。表示大学教师职业生涯客观特征的概念称之为“外职业生涯”或“客观职业生涯”，是指大学教师在工作时期进行的各种活动和行为的连续体。它包括从事这项职业的工作单位、工作时间、工作地点、工作内容、工作职务与职称、工资待遇、荣誉称号等因素的组合及其变化过程，是大学组织努力为教师在组织的职业生命中确立的一条可以依循、可以感知、现实可行的发展之路。外职业生涯最大的特点表现在它通常是由别人决定、给予、认可，也很容易被别人否定、收回和剥夺，是可被直接观察到的。表示大学教师职业生涯主观特性的概念称为“内职业生涯”或“主观职业生涯”，是指从事大学教师职业所应具备的知识观念、经验能力、心理素质、内心感受等因素的组合及其变化过程。在内职业生涯中，大学教师努力使工作同自己的个人需求、家庭义务及个人休闲取得平衡。内职业生涯反映了大学教师对职业的追求过程，它要靠自己的不断努力而获得，有的随外职业生涯而获得，但不会因为外职业生涯的失去而自动丧失；有的不随外职业生涯发展而获得，而是自动具备的。因为涉及个人的价值观、态度、需要、气质、知识、能力和发展趋势，所

---

① 吴冬梅.大学教师职业生涯设计的特点与方法[J].首都经济贸易大学学报,2006(6).

以,与外职业生涯相比,内职业生涯渗透在职业生涯的全部活动中,难以直接观察到。

职业生涯规划是指个人发展与组织发展相结合,对决定一个人职业生涯的主观因素进行分析、总结和测定,确定一个人的事业奋斗目标,并选择实现这一事业目标的职业,编制相应的工作、教育和培训的行动计划,对每一步骤的时间、顺序和方向做出合理的安排。良好的职业生涯规划应该具备可行性、适时性、适应性和持续性。职业生涯规划要求个人根据自身的兴趣、特点,将自己定位在一个最能发挥自己长处的位置,从而最大限度地实现自我价值。大学教师职业生涯规划就是根据大学教师的个体情况和所处的环境,结合教师与学校发展的双重需要,对决定大学教师职业生涯的因素进行分析,进而确定事业发展目标,并设计相应的行动计划的活动过程,也是对有关大学教师职业发展的各个方面进行的设想和规划。

二、大学教师职业生涯规划的意义

众所周知,大学教师普遍具有很明确的职业价值观和对事业成功的渴求,其职业的稳定为职业生涯规划的制定和实施提供了便利条件。同时,大学教师也是压力较大的一个群体,教学科研任务繁重,各种检查考核连续不断,工资待遇止步不前等原因使得教师容易出现工作倦怠现象。如何在减轻教师压力的同时使教师素质得到提高,就成为学校工作的一个核心问题。由此我们可以看到大学教师职业生涯规划可以拥有两个不同的视角,一个是大学教师个人的职业生涯规划,另一个是学校对教师的职业生涯规划。这两个方面既相互关联,又相互促进。

制定完善的大学教师职业生涯规划对于大学教师个人以及高等院校的建设都具有现实意义。就教师个人而言,首先,大学教师的职业生涯发展可以看作是教师的一个“育己”的过程,通过职业生涯规划,大学教师可以克服职业发展的盲目性,明确自己的奋斗目标,看到自身的发展前景,了解周围环境的发展空间,进而有目的、有计划地结合自身情况采取提高措施,使得自己在职业发展上更具目标性、连续性,少走弯路,更快提高自己的专业知识和专业技能，更好地创造出自我价值和社会价值。其次，职业生涯规划有助于教师更好地认识到自身的个性特质和潜在的资源优势，能够扬长避短，合理规划自己的学习和实践，有效提高自身素质，从而提高教学质量和工作效率。再次，教师通过职业生涯规划的指导，可以增强自身对困境的应付能力，提高工作与生活之间关系的协调能力，进一步提升教学、科研能力。最后，教师通过职业生涯规划，能有效激发自己内在生命价值和生命活力，进而意识到教育工作不仅仅是自己的职业，更是自己的一种事业、一种境界，从而竭尽全力加以追求。

就大学而言，教师是学校教育教学工作的直接承担者，在学校的教育教学改革和创新中起着关键性的作用。进行职业生涯规划，有利于大学合理配置人力资源，使得人尽其才，事得其人。目前，大学在人力资源配置上基本是按照教师所学专业进行配置，很少考虑教师个人实际具备的能力和其自身的兴趣，这种做法往往使具备其他专长的教师不能发挥出最佳的一面，无法充分发挥潜能，造成人才资源的浪费。通过制定职业生涯规划，可以在教师入职之时及时了解和发现他们的性格特点、专业特长、兴趣爱好及理想目标等客观情况，为他们分别规划出教学、科研、管理等不同的发展道路，从而在实现学校发展目标的同时有针对性地为他们创造实现个人目标的工作环境和工作条件，最大限度地发挥教师的潜能、调动教师的工作积极性和创造性，使人尽其才，事得其人，人事相宜，避免人力资源浪费，促进学校的发展。

制定教师职业生涯规划还有利于提高学校的向心力和凝聚力，吸引和留住人才。如何在竞争中创新吸引人才和留住人才的机制，是摆在大学人力资源管理部门面前的一个重要课题。目前，许多大学提出的待遇留人、感情留人、事业留人等就是一种顺应时势之举。而学校帮助教师制定职业生涯发展规划，使教师知道自己的人生目标，对教师有步骤、有计划地安排培训进修、外出学习，以帮助教师进行自我提高，实现教师个人生涯规划的目标，更有利于吸引和留住教师。同时，在他们奋斗的每一步，有组织地帮助和扶持，无疑能使教师充分感受到温暖和关怀，从而提高学校的向心力和凝聚力，从感情上留住人才。

制定教师职业生涯规划也有利于实现高层次激励作用，引导教师向高层次发展。近几年，国家加大了对教育的投入，也给予了大学更宽松、更有利于其发展的政策，使得大学教师的收入有了大幅度的提高。作为知识型员工的他们在考虑经济利益的同时，更侧重于追求事业上的成功和自我价值的实现。生存需要、安全需要和尊重需要不再成为大学教师的主导需要。许多人才在选择工作单位时，更多地是看重事业发展的空间、自我价值实现的环境因素及可能性。如果学校能为他们提供一个好的硬件和软件环境，帮助他们在事业上不断进步，当他们取得一点成绩时，学校及时给予激励，就能引导他们向更高目标和更大成就迈进，这样就形成了一个良性循环的模式。引入职业生涯规划可以使人才看到，只要自己付出努力，学校就会为教师提供一个不断上升和发展的空间，这种精神和事业的激励是高层次的激励，所起到的作用也会更加持久；同时，通过职业生涯发展教育，可以引导教师立足于事业，追求自我价值实现，追求更高的需求，而不是计较眼前的经济利益，停留在低层次需求上①。

第二节 大学教师职业生涯规划分析

一、大学教师职业生涯规划的特点

大学教师属于知识型员工，知识型员工的首要特点就是他们具有很强的成就欲望和明确的职业价值观。他们思维开阔，精力旺盛，易于接受新事物的挑战，具有强烈的竞争意识和创新意识。他们很在意自身价值的实现，并且期望得到社会的认可。因此，他们热衷于自身的职业生涯规划并对此有自己独到的认识，即大学教师对职业生涯规划工作有很高的认知度。知识型员工具有自我调适性。知识的不断更新，使他们能够不

① 竺辉. 学校人力资源开发与教师职业生涯管理[J]. 师资培训研究，2005(4)：37－40.

断调适自我以适应知识工作的需要。为了和专业的发展现状保持一致，他们对工作和学习具有很强的主动性。所以，大学教师职业生涯规划应该与教师培训与开发制度密切相关，这样才能获得教师的真正重视。在知识型员工团队中，最强调的是专业技能的强弱，所以行政上的领导与被领导的界限很模糊。这一特点使得在职业生涯规划过程中给予教师足够充分的民主权利和参与管理的权利变得尤为重要①。

教师职业是最为稳定的职业之一，大学教师的流动率低，这为稳定有序地进行大学教师职业生涯规划提供了有利条件。在教学与科研的双重压力下，很多大学教师疲于应付工作，没有在某一学科内真正成为专家。此时需要借助大学教师职业生涯规划来帮助教师理清学科方向，建立同一学科下的教学与科研的促进机制，促进教师真正成为某一学科领域里的专家。教师职业的专业化特点要求教师努力成长为专家，不仅要成为本专业领域理论与实践的专家，还要成为教育教学的专家学者，具备教学专长和职业专长，而专业化的特点要求教师具备科学先进的教育理念、丰富系统的理论知识、高超的教育教学技能、优良的伦理道德与健康的心理素质。教学是非常复杂的劳动，教师必须具有对不确定性和不可预测的教学情境做出解释与决策的能力，这种能力的形成是一个逐渐发展和不断积累的过程，也是一个长期的、复杂的、内隐学习与外显学习相结合的过程，这无疑对大学教师职业生涯规划提出了广度上的要求。另外，与其他职业不同，大学教师的职业生涯发展具有明显的阶段性，因此要根据不同职业生涯阶段的特点来进行规划。

二、大学教师职业生涯规划的影响因素

（一）影响因素

职业生涯是个人发展的基础，又是个人发展的历程。在这个连续、动态的过程中，来自大学教师个体自身和周围外部环境的各方面影响起到

① 夏骏，朱菊妹. 新编人力资源管理[M]. 合肥：安徽人民出版社，2005：337.

了至关重要的作用。这些影响因素所产生的作用各不相同,有的因素将有力地推动大学教师追求一种有意义的、积极的职业生涯进程;而有的因素则可能导致产生压力甚至阻碍、抑制大学教师的发展。所以,有必要在大学教师职业生要规划中重视并区别不同的影响因素。

20世纪70年代到90年代间,有关教师职业生涯规划和发展的研究取得了丰硕的成果,其中美国约翰霍普金斯大学的费斯勒(Fessler)教授借用社会系统理论提出了动态的教师生涯循环理论,同时,在其研究过程中,他对影响教师发展的因素也做出了系统的论述与详细的说明,并形成了教师生涯发展影响因素论。该理论将所有影响因素梳理为两大方面:个人环境因素和组织环境因素。其中,个人环境因素包括家庭因素、积极的关键事件、生活的危机、个人的性情与意向、兴趣或嗜好和生命阶段;组织环境因素包括学校的规章、管理作风、公共信任、社会期望、专业组织和教师协会。美国学者格拉特霍恩(A. Glatthorn)认为,影响教师发展的因素主要有三个:与教师个人相关的因素、与教师生活工作相关的因素和与促进教师发展的特殊活动相关的因素①。其中,与教师个人相关的因素包括认知发展、生涯发展和动机发展;与教师生活工作相关的因素引用了麦克劳林与泰尔伯特(Maclaughlin & Talbert,1990)提出的五种情境因素即社会与社区、学校系统、学校、教学小组或院(系)和教室。我国学者傅道春认为,影响教师职业生涯发展的因素主要有社会因素、家庭因素、个人因素和组织因素。刘洁认为,根据教师专业发展理论,影响教师专业发展的因素涉及社会、学校和个人三个方面。张义昌、于维英则认为,影响职业生涯规划的因素主要有个人的爱好、兴趣和能力,职业生涯环境和利益导向,不同年龄段的规划。

大学教师职业生涯规划的影响因素是制定大学教师职业生涯规划所必不可少的研究部分,结合国内外已有的研究成果,可将其归纳为两大类:个人自身影响因素和外部环境影响因素。

---

① 杨秀梅.费斯勒与格拉特霍恩的教师发展影响因素论述评[J].外国教育研究,2002(5):35-38.

个人自身影响因素包括兴趣与爱好、性格与能力、需求与动机和职业生涯发展阶段四个方面。首先,兴趣是最好的老师。个人的兴趣与爱好在一定程度上决定着个人对待事情的热情和投入程度,个人的兴趣爱好会为教师职业生涯规划起到引导作用,同时也能在具体的教学活动中得到体现。其次,个人的性格与能力同职业生涯有极大的相关性。职业生涯规划大师霍兰德认为,一个人只有从事与自己性格相适合的工作才能让个人充分施展自己的才华,全身心投入工作,取得好的绩效。如果性格与工作不符,再好的能力也难以发挥。个人的需求与动机和一个人的追求、行为方式等都会直接影响到职业生涯的进展,同样的工作对不同的人有着不同的价值,而同一个人对不同的职业会有不同的态度与抉择,因此,大学教师要根据自己的理想追求来决定自己职业生涯的发展方向。最后,个人所处的职业生涯发展阶段对于职业生涯规划也起着重要作用。不同阶段教师个人心理特征、认知表现、健康状况、情感态度、专业需求与教学特征不尽相同,这些都会对工作表现、工作目标的确立以及职业生涯规划产生重大影响。

外部环境影响因素包括家庭因素、学校因素和社会因素三个方面。首先,家庭是人的第一学校,一个人的家庭是造就其素质以至影响职业生涯的主要因素之一。家庭对大学教师个人在职业准备选择上的作用非常重大。父母、亲属对某种职业的看法以及父母的期望往往会潜移默化地影响个人对该职业的看法,产生对该职业的期待。当个人最终选择了大学教师这个职业,并走上了大学教师岗位以后,影响中心就转移到大学教师自己的家庭中。家庭成员对大学教师的择业或就业的流动往往施加一定的干涉与影响。当然,家庭因素的影响有可能促进也有可能阻碍教师的职业生涯发展,家庭中积极事件的出现无疑会成为提供安全和支援的基础,而这些也会反映到教师的职业生活中来。与此同时,消极事件则可能使得教师无法再以工作为生活重心或者感到无力应付更多的职业期待与压力。其次,大学教师的职业生涯与大学组织密不可分,完整的大学教师职业生涯是在大学组织中完成的。大学教师的个人因素决定了大学教师对其职业的选择以及职业发展的潜力，而大学教师能否在现实的职业道路上走得平坦，潜在的能力能否被开发，能否取得职业的成功主要取决于大学组织是否为大学教师个人发展营造了支持性的环境。影响大学教师职业生涯发展的环境因素主要来自大学内部，它是对大学教师个人职业生涯发展影响最大的因素。最后，社会的政治经济形势、社会文化与习俗、大学教师职业的社会评价等大环境因素决定着大学教师职业岗位的数量与结构，制约着大学教师职业发展的波动性。

(二)职业锚①(Career Anchor)

当我们进行个人职业生涯规划时，职业锚是一个非常重要的概念，它有助于我们进行职业定位。

职业锚的概念是20世纪七八十年代由美国著名职业心理学家埃德加·H. 施恩(Edgar H. Schein)教授提出的，他认为职业规划实际上是一个持续不断的探索过程。在这一过程中，每个人都在根据自己的天资、能力、动机、需要、态度和价值观等慢慢地形成较为明晰的与职业有关的自我概念。随着一个人对自己越来越了解，这个人就会越来越明显地形成一个占主要地位的职业锚。所谓职业锚，就是指当一个人不得不做出选择的时候，无论如何都不会放弃的职业中的那种至关重要的东西或价值观。

正如“职业锚”这一名词中“锚”的含义一样，职业锚实际上就是人们选择和发展自己的职业时所围绕的中心。一个人对自己的天资和能力、动机和需要以及态度和价值观有了清楚的了解后，就会意识到自己的职业锚到底是什么。职业锚是由早期工作实践而来，是自我意向的一个习得部分，是一个不断探索过程所产生的动态结果。它包括三个部分：自省的才干和能力(以各种工作环境中的实际成功为基础)、自省的动机和需要(以实际情境中的自我测试和自我诊断的机会以及他人的反馈为基础)、自省的态度和价值观(以个体和组织以及工作环境的准则和价值观

① 张蓉. 大学教师职业生涯规划研究[D]. 太原：山西大学教育科学学院，2007：1－7.

之间的实际遭遇为基础)。

从以上对职业锚的分析中我们不难发现,职业锚的功能体现在指导个体未来的职业方向和决策上,可被看作是个体永不放弃的动机和价值观。因此,职业锚对个体的工作满意度和工作稳定性有着显著的影响。大学教师想做好职业生涯规划,就必须了解职业中的各种锚型以及它们对工作满意感和稳定性的影响。借鉴施恩在1996年重新阐明的职业锚的八种类型,即管理能力型、技术职能型、自由独立型、安全稳定型、生活型、服务型、挑战型和创造型的特征,大学教师的职业锚可分以下类型:

第一种:管理型。管理锚型的大学教师不会放弃任何一个往更高的管理岗位攀爬的机会。他们期待着能够整合同事的工作成果,并对组织负有责任。他们渴望高层岗位的权力和成就。他们往往具有分析、人际和情感能力。他们渴望挑战性、多样化和整合性的工作,期望承担重大的职责和领导的机会。同时他们追求高薪和内在的公平(与组织内部同事之间作比较),而不是外在的公平(与其他组织同等水平的人作比较)。管理锚型的大学教师认为晋升应该建立在效益、可测的绩效和工作结果上。因此,像校长和副校长这样的岗位,是他们渴望的成就象征。而普通的教学管理岗位不能完全满足他们的需要,因为这些岗位仍然处于职能范围内。校长和副校长的岗位可以满足管理锚型的人,但这些岗位在所有大学教师岗位中的比例不足3%,也就是说,这是非常稀有的晋升机会。因此,属于管理锚型的大学教师工作满意度较低,工作稳定性也较低。

第二种:技术职能型。技术职能锚型的大学教师不会放弃自己学术专业的领域,他们会在自己的领域不断地提高专业水平。他们的认同感来自于在专业领域不断地得到锻炼和挑战,直到成为该领域的学术权威。因此,他们会在自己的专业竞争力方面形成职业锚,并明确地拒绝所有走向全面管理岗位的可能情境。技术职能锚的大学教师更关注于工作的内在本身。他们喜欢独立地完成任务,可以利用现有的资源来有效地完成任务。与管理锚型的大学教师比起来,他们更关注外在的公平,希望得到与专业学术相符的报酬,即他们更多地关注内在满意度。他们首要的外在动机是得到专业领域的深造和自我发展的机会。因此,大学教师中属于技术职能锚型的人,如学术带头人,他们所感受到的工作满意感较高,工作稳定性也较高。

第三种:自主型。拥有自主锚型的人会寻求最大限度的自由,不受组织的约束,自由地定义自己的工作。只有当某一项工作允许他们有弹性的工作时间和方式时,他们才愿意继续留任。大学教师的职业具有很强的自主性,大学教师有充足的自由度来管理他的工作对象。因此,大学教师中属于自主锚型的人,他们感受到的工作满意感较高,工作的稳定性也较高。

第四种:服务奉献型。服务奉献锚型的人不会放弃从事有价值的事业。此类型的大学教师会献身于为他人服务的教育事业中,努力使人类文明的传承持久永恒。如果要把他们提升到一个与其价值体系相悖的岗位上去,他们宁愿待在原有的职位上。他们希望得到专业人士或上级对他们贡献的非经济性认可。因此,大学教师中属于服务奉献锚型的人,他们所感受到的工作满意度较高,工作稳定性也较高。

第五种:挑战型。挑战锚型的大学教师不会放弃解决任何看起来不可能解决问题的机会,并由此来战胜困难、克服障碍而获得满足。对他们来讲,工作唯一的意义就是战胜不可能!学术多元化、专业高层次的发展是他们的终极追求。在他们看来,简单,就意味着乏味;成功,就是不断地自我挑战。因此,挑战锚型的大学教师在工作中感受到的工作满意度较高,工作稳定性也较高。

第六种:安全稳定型。安全稳定锚型的大学教师追求稳定安全的前途,比如工作的安全、体面的收入,有效的退休方案和津贴等。在安全稳定锚型的人中可以区分出两种取向:一部分人的安全和稳定感来自大学组织中给定的稳定的成员资格;而另一部分人的安全稳定感则是以地区为基础的,包括定居、家庭稳定和个人与某一社团的感情。此类型的大学教师更关注于工作的情境(如发展道路、工作条件、福利等)而不是工作内容本身。对他们来讲,工作挑战性、丰富性和其他内部动机并不重要。

由于满意度更多地是基于个体是否得到了他认为有价值的东西,因此,这种锚型的大学教师应该感到更多的满意。

第七种:生活型。生活锚型的大学教师追求平衡个人、家庭和工作需要三者之间关系的职业。对他们来说,成功不仅仅是事业上的成功,而是他们如何经营整个生活。大学教师的工作除了教学之外还有担负着科研和社会服务的工作,其隐性工作时间难以测量,而且教师工作本身又是高要求和需要高情感投入的,教师常常会分不清楚生活和工作的界限。正如前文所述,生活锚型的人追求的是一种平衡的生活状态。对生活锚型的大学教师而言,将会有较低的工作满意度和较低的工作稳定性。

第八种:创造型。人力资源管理理论中认为创造锚型的人追求创建属于自己的组织或企业,发挥自己的技能和意志,冒险和克服障碍。从这一角度讲,在大学教师这个行业里极少的人属于这样的锚型。

大学教师的职业锚研究告诉我们,大学教师个体的内部价值观与外部工作环境的匹配是带来工作满意感与稳定性的关键因素,大学教师获得对自己职业价值观、动机和需要的内在概念以及对这种概念的共识,会减少工作不满意与离职的可能性。大学教师职业锚的研究可以帮助大学教师进行职业归宿定位,确切地讲,拥有安全稳定锚和服务奉献锚的个体非常适合大学教师职业,也会乐意从事教师职业。与此相反的,拥有管理锚型和生活锚型的大学教师很可能会考虑换一份工作。

三、大学教师职业生涯规划分析

(一)基于阶段角度的大学教师职业生涯规划分析

教师职业生涯发展阶段论是教师职业生涯规划的理论基础。教师职业生涯发展不同阶段所呈现出的不同特征是制定教师职业生涯规划的重要依据。自20世纪60年代末美国学者傅乐(Fuller,1969)以其编著的《教师关注问卷》(Teacher Concerns Questionaire)揭开教师职业生涯发展理论研究的序幕以来,教师职业生涯发展的相关理论研究已成为一个朝气蓬勃的研究领域,同时这些理论也成为教师职业生涯规划的重要理论参考。

有关教师职业生涯发展的研究大都根植于美国学者傅乐的研究。傅乐认为，教师职业生涯发展过程中所关注的事物是依据一定次序更迭的，并呈现出阶段性。通过对教师关注阶段的研究，傅乐认为个人成为教师的这一历程是经由关注自身，关注教学任务，最后才关注到学生的学习以及自身对学生的影响这样的发展阶段而逐渐递进的。这一研究发现从一个侧面反映了教师发展过程中所呈现的规律，即在不同的发展阶段，关注点有所迁移和变化。傅乐的教师职业生涯关注理论的重点仍在教师的职前培育时期，因此在师资培育方面具有重要的参考价值。

在之后的研究中，学者们开始关注教师职业生涯发展历程，并且强调教师的年龄或任教时间的增长影响教师的专业表现、教学士气、态度与任教意愿等。美国学者卡茨（Katz，1972）把教师职业生涯发展分为四个阶段，即求生存阶段、巩固阶段、更新阶段和成熟阶段。卡茨的教师职业生涯发展时期理论对于洞察教师职业生涯发展的不同阶段具有重要的理论价值，但同时也存在着局限性，即教师职业生涯发展到成熟阶段以后就没有再作进一步的区分研究。实际上，在漫长的教师职业生涯过程中，教师可能会产生挫折感、倦怠感甚至陷入停滞，不再追求教学专业上的卓越与成长。而这些都应该在制定教师职业生涯规划时给予重视并提出相应的应对措施。

20 世纪 70 年代末 80 年代初，美国俄亥俄州立大学的一批学者对教师职业生涯发展进行了有组织的系列研究。这些研究是建立在组织化的、广泛严密的访谈基础上的，更为重要的是这些研究率先以数据的搜集、整理为基础而推进，改进了建立在个人感觉、观察以及一些参考资料基础上的先期研究方法。这无疑使得该研究成果更具严密的科学性。在一系列的研究中，学者伯顿提出教师职业生涯发展经历了三个阶段，即求生存阶段、调整阶段和成熟阶段。

1985 年，美国教师职业生涯发展理论研究领域的一位杰出学者费斯勒提出了一套动态的教师职业生涯循环理论，从整体上探讨了教师职业生涯的发展历程。费斯勒将教师职业生涯分为八个阶段,即职前教育阶段、引导阶段、能力建立阶段、热心和成长阶段、生涯挫折阶段、稳定和停滞阶段、生涯低落阶段以及生涯退出阶段。费斯勒的教师职业生涯循环理论是对该领域先期研究成果的发展,该理论弥补了卡茨和伯顿研究理论的缺憾,对成熟教师未来的发展进行了探究。更为突出的是,费斯勒借用社会学的研究方法,将教师的发展回归到教师的现实世界中去,即将教师作为发展的个体放入各种对其产生影响的背景情境中,从而表达了教师职业生涯发展是一种动态的、变化的、与影响因素此消彼长且循环互动的历程的观点。该理论提供了一个较为完整的纵贯教师职业生涯的理论架构,这为制定教师职业生涯规划提供了非常重要的理论参考价值。

1989 年,美国学者司德菲(Steffy,1989)依据人文心理学派的自我实现理论,建立了教师职业生涯发展模式。司德菲将教师的职业生涯发展分为五个阶段,即预备生涯阶段、专家生涯阶段、退缩生涯阶段、更新生涯阶段和退出生涯阶段。司德菲的教师职业生涯发展模式,可以说非常清晰明确地反映了教育在整个教师职业生涯中的特性。不仅如此,他所提出的"更新生涯阶段"对于费斯勒的研究无疑是一种超越,它弥补了费斯勒理论中的不足,即当教师处于发展的低潮期时,如果给予教师适时、适当的协助与支持,教师是有可能度过低潮期而继续追求专业成长的。

纵观教师职业生涯发展阶段论的研究历程,我们可以大体了解到教师职业生涯发展的历程与面貌。这是一个逐渐探索、完善的研究过程,也是一个在方法上逐渐丰富、发展且渐近科学的过程。在教师职业生涯发展这个漫长、动态的历程中,我们既会看到高潮也会看到低谷。就教师自身而言,可以通过对教师职业生涯发展阶段的了解,制定并调整与自身相适应的职业生涯规划,并积极地回应职业生涯历程中的变化与需求。就学校而言,可以根据教师职业生涯发展不同阶段的特点,对教师提供有的放矢的帮助,激发教师工作的热情,建立稳定的学科发展梯队。

结合教师职业生涯发展阶段理论和高等院校教师职业特点,我们可以把大学教师职业生涯发展分为三个时期,即初期、中期和后期。

大学教师职业生涯发展初期包括适应阶段和稳定阶段。适应阶段是指教师生涯的前两年，此时教师常常会感受到理想与现实的冲突，在面临着角色转变所带来的不适应的同时，也体会着初为人师的兴奋。在这一阶段，教师个人需要进行教育学、心理学、教学教法等基本理论知识和技能的训练；通过学校培训、听课、询问、学习等方式熟悉教育教学基本规律，掌握学校对教学的基本要求和基本规范；苦练教学基本功，具备教师所应有的基本素质和基本技能；尽快熟悉学校的基本情况，如历史和现状、发展战略、有关的制度规定、工作职责、校园文化、劳动纪律等。学校方面应该加强对新教师的教育、引导，做好入职教育和各类培训工作；指派有经验的教师对新教师进行教育教学指导；组织教学基本功大赛和经验交流会一类的活动，建立帮助新教师学习、交流、进步的平台。成功实现角色转换后，教师职业生涯发展进入稳定阶段。

在从教的第 3 到 5 年，经过适应期的磨炼，教师专业水平逐步提高，教学技能逐步形成，教学压力得到一定程度的释放，工作进入一种相对稳定的状态。在这一阶段，教师个人需要通过听课的方式向老教师虚心学习，博采众长，提高教学水平；树立终生学习观念，通过学历进修、专业培训、自学等方式更新知识，提高自身文化素养。学校方面应采用听课、抽查等方式激励年轻教师提高业务水平，通过教师促进中心定期讲座等方式为年轻教师提供更深层次的指导和帮助，为年轻教师更新知识和提高学历提供条件。

大学教师职业生涯发展中期包括行动主义阶段或自疑阶段和保守主义阶段或平静阶段。在从教的第 6 到 15 年，大学教师的职业生涯发展线路表现出差异性。一般而言，进入这一年龄段的大学教师通过审视和自我评估，已有了明确的职业目标，确定了自己对大学的长期贡献区，积累了丰富的职业工作经验，逐步走向职业发展的顶峰。在这个阶段，大学教师已人到中年，年富力强，自我发展的需要很强烈，会主动地做出一些自我更新的尝试，如调整教育内容、变更教学方法等，开展不同的个性化的实验；新的教育理念激发了大学教师做进一步改革的尝试，增强了大学教师的职业动机，提高了其职业志向水平，大学教师开始寻找新的思想和挑战等。然而，也有一部分大学教师出现自我怀疑，因为工作的稳定而开始怀疑是否有必要投入过多的时间和精力。另外，这一阶段的职业倦怠体现得较为明显，“高原现象”也最易出现在这个阶段[①]。“高原现象”是教育心理学中的一个概念，是指人类在学习过程中出现的一种带规律性的现象或在学习的一定阶段出现的进步暂时停顿甚至下降的现象。处于这个阶段的教师容易出现职业倦怠、职业承诺降低、职业角色冲突等问题。在竞争日渐激烈的社会，出现“高原现象”的会更害怕竞争，担心失败，采取回避的措施，满足于现有的水平，缺乏做教师的热情，成就动机不断降低，思维出现定式，墨守成规，拒绝学习新的理论、新的方法，用老一套的方法、经验对待新的学生、新的课程改革、新的教材。在这一阶段，教师个人应该戒骄戒躁，对自身提出更高更新的要求，加强学习、充实自我、更新知识、扩大知识面，思考如何提高教学质量和教学效率；通过选择教授一些新课程实现自我加压的目的，尝试进行一些比较深入的研究，积极创新并有意识地总结经验，逐步形成自己的教学特色。学校方面应关心教师的成长，对出现的问题给予适当的引导和指导；为教师提供必要的学习、培训机会，努力营造学术氛围，为教师提供更广阔的发展空间；在教学研究方面制定相应有效的激励措施，鼓励教师大胆尝试与创新，积极进行教学改革，创造轻松和谐、公平公正的工作环境。

在从教的第16到30年，随着年龄的增长，许多大学教师经历了怀疑和危机之后开始平静下来，能较轻松地完成教学与教研，也更有自信心。大学教师在人际关系上开始趋于宁静平和，尤其突出地表现在师生关系上，由于与学生的年龄差距开始加大，学生对大学教师的角色期望也开始发生变化。即便大学教师本人愿意与学生建立亲密的关系，做学生的朋友、兄长，但在学生看来，他们已经是自己的父辈甚至更年长的人，心理上的距离也开始增加，师生关系往往融洽但不再像青年教师与学生的关系

① 王健.论教师职业生涯规划——从新手型教师发展到专家型教师[J].贵州教育学院学报，2009(1):38-40.

那样亲密。而且在行为表现上大学教师与学生的关系也更加疏远，对学生行为和学业要求更加严格。在专业上，长期积累的经验逐渐使大学教师不愿意再做出大的调整和更新，也不愿意“冒险”尝试一些确定性较差的新做法，趋于保守。在这一阶段，教师个人应该努力使自己的教学水平上升到一个更高的层次，保持专业上的热情，谋求自身的持续发展，承担更多引领其他大学教师的职责。学校方面应努力为学科带头人或教学名师的培养和建设提供必要的制度支持和经费保障，在制度、经费、组织等方面为教师进行更深层次的研究提供必要的保障。

大学教师职业生涯发展后期为余热阶段。此阶段的特点是大学教师的经验更加丰富，但体能逐渐下降，进一步发展自己的动力降低，对工作的期望是求稳。在这一阶段，教师个人应该学会与时俱进，不断学习，更新知识，捕捉热点；总结并传授教学经验，培养年轻人。学校方面应关心老教师的生活，应充分发挥这一年龄教师的优势，请他们担任教学督导、专业发展顾问，指导青年教师、科研顾问等。

（二）基于年龄角度的大学教师职业生涯规划分析

大学教师按照年龄可以划分为青年教师、中年教师和老年教师。不同年龄教师的职业生涯规划的内容和重心是不同的。

青年教师虽然经验不足、专业化程度不高，但是他们朝气蓬勃、学习能力强、更容易接受新思想、新观念，所以更有时间和精力对自己的职业生涯进行规划。他们职业生涯规划的重点是培养提高职业素养，明确专业发展方向，增加学习进修机会等。青年教师在制定自己的职业生涯规划时，应该认识到职业生涯规划对职业发展的重要性，从而增强职业生涯规划的意识；应该对自身特点有正确、全面的了解、分析和评价，从而更好地寻找与之相符合的职业发展方向和发展目标；应该积极了解工作环境，将自己的职业生涯规划建立在对学校深入了解之上，从而保证自身发展与学校发展的一致性。在确立了职业生涯规划之后，青年教师应该根据环境的变化及个人的状态不断进行反思，及时对职业生涯规划进行修正，以适应不断变化发展的实际。

中年教师的个人事业往往趋于成熟甚至达到巅峰,这时将事业上所获成就与先前设立目标进行对比,常常得到两种极端的状态:如果已实现或即将实现目标,就很容易出现自满情绪;相反,就会产生消极情绪,如挫折感、停滞感和自我匮乏感。中年教师常常处在教学科研工作与家庭责任、健康状况的冲突中,组织认同感受到冲击,感觉现实与理想有差距,“职业忠诚”出现危机,这时也很容易出现职业倦怠和“高原现象”。基于中年教师可能出现的这种情况,他们职业生涯规划的重点是树立不断拼搏的生涯发展观,进行专业知识的更新培训,努力提高科研水平,积极寻求访问、考察、进修的机会,保持对自身一定高度的要求,克服自满情绪等。中年教师在制定自己的职业生涯规划时,应该加强知识优化,从而获得增强生涯发展的后劲;应该根据自身发展现状,适时调整完善生涯规划,从而激发生涯发展动力,推动自身积极克服可能出现的“高原现象”。

老年教师虽然体力减弱,但是经验丰富,在教学、科研各个方面都拥有良好的积累,所以此时的职业生涯规划重点是如何发挥传帮带作用,如何利用自身智力、知识、经验和技术上的优势来帮助学校指导和培养青年教师。

(三)基于时间角度的大学教师职业生涯规划分析

大学教师职业生涯规划按照规划的时间维度,可以分为短期规划、中期规划、长期规划和人生规划四种类型。就大学教师这一职业而言,短期规划是指 2 年以内的规划,主要是确定近期目标,规划近期应完成的任务。中期规划一般是指确定 4 到 6 年内的职业目标与任务。长期规划是指 6 到 10 年的规划,主要是设定较长远的目标以及为实现此目标应采取的具体措施。职业生涯的长期规划可以帮助大学教师把握职业生涯的发展动向。人生规划是指整个职业生涯的规划,时间长至 40 年左右,设定整个人生的发展目标和阶梯。一般而言,大学教师人生规划制定是对整个职业生涯发展的总体把握,有利于宏观上对职业生涯规划进行调控。在实施时,我们可以把整个职业生涯规划分成几个长期的规划,长期的规划再分成几个中期的规划,中期的规划再分成几个短期的规划,一步一步来实现它。

(四)基于职能特征角度的大学教师职业生涯规划分析

在现行大学管理体制下,大学教师一般要承担教学与科研的双重任务。然而,教学路径与科研路径在知识的掌握方式上存在较大差异。大学教学的知识要求体现在课程知识的系统性与表达性上,大学研究的知识要求体现在专业知识的专深性与创新性上。具体地说,首先,教学以讲授体系化的、相对稳定的知识为主要职业内涵,时间资源的配置点在于所授课程知识的全面性、系统性以及知识结构的相对稳定性,并把注意力较多地分配在如何调动学生的学习积极性以掌握课程知识方面;而研究路径则表现为对局部知识的深入与创新,需要对某个方面的问题持续关注与深入研究。创新性、单一性、不稳定性是科学研究尤其是创新性研究的主要特点,这与教学路径无论在问题意识、掌握知识的方式方法以及问题的关注点上均具有很大不同。其次,教学与科研的接受对象也存在较明显差异。大学教学的知识接受对象主体为本科生,而科研成果的接受对象主要为社会、企业、政府、大学教师、研究机构等。最后,科研成果可以向社会发表,而却不一定就能够在课堂上讲(因为研究往往具有探索性,知识的不稳定性较高,一些问题研究的社会风险性、技术风险性均较高,存在知识与问题意识误导的风险)。

根据教学与科研的职业路径特征,我们一般可以把大学教师区分为教学型、研究型、教学研究型三种主要的人力资源类型。虽然同为大学教师,但由于所属类型不同,所以在制定各自的职业生涯规划特别是制定规划实施策略时会表现出较大的差异。

教学型教师以大学专业(基础)课程教学为职业生涯的主要内容。教学型教师的知识结构要求具有后顾系统性特征,即强调课程与专业的已有知识的系统掌握,其职业特征是把主要精力与时间资源配置在教学上。教学型教师有这样几个具体职业特征:教学态度认真,备课环节精益求精;在教学上得到同行与学生的一致性优秀评价;在传道、授业、解惑等教书育人方面开展全面的认真工作,超额完成教学任务。相应地在制定职业生涯规划时,教学型教师更应该注重如何提高教学技能、教学效果、教学效率,如何更好地与学生沟通与交流,如何保证更新自己的专业知识,如何保持对待教学工作的热忱等。

研究型教师是把主要精力配置在科研方面的大学人力资源队伍。研究型教师一般具有诱致性(或由强制性到诱致性)的研究偏好与学术积累基础。基于理性人假说,这类教师因具有比教学更大的社会效用与个人效用,从而在大学教师职业生涯中具有相对明显的研究型职业特征。与教学型教师的知识后顾性特征相比,研究型教师一般必须具备知识与问题意识上的前瞻性特征,相应地在制定职业生涯规划时,更应该注重如何持续深入地进行学术研究,如何站在学科前沿开辟创新性的研究领域等。

教学研究型大学教师一般同时把时间资源配置在教学与科研两个方面,这是大学教师尤其是研究型大学教师或教学研究型大学教师的主体。这类教师既进行教学工作,同时又具有相应的研究基础。从时间资源配置角度看,教学研究型教师又可分为教学为主科研为辅、科研为主教学为辅与教学科研均衡发展几种类型。相应地在制定职业生涯规划时,教学研究型教师更应该注重如何平衡教学与科研的关系,如何将所研究领域的知识融入课堂教学中去等。

第三节　大学教师职业生涯规划策略

一、大学教师职业生涯规划的原则

大学教师职业生涯规划的制定对教师个人职业生涯发展、学校管理和学校人力资源开发都具有重要的意义。大学教师职业生涯规划的制定需要遵循以下原则:①激励性。兴趣是最好的老师,在规划自己职业生涯目标时一定要考虑到是否符合自己的性格、兴趣和特长,将自己定位在一个最能发挥自己长处的位置,以便最大限度地实现自我价值。②清晰性。职业生涯目标的设计应该清晰、明确,具有指导价值。只有有了明确的目标，才会有奋斗的激情，并积极创造条件去实现目标。③挑战性。大学教师职业生涯规划需要根据教师自身的实际工作能力和专业知识设定奋斗目标，这个目标需要有一定的高度，具有一定的挑战性。④可行性。职业生涯的目标有很多，实现目标的途径也有很多，在制定职业生涯规划时应该考虑到自己的特质、外部环境等其他影响因素，制定出切实可行的目标。⑤适时性。进行职业生涯规划是在预测未来的行动，设立将来的目标，因此规划时要将目光投向未来，与时俱进地看待事物的发展与变化。⑥适应性。职业生涯规划牵涉到很多可变因素，因此规划要有弹性，可以随影响因素的变化而做出调整。⑦连续性。职业生涯是一个漫长的过程，与之相随的规划也应该能将人生的每一个发展阶段连贯衔接。

二、大学教师职业生涯规划的步骤

（一）自我评估

自我评估是明确自己的职业生涯目标，选定职业生涯路线的基础。每个大学教师的素质、兴趣、爱好、秉性都存在着差异，因此大学教师的职业生涯规划的制定需要从教师自身出发，需要对自己做出客观而准确的分析。自我评估要依据个人的背景材料，对自己的能力和潜力进行自省与测评，主要内容包括对自己的兴趣、特长、性格、学识、技能、智商、情商、思维方式、思维方法、道德水准以及社会中的自我等方面进行评价。

自我评估、自我认知的方法有很多种。一个人对自己价值的认识可以通过与他人的能力和条件作比较而获得。在这种比较过程中，应注意比较的参照系和立足点。这包括跟别人比较的应该是行动后的结果而非行动前的条件，比较的对象应该是与自己条件相类似的人。我们也可以通过自我比较来认识自己、评估自己。与过去的自己相比可以发现成绩与进步从而提高自尊与自信，与理想中的切合实际的自我相比可以明确努力的方向从而进一步完善自己。

当然，了解自己最重要的是时时刻刻不忘自我反省，这是一个个体直接认识自己的方法。在评估自我、认识自我的过程中，大学教师也要学会自我反思。通过自我反思，充分认识自身的发展状况，反思自己的性格特征和工作价值观与大学教师职业的吻合度，并对自己目前的工作状态做出评估。在进行职业生涯规划时，大学教师可以从以下三个方面进行反思：

一是对自身特点进行反思。要真正清楚自己的优势和劣势，从而做到扬长避短，最大限度地发挥自身优势。大学教师可以从自身已具备的知识状况、能力水平和个性特征等方面进行反思。例如，就知识状况而言，自身的知识面够不够宽？哪些方面的知识相对丰富，哪些还很缺乏？在教学活动中有没有因为知识缺乏而感到困惑？就能力水平而言，自己哪方面能力强，哪方面能力稍弱？对自己较弱的方面有没有采取相应措施加强学习？就个性特征而言，自己是内向型还是外向型？是否具有亲和力？和学生的相处是否融洽？等等。就类型特点而言，自己是具体倾向型教师还是抽象倾向型教师？

根据大学教师个人在认知活动中表现出来的稳定的特征倾向，可以把大学教师的教学性格分为“具体倾向型”和“抽象倾向型”。有研究表明，抽象水平高的大学教师往往在职业生涯中更能灵活应用，较少专制和惩罚，也较少出现职业问题和职业危机，培养出的学生更积极主动，更具有合作精神，更有成就感，更能在问题上深入思考。抽象倾向型的大学教师往往眼光比较长远，能够把握整体与大局，在专业中能够灵活地自我调节，对工作满意度较高，更能从宏观上对自己的职业生涯进行规划；而具体倾向型的大学教师容易关注细枝末节的事情，容易产生烦恼和不满，因此对工作满意度较低，进行生涯规划的积极性较小且执行度较低。大学教师的教学价值观是直接影响一个人工作效能感的重要因素。当大学教师的抱负水平、成就动机、生活与工作目标与教育价值观相符时，大学教师比较容易获得职业上的满足感，体验到工作的快乐；反之，则容易产生倦怠感，失去对工作的乐趣。分析自己的教学性格和教育价值观，并努力向有利于职业发展的教学性格和教学价值观靠近，将为大学教师良好的职业发展奠定基础。

二是对教学活动进行反思。事实上,对教学活动的反思,就是要总结成功的经验,查找失败的原因,使教学在实践中日臻完善。从教学进程的角度来讲,反思可以包括教学前、教学中和教学后三个阶段。教学前的反思具有前瞻性,能够使教学成为一种自觉的实践,有效提高教师教学预测和分析能力;教学中的反思能够保证教学有效、顺利进行,有助于提高教师的课堂调控技能;教学后的反思主要是查找问题,从而使教学经验理论化,帮助教师及时改进问题,提高课堂教学的有效性。教师只有意识到自己的教学经验的局限性并经过反思使之得到调整和重组,才能提高专业发展水平,真正实现自身的专业成长。

三是对个人的成长历程进行反思。每个人的成长经历都是独一无二的,在成长的不同阶段,教师应当及时进行自我反思,总结成长的经验。这种反思有助于增强自己的职业生涯意识、成长意识、发展意识,有助于了解自己已取得的成绩和存在的不足,了解自己所处的成长阶段。反思的内容可以包括:我现在在哪里?我现在在成长阶梯的哪一级?我的成长历程已经经过了几个阶段?这几个阶段各自解决了什么问题?有哪些成长的经验?还有哪些成长的问题和障碍?有哪些关键性因素影响了自己的成长?自己未来成长的可能性有哪几种,各自的可能性有多大?我的终极愿望和需要是什么?我要到哪里去?什么道路最能够达到这样的目标?等等。

(二)环境评估

每个人的成长和成功都离不开外部环境的影响。大学教师在制定职业生涯规划的时候,一定要对自身所处的环境有充分的认识,要认真了解社会环境、学校环境和家庭环境变化发展的情况,要仔细分析环境对自身成长的利与弊,并及时进行调适,只有这样才能够做到在复杂的环境中认清形势,趋利避害。

就家庭环境而言,我们可以分析一下它给自己的成长带来了什么样的影响,家人对自己的工作是否支持,家庭的经济条件和文化氛围对自己的教学工作与发展有什么样的影响,自身能否克服不利的影响等。

学校环境的分析是环境评估中的重中之重，大学教师在制定个人职业生涯规划时一定要分析所处大学的特点和发展变化情况、自己与学校的关系以及岗位对自己的要求等，还要了解国家的现行教育制度，清楚所在学校的地位，领会所在学校的发展规划、大学文化和管理制度等。大学教师应该通过对学校环境及岗位的准确评估，进一步确定自己是否能适应环境及岗位，以及怎样来调整自己适应环境和岗位的需要。

就社会环境而言，我们可以分析一下现在所处时代的特点是什么，当代的政治、经济、社会、科技、文化有什么样的特点，这些特点对我们的职业和工作提出了哪些要求，提供了什么样的有利条件，提出了哪些挑战，这给我们的教学工作和专业发展带来了什么样的机遇，本地区的社会环境有什么特点，对自己的工作和发展有什么样的影响等。

（三）制定目标

制定职业生涯发展目标是大学教师制定职业生涯规划的重要内容。大学教师只有明确了自己在职业生涯不同发展阶段的职业目标，才能够做到立足现在，把握未来。而确立发展目标主要应考虑两方面的内容，即发展方向和发展目标。

大学教师职业生涯发展方向主要有两个：一是专业技术方向，即向业务方面即教学、科研方向发展；二是行政管理方向，即向教育管理方面发展。究竟是走专业技术方向，还是走行政管理方向，或者是两个方向同时走，大学教师需要做出选择。选择的发展方向不同，对教师素质的要求也就不同。大学教师可以根据个人的特点，结合学校环境的要求选择适合自己的发展方向。

发展方向确定好之后，就要制定出切实可行、明确具体、与学校目标协调一致的个人职业生涯目标了。从职业生涯发展的时间上看，发展目标可以分为近期目标、中期目标和长期目标，它们分别与教师的近期规划、中期规划和长期规划相对应，长期目标要立足于近期和中期目标。从职业生涯发展方向上看，就教学科研方向而言，发展目标可以制定为助教、讲师、副教授和教授、院士或者是助理研究员、副研究员、研究员；就行政管理方向而言,发展目标可以制定为教师、系主任、院长、校领导等。

在确立目标的同时要注意三个问题:①目标的确定要符合教师自身的特点。这里所说的特点就是教师的兴趣、爱好、性格等,要将目标建立在教师自身的最佳特长、最大兴趣和最优性格上。②目标的水平高低要恰到好处。既要具有一定的挑战性,又要以经过努力能够达到为标准。目标不能过高,过高就会导致力不从心;屡屡达不到,就会使教师丧失信心,放弃努力。因此,好的职业发展目标是使自己充满信心、经过不懈奋斗可以取得的目标。③目标的设定要循序渐进并且集中,在职业生涯发展的同一时期,目标不宜过多。

大学教师应该通过对自己对环境的认知与思考清楚地知道自己处于职业发展的什么阶段、要达到什么目标、通过几个阶段才能达到自己的目标,从而科学合理地制定自己的职业生涯发展目标。

(四)制定实施策略

没有达成目标的行动,目标就难以实现,也就谈不上职业生涯的成功。要使职业生涯规划变为现实,大学教师可以针对职业生涯的目标制订阶段性实施计划。首先,教师可以综合多方面的环境因素和客观条件,确定达到目标可以采用的方式、方法或者活动,如理论学习、教师培训、攻读学位、出国进修、轮换岗位和实践锻炼等。其次,确定自己实现职业生涯目标所需进行的努力并将其具体化,如采取什么措施提高教学水平、如何提高科研能力、如何开发自身潜能等。最后,罗列出要完成的目标、完成具体目标所需要的步骤和阶段、相应的时间界限、所需要的条件和资源、获得这些资源的方式和途径。在对可能存在的多种行动方案进行全面评估的基础上,选择最佳行动方案。在制定实施策略时,要注意行动计划与措施的可行性,计划与措施应尽可能地详细和具体,以便定时检查。

(五)评估与反馈

大学教师在职业生涯发展的整个过程中会遇到很多问题,如入职适应、职场压力、高原现象、职业倦怠、人际关系等。影响大学教师职业生涯发展的因素也有很多,其中有些因素是可以预知的,有些却是难以预料的。大学教师要想使其职业生涯规划行之有效,就必须不断地审视内外环境的变化,并对职业生涯规划进行及时评估,加以修正,以适应种种变化,同时将其作为下一阶段职业生涯规划的重要参考依据。因此,大学教师要注意经常回顾自己的构想和规划,根据内部因素和外部环境的变化在必要时做出相应的调整。

第四节　大学教师职业生涯规划的保障

一、大学教师职业生涯规划的现状与问题

古人讲:“凡事预则立,不预则废。”这里的“预”就是我们所说的规划、设计、计划等。在企业界,员工职业生涯规划早已成为职业的起点,而在大学里还有很多教师没有意识到它的重要性和必要性。有关大学教师职业生涯规划的调查显示,目前大多数教师喜欢教师职业,但对自身目前的职业发展状况并不满意;多数教师认识不到职业生涯规划的重要性,认真规划者不多,实现职业规划的自主性也很有限;多数教师教学、科研任务繁重,能力提升有限,进修学习机会不多;部门对教师的职业发展重视不够,很多教师认为看不到发展希望;教师发展遇到的最大困难是待遇低、没有发展空间,最渴望提高待遇、有学习进修机会。

归纳一下,我们可以看到目前制约大学教师职业生涯规划发展的主要问题有两个:其一体现在制定规划的阶段。很多大学教师并不重视制定个人的职业生涯发展规划,他们中的很多人感到教学工作任务繁重,无暇顾及自身发展;有的教师由于并不十分了解学校的发展规划、学科的发展脉络以及职业生涯规划的相关知识,所以不知道如何规划;还有一些教师认为即使规划了,如果没有学校和单位领导的支持,根据自己的特长和发展选择工作的自主性并不大,规划也只是成为一种走过场的行为。其二体现在实施规划的阶段。大学教师的职业发展离不开学校的支持与帮

助,但从目前来看,由于大学的教学科研任务十分繁重,所以各部门用人多、培养少,关注工作多、关注教师发展少,对教师职业生涯的发展重视不够,也缺少相应的激励政策。而教师也已经习惯于“组织安排”工作,对自己的职业前途往往持被动规划的态度。这使得大学教师职业生涯规划常常流于形式,没有真正有效地得以实施。

二、大学教师职业生涯规划的保障

大学教师是借助于大学组织而实现自己的职业目标的,其职业计划必须要在为大学组织目标奋斗的过程中实现。离开大学组织的目标,个人便没有职业发展,甚至难以在大学组织中立足。所以,大学教师在制订自己的计划时,要与大学组织目标协调一致。相应地,大学组织也应积极了解并参与大学教师的职业生涯规划,并通过相应的职业生涯开发与管理政策,帮助大学教师落实职业生涯规划目标并使之与组织的战略目标相结合。

(一)大学应该提高对教师职业生涯规划工作的重视

大学教师的职业生涯规划是一所大学的生命力所在。只有大学教师个人拥有明确的职业生涯发展规划,才能使得大学的发展战略真正落实。只有同时满足教师个人职业生涯发展和大学对人才的需要,才能实现教师的职业生涯发展目标和大学发展目标的统一。所以,大学不仅要教育、引导教师,而且要提供支持保障,以使教师顺利实施个人职业生涯规划。

大学需要通过宣传使职业生涯规划观念深入人心,与广大教师达成共识。一方面,大学应对教师的职业生涯规划进行专业化的组织、帮助和指导,使大学教师职业生涯的发展和大学的发展获得双赢。通过对教师的职业生涯规划进行指导,做到大学吸引人才、留住人才,提高学校的向心力和凝聚力。另一方面,大学可以通过多种渠道宣传学校的发展目标,使得教师了解学校,清楚学校的学科发展方向,把握学校的发展目标,并据此选择自己的学科方向,为学校贡献力量,从而也使学校能够建立起稳定的学科发展梯队,做到更合理、更科学地配置大学人力资源,实现人尽其才,促进大学事业的持续发展。

大学需要激发和增强大学教师专业成长的主体意识。近年来,国际上教师教育已开始反思教师的主体性问题,强调教师获取的经验不仅应促进其教育能力和质量的提高,更应激发和增强教师自主发展的意识和能力①。大学应当重视教师职业发展的主体性,要从他们的实际要求出发,营造一个支持性的发展环境,充分调动教师参与的积极性,激发他们自己发展的内驱力,使他们更加自觉地投身于专业素质的提高,通过不断地挑战自我,不断地进行自我反思,构建积极的专业信念,提高专业发展能力,使职业生涯真正成为他们不断追求新知识、积累新经验的自我发展的旅程。

(二)全面关注大学教师发展

大学教师并非单纯的经济人,作为知识型员工的他们非常关注自身价值的体现。考虑到这一点,大学应该充分重视他们"实现自我"的需要,给予他们更多展现自己的机会,努力提升大学教师的发展境界。境界是人在具体生存实践活动中,在其当下现实生存条件与其未来生存可能性之间因体验而取得统一后所达成的生命整体状态,主要包括当下的生存环境、生存态度和行为方式以及对未来希望的追求的筹划②。当前,大学教师已不仅仅是一种职业,教书已不再是谋生的手段,而成为一种生命存在的方式,一种生命成长和价值实现的手段,一种使人类和大学教师自己都变得更加美好的生命存在形式。为此,大学要鼓励教师坚持专业发展导向与价值导向的双重统一,把教师的生命成长融入专业发展,让教师成为自觉创造自身职业生命的主体,成为充满生命活力的价值主体。

大学教师作为教育中的人,其生活世界是一个包含了"人的世界"和"教育的世界"的双重世界,是一个包含了灵魂和肉体、道德与欲望、情感与意志的复杂世界,是一个自由、自主却又充满规训和教化的矛盾世界。

---

① 洪秀敏.关注与促进教师的自我信念[J].教育科学,2008(3):79-82.

② 袁利平,陈时见.人学视野下的教师专业发展[J].高等教育研究,2007(12):66-71.

学校不仅要重视教师的“教育的世界”，而且要重视和关心教师的“人的世界”，尊重教师的主体地位，重视教师的生命价值，关心他们的工作、生活和家庭，关心他们的健康与职业发展，解决他们的后顾之忧，为他们的专业技术职务晋升提供更多机会，创建一种“职业安全感”，减轻大学教师生存与工作的压力。这不仅能使教师以更充沛的精力和更大的热情投身职业发展，而且在无形中增强了教师对学校的归属感，提高了学校的核心竞争力。

（三）建立新型人力资源管理机制

传统的大学人力资源管理视“人力”为“成本”，总是重视如何降低成本，以最少的人力投入获得最大的收益；管理上采取的是一种“被动式的管理”，广大教职工习惯于成为被管理、被安排工作的对象。长此以往，教师队伍就会死水一潭，缺乏生机和活力，使创新能力下降。随着高等教育的发展，人们越来越认识到人力资源在大学发展中的重要作用，因此，应该建立新型的人力资源管理机制。

要继续加大对教师的培训力度，创造更多的学习进修机会，进一步健全和完善各种制度，包括学术休假制度、短期学习进修制度、在职攻读学位制度。

1. 完善培训系统

职业生涯规划与培训的联系很密切。积极的培训政策为教师的职业发展创造了机会。在完善大学教师培训系统时要考虑三个方面：首先，大学教师职业生涯发展的不同阶段有不同的特点，随之需要补充的能力和提高的方面也不相同，这就需要大学不断地改进、完善培训系统，力求培训形式多样化，培训目的多元化，培训内容丰富化，使得处于不同职业生涯发展阶段的教师都能够寻找到适合自己的培训内容。比如，对新入职教师进行岗前培训，开设重点培养骨干教师的高级进修班，开设提升知识层次和专业深度的学历进修班，开设有助于研究型教师了解学科前沿知识的研讨会、论坛，开展提高教师实践经验的社会实践活动，让教师出国进修等。其次，针对大学教师的培训要具有时代的前瞻性，比如，提升教师的双语能力以应对学校国际化的要求，普及现代教育技术能力以适应新时代教学要求等。最后，授之以鱼，不如授之以渔。要对教师未来发展所需能力的培养有所倾向，比如，要注重培养教师学术更新能力和教育研究能力等。

要注意以激励为主开发人力资源。心理学家的研究发现，如果没有激励，一个人的能力只能发挥其潜能的20%～30%，而施以激励后其工作能力就能发挥到80%～90%。因此，应该不断建立和完善激励机制，给予教师物质激励和精神鼓励，充分发掘教师的潜能。

2. 完善激励机制

随着职业生涯发展阶段和生活条件的变化，大学教师的需求也会发生变化，而目前大学激励机制不完备，激励手段单一化、无序化，使得激励过程中的不公平现象普遍存在。所以大学应该处理好精神激励和物质激励的关系。赫茨伯格的双因素理论认为：保健因素称为维持因素，是维护工作积极性的因素，没有激励人的作用；激励因素是激发工作积极性的因素，是影响人们工作的内在因素。要促进工作的改善和发展，就要有与工作内容相关的、能够唤起员工对工作积极情感的激励因素。在大学里，必须做到物质激励与非物质激励相结合，不仅要注意物质利益与工作条件等保健因素，更重要的是要注意工作本身的价值、责任感，强调成就感、认同感以及个人成长等内在的激励因素，如此才能持久地保持教师的激励水平。亚当斯的公平理论提出，一个人对他所得到的报酬是否满意，不仅仅与自己经过努力得到的绝对报酬有关，而且还与自己报酬进行纵向比较和与其他人报酬进行横向比较的相对值有关。由于教师工作评价具有特殊性，教师的劳动成果往往不易得到精确量化，所以要注意激励对象的心理平衡，增强教师整体的凝聚力。所谓激励中的公平，实际上是一种主观感受，大学可以通过激励的及时性、激励的多样性、激励的民主性、激励的动态性来提高教师对激励的公平感。

大学应提倡人本管理，避免把人仅仅当作工具、手段，“见物不见人”，要突出人在管理中的地位，实现以人为中心的管理，如要尊重人的价值和需要，注重人文关怀，建立和谐的人际关系等。

3. 人性化管理

大学应推行和实现大学教师的人性化管理。教师职业在本质上是需要自由和自主创造的，失去此特性便在实质上贬损了教师职业应有的意义与价值。因此，要实现制度规定的人性化，要遵循"以人为本"的原则，尊重、关心教师的选择，要依靠教师自身的力量促进其职业生涯发展，并将教师职业生涯发展定位在"人"的发展上，尊重教师的主体地位，关注他们的身心发展，为教师职业生涯发展创设尽可能好的外在人文环境。为此要做到以下几点：一是在保证教师社会地位和经济地位的基础上，引导正确的社会舆论，对教育改革以及教师日常行为中出现的问题持理性态度，减轻他们的精神压力，为其提供自我发展、自我反思、自我超越的良好社会环境；二是将自上而下的对教师灌输式教育转向平等对话与沟通，为教师发展和完善创造良好氛围；三是积极推进教师管理制度创新，实现人性化管理，增强向心力和亲和力。

4. 建立公平的绩效评估体系

从职业生涯规划角度看，绩效评估的结果是进行职业生涯规划的依据，因此公平的教师绩效评估体系的建立显得异常重要。大学教师绩效评估要有针对性地进行，对教学人员应该实行劳动过程与劳动结果兼顾的考核，即教学工作量与教学质量兼顾，重点是"德和绩"，采取学生和专家评价相结合的形式确定等级分值。科研人员则可以实行偏重结果的考评，具体按照科研成果与论文等级、数量进行，关键是"绩"，实行同行考评或专家考评。

5. 建立职业生涯规划与管理平台

建立职业生涯规划与管理平台应从以下几个方面着手进行：

一是建立大学教师个人信息库，及时掌握发展动态；二是提供教师自由交流平台，开展如文化沙龙、读书协会等活动，促进教师之间的信息交流；三是建立学术团队自由合作平台，鼓励不同学科、不同层次教师之间的科研合作与教学研究，引入良性竞争；四是建立学校定期发布信息的平台。大学教师从自己职业生涯发展的角度来看,比较重视两方面的信息:一方面是有关校内奖酬的信息,比如工资、福利、进修、学术假期、职称等,以及这些奖酬的数量、具体内容,获得这些奖酬的条件、程序;另一方面是来自外界,包括同行、专家等的评价。只有清晰地掌握这两种信息,教师才可能树立正确的个人目标,建立工作绩效与自己需要的奖酬之间的联系。因此,大学管理者应该将这些信息通过量化、透明的方式,以正式的信息渠道公布。

第六章　大学教师入职培训

大学教师入职培训对大学新进教师有着重要的意义，也是新进教师组织社会化成功与否的关键因素。伴随着高等教育的快速发展，以新进教师入职培训为契机的师资队伍建设工作越来越受到各大学的重视。我们应以专注教师职业发展为目标，借鉴国外大学的实践经验，结合大学实际，积极探索大学教师入职培训与组织社会化。

第一节　大学教师培训与组织社会化概述

大学教师培训是开发教师潜能、持续提升教师教学能力和科研水平、推进教师职业化发展的重要手段。如何制定出“顺应人性、尊重人权、注重个性”的大学教师培训制度，以达到组织目标和实现教师价值，近些年来在大学变得越来越迫切。大学教师入职培训是新教师进入组织的第一次培训，也是新教师从“组织外部人”转变为“组织内部人”的关键一步。

一、“自助者天助”是大学教师培训的目标

在全球竞争的时代，人力资源的质量已成为组织成功的有效砝码，培训成为人力资源部门的重要职能与任务。教师是大学最重要的人力资

源,教师培训在大学人力资源管理中占据重要地位,不管对组织还是对个人而言都具有重要意义。

从教师选择进入大学,把教师作为职业开始,他的职业发展就不同于其他行业。随着社会的发展,大学教师越来越重视自己的职业生涯发展。“学术自由、传承创新、追求真理、引领人类”是大学的使命和存在的价值,新进教师一走进这个学术殿堂,就会审视自己的职业价值观是否与之匹配,自己距大学教师岗位要求还存在哪些差距,如何尽快融入这个集体。可以说,大学教师培训是实现职业生涯发展最有利的手段,入职培训阶段是大学教师进行生涯设计最有利的时机。教师职业生涯设计可以使教师充分认识自己,客观分析环境,科学树立目标,运用适当的方法,采取有效的措施,克服职业生涯发展中的困阻,获得职业成功。

众所周知,大学教师队伍选聘门槛越来越高,越来越多元化。无论是作为教学、科研生力军的新任教师,还是作为教学、科研骨干、学科带头人的新调入教师和新引进人才,都是大学人力资源开发最重要的对象,是大学保持竞争优势和提高竞争地位的重要人力资源。大学教师更关注自我实现需要的满足,即追求专业研究和教学技能的发展;同时,大学教师个人生活的维度也被考虑进来,如心理、情感、健康、人际交往、职业规划与职业倦怠等个体生存的需求。

教师要对自己的职业生涯发展负责,学校则负责提供足够的学习与发展机会。因此,让教师具有“天助者自助”的意识应该是大学教师培训的目标,这也是要从根本上解决培训中教师积极性不高、培训效果事倍功半的问题。在激励课程中,员工们经常会听到那个经典的“猎狗与兔子”的故事:猎狗追一只兔子,追了很长时间都没有捉到。猎人对猎狗很不满,猎狗对他说:“这很正常,我只不过是为一顿饭在奔跑,兔子是在为性命奔跑啊!”培训讲师以此来说明老板与员工工作动力的不同。每所大学都希望建立自己的校园文化,都希望自己的教师“爱岗敬业”,有“主人翁责任感”,这些要求归根结底是希望解决教师的工作动机和态度问题。大学教师培训也是如此。如果不能调动教师自己对于成长和发展的意愿，培训效果可想而知。大学教师具有强烈的自我发展意识，自我发展意识是教师在从业过程中的一种内在发展需要，是基于把学术作为一种“志业”的需求，而不是一种纯粹的职业需要。作为成人学习者，这种内部动机比外部动机更容易激发大学教师的自我提高。这种自我发展意识在大学教师发展中起着重要的作用，驱动大学教师不断自我超越和发展，比外在刺激更能激发大学教师的自我提高[①]。教师主动自主地学习，意味着主动提升，意味着要为自己的职业生涯负责，这是推动大学从培训走向学习的关键力量之一，也成为大学给教师提供学习和发展机会的动力。

二、入职培训是教师发展的组织社会化

从1968年美国组织行为学家施恩把“社会化(Socialization)”概念引入组织以探讨员工适应组织的机制，提出“组织社会化(Organizational Socialization)”的概念至今，组织社会化理论不仅成为员工组织适应的一个研究视角，也为大学如何传承组织文化和价值观提供了一个新的途径，受到了越来越多研究者和管理者的关注。

从个人角度看，进入组织是一种受训的过程，是了解内情、领会如何共处与如何上升的过程(Van Maanen，1975)。同样的过程从组织角度看，是上岗、基础训练、个人社会化入组织的主要准则和价值观，以及测试新雇员是否能在一种工作或职业通路上正确地贯彻它们(Schein，1968)。这两者的配合过程，即个人将有所奉献与组织预期有所获取之间，以及组织将针对个人期望收获而有所提供(Schein，1975)被看成一种“新员工”与他们接触到的组织成员之间的一种谈判，导致产生一种可行的心理契约[②]。新员工个人需要和预期与组织需要和预期之间的一种充分配合使员工职业生涯在组织中延续，这是新员工成功地社会化入组织的标志。

国内外学者的大量研究表明，成功的社会化不但能够留住组织需要的合适员工，节约人力成本，而且还可以激发员工发自内心的组织认同

① 王立.美国大学教师发展理念的演变与启示[J].中国高教研究，2011(2)：51.

② 施恩.职业的有效管理[M].北京：生活·读书·新知三联书店，2003：81.

感,提高工作绩效,降低离职意愿。组织一方面可以通过运用某种组织社会化策略影响新进员工成功社会化的机会,另一方面应该注重将组织社会化策略和新进员工的主动社会化进行统一结合,以便新进员工能够更好、更快、更有效地融入组织当中①。组织社会化策略是让新进员工融入集体的一种有效的方式,而融入度也是组织社会化影响离职率的一项重要指标。那些为新进员工提供社会支持的组织社会化策略对新进员工的积极融入起到十分重要的作用,同时能够得到工作中所遇到困难的真实信息,会增强员工的融入度,也为组织在社会化过程中的积极管理提供了可能性②。

本章将引用学者王明辉对组织社会化的定义,即组织社会化是个体为了适应所在组织的价值体系、组织目标和行为规范而调整自己态度和行为的学习过程③。在理解此定义时,可以从三个子维度来看:首先,在组织社会化研究对象上,通常组织社会化所针对的工作者主要是指处于职业生涯初期阶段的新进员工。其次,对员工在组织社会化过程中的地位而言,新进员工在组织社会化过程中一方面接受组织的塑造,另一方面又会主动寻求相关信息以求快速融入集体。最后,对员工个体而言,组织社会化是一个不断学习组织价值观、掌握知识、消除他们面临的不确定性和现实冲击感,加快适应组织的过程;而对于组织来说,组织社会化是使组织获得和留住最优秀员工,最终实现新进员工和组织的共同发展。

大学教师入职培训的主要对象是40岁以下的专任教师,他们之中绝大多数是从学生转变为教师,这种转换势必会在他们的职业发展中经历一个适应期。大学由身份管理到岗位管理的改革,给这些新教师带来了工作压力和生活方面的经济压力,在由“组织外部人”向“组织内部人”转化过程中存在着教师角色认识还很难到位,自身发展定位难以确定,心理

---

① Andrea E C Griffin, Adrienne Colella, Srikanth Goparaju. Newcomer and Organizational Socialization Tactics: An Interactionist Perspective[J]. Human Resource Management Review, 2000, 10(4): 453 - 474.

② David G. Do Organizational Socialization Tactics Influence Newcomer Embeddedness and Turnover? [J]. Allen Academy of Management Best Conference Paper, 2004: B1 - B6.

③ 王明辉. 企业员工组织社会化研究[M]. 北京:中国社会科学出版社, 2007:6.

上缺少归属感的诸多困惑。大学新教师即使在组织社会化过程中遭遇众多压力，但其自身还是非常渴望融入学校、院系的群体中。他们在思考：如何提高自己的教学能力和科研水平，如何发展人际关系，如何被团队接受，以及如何获得别人的信任和支持。大学作为新教师组织社会化的主体，应该从入职培训入手，实施有效的组织社会化策略，帮助新教师尽早完成“组织内部人”的转化。

大学在入职培训中对新教师实施组织社会化策略的意义体现在两个方面：一是可以最大限度地挖掘、培养新教师的潜能，使他们快速融入组织，促进其成长和发展。在入职培训中科学地实施组织社会化策略对大学新教师的影响力是深远长久的，成功的组织社会化会让新教师感到满意，并对学校产生责任感和使命感，从而促使他们产生对学校的积极态度，增强个人—工作匹配度、工作满意度、组织承诺和工作绩效，以便最大限度地开发他们的潜能，提高他们的教学和研究能力，促进其将学校的发展和自身职业生涯相结合而成长。二是有利于提高大学的凝聚力，有利于大学可持续发展。大学在入职培训中对新教师组织社会化策略实施得成功与否，决定了新教师职业生涯的方向和学校的发展。搞好新教师的组织社会化，是大学吸引人才和留住人才的有效手段，有利于提高大学的向心力和凝聚力，有利于大学合理配置人力资源，实现人尽其才，从而促进大学的可持续发展。

第二节 大学教师入职培训与组织社会化的实务与流程

随着大学师资队伍建设的加强，各个大学对教师入职培训工作日趋重视。打开各大学的网站，每年的 8 月底、9 月初不难找到新教工入职培训的通知。通过对多所大学的调研和访谈，我们了解到，近几年来大学人事处对教师入职培训的需求、目标、实施和评估投入了大量的时间和精力，也取得了一些实效，为新教师认同学校文化、适应学校环境和顺利完成组织社会化做了许多努力。

一、大学教师入职培训和组织社会化实施的准备阶段

在大学教师入职培训和组织社会化实施的准备阶段应做的工作，包括培训需求分析和培训目标的确立两个方面，本阶段所需准备的内容与教师的职业生涯发展和大学的实际情况紧密相连。

（一）教师的需求分析处于入职培训需求分析的核心位置

大学教师入职培训的目标是让教师具有“自助者天助”的意识，传统的被动接受培训转变为主动提升学习。前者的进行表现出特定时间和地点、正式的学习方式、独立于工作之外、被动、以讲师为中心、讲授单纯的课程、整齐划一等特点，而后者则是以随时随地、正式与非正式相结合、与工作紧密融合、主动、以学习者为中心、参与各种学习活动、按需学习等为特点。正像中国传统武术要求“练好内功”一样，大学教师培训的理念是：如果教师具备强大的学习能力，学校可持续发展的概率就会大大增加，学校的核心竞争力就会加强。如何营造学习型组织的氛围和创造使教师全面发展的条件与空间，真正了解教师加入组织后的需求，是学校、人事部门和院（系）在教师入职培训和组织社会化实施准备阶段需要做的工作。

（二）明确大学教师入职培训和组织社会化实施的具体目标

从人力资源战略管理的角度思考，进行大学教师入职培训和组织社会化实施对学校发展的贡献是什么？按照戴夫·乌尔里奇的人力资源产出模型，图6.1所示即为大学教师入职培训关注的四大目标。培养人才和解决问题，显然是培训产出最核心的两大方面。

二、大学教师入职培训和组织社会化的实施阶段

在实施阶段，对于教师入职培训和组织社会化计划的制订，首先要考虑如何使培训内容符合教师的职业发展需求，为教师提供更多的发展和学习的机会。从培训需求调查开始，选择教师乐于接受的培训方式和讲

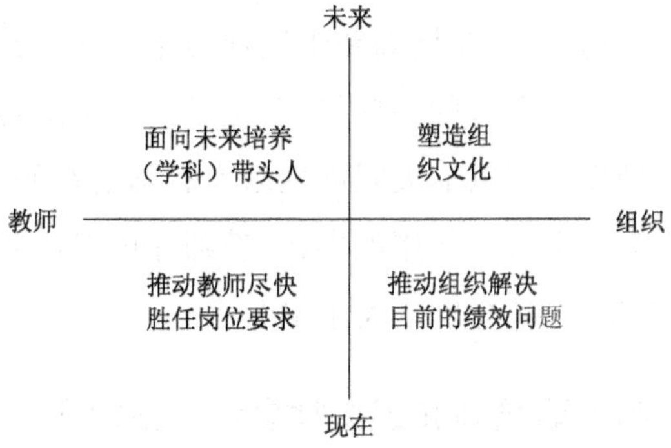

图 6.1　大学教师入职培训四大目标

师，选择有利于教师个人能力提升的培训内容。在培训过程中，教师从被动地接受培训到主动地参与培训。正确职业价值观的树立、职业生涯规划的自我设计、学校情况及使命愿景、教学科研方法研究探讨、工作与生活的平衡等都应该成为教师入职培训和组织社会化的重要内容。

其次，应注重选择教师入职培训和组织社会化的方法和策略。施恩和范曼恩（Schine & Van Mannen，1979）首先提出了六种对新员工所采取的社会化策略，后来琼斯（Jones，1986）进一步整合了他们提出的六种社会化策略，他认为如果组织采用集体的、正式的、固定的、连续的、伴随的、赋予的社会化策略，实际上是鼓励员工被动地接受组织预先设定的角色，从而使组织维持现状，称之为制度化策略（Institutional Tactics）；如果组织采取个别的、非正式的、随机的、变动的、分离的和剥夺的社会化策略，目的是鼓励员工保持个体特性，主动解释在组织中的个体角色，称之为个体化策略（Individual Tactics）。琼斯指出，制度化社会化策略实际上是鼓励新员工被动适应组织现状，容易导致角色固守倾向；个体化社会化策略则鼓励员工发展多种角色适应模式，容易产生角色创新倾向。对大学而言，应将教师个人发展情况和学校的整体发展相结合，采取相应的组织社会化策略来协助他们适应组织。应以教师需求为核心，进行学校领导从师德、愿景，职能部门从制度、生涯发展，院（系）从学术、专业发展等多层面，讲座、研讨、考察、情境演练、网络视听等多种方式的入职培训，激发教师内在的学习发展动力，取得良好的培训和组织社会化效果。

最后，应注重对教师入职培训和组织社会化实施的经费投入。大学教师入职培训是对人力资源的一项投资，也是人力资源转化成人力资本的有效途径。这种投资可以最大限度地激发教师潜在的创造性，更好地确保教师作为人力资本有效作用的发挥，教师才可能体验到自我实现需要的满足，从而对学校、社会培养人才作贡献。

三、大学教师入职培训和组织社会化实施的评估阶段

对入职培训的评估是判断这项工作是否达到预期效果的重要环节，一般由学校的人事部门负责评估工作。培训结束后的评估要结合培训教师的表现做出总的鉴定，也可以要求培训教师写出小结，总结在思想、知识、技能、态度上的感受，与培训成绩一起放入人力资源档案。入职培训评估可以包括测验式评估、演练式评估等多种定量、定性评估形式。

评估可以由培训专家、参加培训教师、领导、同事、学生从不同角度来评估；评估对象不仅包括参加培训的教师，还包括培训项目；评估方式主要有考核、问卷、访谈、讨论，也可以进行即时和跟踪评估；评估结果对改进下一次培训或下一个培训项目，具有很好的参考价值和指导意义。

大学教师入职培训和组织社会化实施的效果可以分四个层次体现：第一，反应层——对培训的反应，在入职培训后，调查了解教师的总体反应和感受；第二，学习层——学习的效果，确定教师对培训内容的理解和掌握程度；第三，行为层——行为改变，确定教师培训后在实际工作中行为的变化，以判断培训内容对实际工作的影响；第四，结果层——产生的效果，确定教师培训后在教学、科研、社会服务三个方向上的业绩状况。

第三节　国外大学教师入职培训与组织社会化的实践

各国对大学教师入职培训和引导开始关注的时间和程度不一样。自20世纪80年代起，许多国家相继开始倡导入职引导制度，为新教师尤其

是入职第一年的教师提供系统的支持和培训，并对入职培训和引导制度进行了相应的研究。国外大学教师入职培训与组织社会化方面领先于国内，其中以美国、英国、日本最为典型，一些好的做法值得我们借鉴和思考。

一、美国大学教师入职培训与组织社会实践

（一）美国大学教师发展理念

联合国教科文组织在 1998 年的《世界高等教育宣言》中指出：具有活力的教师发展政策是高等教育机构发展的关键[①]。重视大学教师的发展，注重培养高水平的教师一直是美国大学闻名于世的重要因素之一。美国大学教师发展理念经历了精英意识下的自我发展、心理学革命下的组织发展、多元学术观下的全国发展的演变。1961 年美国密执安大学和密执安州立大学成立了美国第一个教师与教学发展中心[②]，1965 年启动了第一个 FD（Faculty Development）项目[③]。1972 年丹弗斯基金会组织 60 位专家讨论建立教学中心的可能性时，同意者寥寥。那时候的教师很难接受和让人接受需要别人指导和帮助，觉得自己是专业人士，不需要“被发展”，他们认为最好的发展方式是自我发展。心理学作为一门独立的科学突飞猛进地发展，极大地促进了大学教师发展理念的更新。人们开始接受：好的教学并不是无法通过后天习得技能的，大学教师并不是天生就知道如何传授知识的，他们也需要在组织和良师益友的帮助下获取教学的技能。教师发展不仅仅是知识精英的自我发展，也需要借助外部力量的组织发展。20 世纪 70 年代末 80 年代初社会化理论的提出为大学教师发展提供了一个新的视角。社会化理论认为，人是社会性的动物，人类个体通过与社会的交互作用，适应并吸收社会的文化，从而成为一个合

---

① 明轩. 世界高等教育宣言概要[J]. 教育发展研究，1999(3).

② 李玲. 美国大学教师发展的历史进程及其启示[EB/OL]. [2009-02-10]. http://www.govyi.com/lunwen/2009/200902/296248.shtml.

③ 卢辉炬，严仲连. 美、日、中大学教师发展之比较[J]. 社会学家，2008(6).

格的社会成员。社会化是一个人内化社会价值标准、学习角色技能、适应社会生活,由自然人转变为社会人的过程。这一理论改变了传统的大学教师发展观:大学教师不再是无所不能的卓越精英,也可以并且需要在组织、机构的帮助下"发展",他的发展也是一个社会化的过程,入职和在职培训是教师发展的继续社会化。20 世纪 90 年代,美国著名学者卡内基教学促进会主席博耶(Ernest Boyer)提出了多元学术观,即学术不仅意味着某个学科的基础研究,还意味着实践、寻找相互联系,在理论和实践之间建立桥梁,将知识有效地传授给学生。它包含发现的学术、综合的学术、运用的学术和教学的学术四个有机结合、相互依赖的部分,从根本上改变了美国传统的以"科研"为圭臬的一元学术观,消除了"科研与教学"之间的对立,为学术研究的多样化和大学教师的全面发展提供了理论上的依据。基于博耶的多元学术观,美国教育联合会(NEA)在其 1991 年发表的文章《大学教师发展:增强国力》中对大学教师的发展提出了全面的要求,具体包含个人发展、专业发展、组织发展和教学发展四个目标。个人发展包括采取整体计划,提高教师人际交往能力,维护健康,进行职业规划;专业发展包括促进个人成长,获得或提高与专业工作相关的知识、技能与意识;组织发展集中于营造有效的组织氛围,促使教师采用新的教学实践;教学发展包括学习材料的准备、教学模式与课程计划的更新。1993 年美国高等教育联合会(AAHE)对大学教师的职责重新进行了界定:教学、咨询、课程设计、社区服务、参与大学管理,并把教学置于重要地位。美国大学教师的发展在关注教师的主体需求下朝着更全面的方向进行。

(二)美国大学教师入职培训模式及组织社会化实践

从 20 世纪六七十年代美国个别大学的零星教师发展项目,到 20 世纪 80 年代教学促进中心(Teaching Improvement Center)的大量涌现,再到 20 世纪 90 年代教师发展中心(Faculty Development Center)在美国大学的普遍设立,美国大学教师发展模式已经形成一定体系,组织相对完善。当前,美国大学教师发展动向体现在教学中心数量的增长、教育哲学的嬗变和教学方法的革新。教师发展的驱动力主要来自教师群体的自发需要，而非原先学校管理者的主观意图①。

在美国负责大学教师培训和发展的组织机构有以下几种类型：①多校园合作模式。采取多校园合作模式的一般是在一所学校的多所分校或者一个州里的几所学校。在多个校区中通常设有一个教师发展核心委员会，负责调节几个分校之间的教师发展工作，每个分校设有负责人，负责分校的具体事宜。核心委员会由每个分校的学术管理人员、教师组成，有时也会有一些学生参加。每个分校设的负责人是对多校园的核心资源的补充。这种模式的优点是创造了机构间交流的独特机会，通常对分校间比较相近专业有利。②校园中心模式。一所独立的大学一般采用校园中心模式，由分管学术事务的副校长管理，工作人员由大学配备，中心的领导人由本校教师选举，同时有众多有经验的大学教师发展工作人员和从校外引进的专家，运转资金由大学负责。③特殊目的中心模式。在特定目的下，如关注职业发展、研究生助教、课程材料等不同问题时就会存在特殊目的中心模式。一般情况下，每个特殊目的中心只有一个中心任务，规模较大的大学通常会设有几个特殊目的中心。每个特殊目的中心一般有1~3名专业人员，同时配有辅助性的工作人员。一些特殊目的中心是用研究资金运转的。④院（系）教师发展模式。该模式一般存在于学院之中，由教授会负责管理。它与校园中心模式的目的是一致的，活动方式也类似，但在校园中心模式中，教师发展项目处于分管学术事务的副校长领导下。

美国密歇根大学教学研究中心、哈佛大学德鲁克·博克教学中心和斯坦福大学教学中心的建立具有广泛代表性。

密歇根大学教学研究中心（Center for Research on Teaching and Learning）建于1962年，是美国第一个教师发展机构，隶属于学校教务管理部门，现有工作人员25人，致力于教与学的支持与发展，与教员、研究

① 林杰. 美国大学教师发展运动的历程、理论与组织[J]. 比较教育研究，2006(12).

生助教和管理人员一起合作,努力创造一种重视和奖励教学、尊重和支持与众不同的学习者、鼓励创造适合各种学生学习的环境的校园文化。其主要服务内容有:①教师和研究生助教发展:为教员、部门和学院的对教学进行有效革新的方案提供支持;为课程发展与评估提供咨询;帮助教师将多元文化注入课程;提供针对不同学生教学的项目;为个别教师提供教学咨询;为教师和研究生助教提供全校范围的研讨会;为部门和学院的研讨会提供援助;帮助提供有效的教学装置。②评估与评价:为项目评估提供援助,如教学评估、教育技术评估、课程评估;为学生学习评价提供帮助。③教育技术服务:推广提高教与学的技术;提供有用软件等有关信息,为各单位进行信息交流提供便利。④研究与传播:就提高密歇根大学的教与学进行研究;为大学教师、管理人员及国家高等教育团体提供教与学的知识与信息。⑤教职员发展与协作:与其他大学有关教与学的办公室或项目进行合作;为教学研究中心的职员提供一个富于挑战性和刺激性的、多样的、协作的和支持的环境。

哈佛大学德鲁克·博克教学中心(Derek Bok Center for Teaching and Learning)成立于1975年,原名哈佛—丹弗斯教学中心(因为受到丹弗斯基金会的资助),1991年,为纪念前任校长德鲁克·博克,更名为德鲁克·博克教学中心(因为该校长申请到基金的资助且在任期间给予该机构以积极支持)。该中心现有工作人员19名,是美国最大、也是经费最充足的教师发展机构之一,其宗旨是提高本科教育的质量,并通过提供各种教学资源来帮助教师、学生及对教学有兴趣的来访者。中心提供的各种服务项目包括以下几个方面:①秋冬教学讨论会:每年的9月和1月开学前举行,一般要两天,日程安排很满。②微格教学:在讲第一堂课之前,实习教师要在微格教室进行微格教学,来自某一院(系)或某一课程的教师以及中心人员参加,参与者进行交流和讨论,以便提高实习教师的教学技能。③录像及分析:对教师上课进行录像之后与中心顾问私下观看并讨论,这是提高教学技能的一种极好的方法。④早期评估:中心会督促教师在学期的第三至四周,通过网上或纸质的方式获得反馈,以帮助教师及早调整教学。⑤课堂观察：邀请中心专家去听课，然后交流，看看在专家眼中自己的课上得如何。⑥个人咨询：可以是演讲技能、课程设计、考试、评分等任何与教学有关的内容。⑦为外籍教师提供服务：包括语言、文化等各个方面，以便为教学做好准备。⑧为课程服务：作为课程顾问，中心职员可在课程之初培训教学人员、参加其会议、讨论中期课程评价、安排录像、帮助课程设计等。⑨为院（系）服务：与院（系）合作一些项目，如为某一院（系）新教师进行录像等。⑩专业发展、出版、研究等。⑪学生能力提升：为学生提供辅导、咨询及教学信息反馈的渠道等。

斯坦福大学教学中心（The Center for Teaching and Learning）成立于1975年，现有工作人员14名，主要目标有两个：一是促进教学卓越，要让教师认识到教学和研究一样，都是教师的职责，同时提供培训和资源，使教学卓越成为可能；二是促进学生学习卓越，教师教学不仅仅要传播知识，而且要培养学生有效学习和独立思考的能力。具体服务项目包括：①教学相关讲座及会议。②为新进教师提供服务，包括提供专业教学咨询及各种丰富的资料。③开展期中评价，包括小组评价、网上评价以及针对演讲的快速反馈。④教学咨询、评估及改进，帮助教师分析教学方式并给予建议。⑤提供教学技术支持，包括帮助教师设计课程、介绍新技术等。⑥进行授课录像，教师能通过录像审视自己的教学方式。⑦为教学团队提供支持。⑧举办各种教学研讨会和演讲。⑨提供其他各种教学相关资源，包括优秀教师经验分享，提供书籍、刊物、录像带、教师手册等。⑩学生能力提升方面，为学生提供免费辅导、学习技巧咨询、口语沟通技巧课程等服务。

从以上三所美国大学教师发展机构的建设可以看出，它们具有以下共性：①有着明确一致的宗旨与目标，即为促进本校教师专业发展，特别是教师教学水平提高和学生学习卓越提供帮助和服务，以形成重视教学的校园文化氛围。②有一批专业人士、研究人员和行政人员在辛勤耕耘，包括教育教学研究者、教育技术等方面的专家及行政管理人员等。③服务与项目类似，但都依据学校发展定位和需求，围绕教与学两个方面来开展，具体包括：举办各类教学研讨会及讲座，进行课堂观摩，为新进教师提供培训，进行录像及分析，提供教学咨询及指导，进行评估与评价，传递教育技术信息；提供各种教学资源，特别是丰富的网上资源，方便查阅；研究和出版；提升学生学习能力；等等。总之，美国大学教师发展机构的建设已经比较成熟，制度化成为该项工作有效进行的重要保障，也得到了经费和政策上的有效支持和广大教师的认同，在大学发展中起到了积极的促进作用。

二、英国大学教师入职培训与组织社会化实践

（一）英国大学教师发展与培训理念

1972 年，英国政府《教育：一个扩展的框架》白皮书中就指出："即使是受过最严格的职前训练，但世上仍没有一种重要的职业能期望新的就业者马上能作出充分的贡献……每一位教师在其任职初期，需要且应该匀出部分时间参加系统的熟悉专业、有指导的教学体验和进修的方案。"当时称这一过程为新教师"入门"（Induction）或"试用期"（Probation）。1983 年，教育和科学部在提交议会的《教学质量》报告中，同样阐明了有关新教师工作入门计划的观点。英国作为高等教育发展较早的国家，在大学教师发展方面成就斐然，对大学教师发展方面的研究接近体系化。浏览该国各所大学的网站，几乎都可以找到与大学教师发展相关的内容。

（二）英国大学教师发展、培训政策与管理模式

英国对大学教师发展和培训的政策包括政府和大学两个层面。政府层面的政策，主要是通过拨款、规定进修制度和设立专项奖励资金促进大学教师培训，改进教学，进行教学创新。英国政府的拨款不仅仅限于小型的大学教学发展项目，从 2000 年起，英国政府投资 3.15 亿英镑用于支持 70 多个大学"优秀教学和学习中心"（Center for Excellence in Teaching and Learning）的建设，为大学教师发展营造良好的环境，为加速英国大学教师发展提供资金和制度的双重保证。大学层面的政策，主要是围绕教师

聘任制和评价考核制度两个方面。英国大学倡导各类人员进行终身学习,所有员工均有机会享受免费培训,并将培训记入业绩考核[①]。英国大学教授、准教授和高级讲师没有任期制,而对一般讲师则规定有任期制。英国大学主要通过大学教师聘任制中新教师在三年试用期参加各种培训与发展项目的制度,促使大学教师产生发展的需求。对于处于职业生涯不同发展阶段的教师,是通过设计和提供各种针对性强且能满足教师在各个阶段内发展需求的项目来促进教师发展[②]。

到2005年,英国每所大学几乎都有自己的员工培训中心和教师发展中心,针对大学教师开展培训,促进教师发展。在人力资源部门均设有专门负责新员工培训的团队,开展有目的、有计划、有重点、有组织、有预算、有监控的培训。英国的大学教师发展培训联合会为英国大学教师发展提供巨大的支持,为大学教师培训设计了许多专门课程,出版了大量专业教材,这些课程和教材带动着各个大学员工培训中心的发展,从而促使英国的大学教师发展迈向新的里程。

(三)英国大学教师入职培训与组织社会化实践

1. 英国剑桥大学教师培训与组织社会化的做法

剑桥大学的教师培训与组织社会化是依托教职员发展中心计划开展的。该中心为各系所教职员工量身定做了超过350门课程,旨在满足各种教职员工的需求。对于新教师的发展,剑桥大学教师发展中心提供了入职项目,旨在为新教师提供支持和帮助。剑桥大学特别重视学术和研究型教师的发展,入职项目划分得非常细致并且具有极强的针对性。如高等教育项目——新任命的大学和学院教师(Programme in Higher Education, PHE-for Newly Appointed University and College Teaching Officers),这是针对新任命的大学或学院教师的教学、职业生涯及专业发展的项目。新任教师会发现,PHE定期的午餐时间或茶歇

① 卢双盈.英国高等教育管理特点及其启示[J].天津工程师范学院学报,2005(12):52-57.
② 陈永明.英国大学教师聘任制的现状与特征[J].集美大学学报,2006(12):15-19.

时间的会议为他们提供了非常有价值的机会去了解剑桥大学为他们提供的一些发展支持和机会。PHE 每年度为期半天的教育发展工作坊和在线资源会为新教师提供感兴趣的发展机会,促使他们形成在高等教育中与教学及其他学术实践工作相关的新思路。新任教师通过电子邮件收到 PHE 的活动通知。新教师在任职的第二年或第三年,会参加 PHE 组织的教学和职业回顾研讨会。中心乐于为新教师安排单独的回顾反思会议或安排一个专业的建议者,来帮助他们反思在剑桥大学的工作经历以及反思对职业发展有重要影响的事件,以适应教师生涯。在新教师就职的后期,他们会发现 PHE 为他们提供的与知识、信息的传递与交流技术相关的活动十分有用。

剑桥大学新教师入职培训和组织社会化实践包括以下内容:①导言,包括入职和安全讲座、给新任命教师介绍相关情况以及大学治理方面的内容。②教学发展,包括授课经验、技巧,管理本科生的经验,硕士层次上的教学实践、原则和挑战,博士生导师研讨会,新任研究生导师的入职培训,如何更有效地指导本科生,如何开设研讨课等方面的内容。③公平和多样性,包括心理健康工作坊、种族平等、宗教和信仰、日常交流和文化意识等方面的内容。④管理发展,包括信息管理、变化管理、版权探讨、数据保护入门、领导能力发展、项目管理、压力管理等方面的内容。⑤发展他人,包括如何指导你的团队,管理和发展有效的团队,如何成为一个好的导师等方面的内容。⑥交流,包括冲突管理和协商、交流技能介绍、应对困难群体的方法、大会发言的技巧、即兴发言的技巧、学术写作技巧等方面的内容。⑦发展自身,包括改善你的技能、团队工作、如何工作有效率、时间管理等方面的内容。⑧职业生涯发展,包括职业指南、对于研究者的职业生涯计划、如何在面试中取胜、选择职业寻找工作的技巧等方面的内容。⑨信息技术技能发展,包括文字、表格、课件、软件的入门和进阶指导等方面的内容。通过这些内容和方式可以看出,剑桥大学对教师入职培训项目的设计不仅有极强的针对性,而且非常人性化,因而对新教师具有相当大的吸引力,也使培训项目具有生命力和可行性①。

2. 英国利兹大学的教师培训和组织社会化的做法

利兹大学以人为本的管理理念鲜明地体现在重视教师的培训并促进每个教师的个体发展上。利兹大学在2015年学校发展战略中明确提出,将员工发展作为重要战略任务及实现战略目标的重要促成因素来对待,把对教师的培训与学校的发展结合起来。在这种治校理念下,利兹大学设立了大学员工发展中心(Staff and Departmental Development Unit,SDDU),它是学校人力资源管理的重要组成部分。利兹大学对新教师的培训以其多样性、针对性、人性化的设计和服务赢得了教师的欢迎、重视和支持,提升了教师在教学、科研和管理上的能力,增强了教师的竞争力,使他们配合实现学校的战略发展目标,为大学的教学和研究作出了贡献。利兹大学的所有新教师均有机会享受涉及学校教学、科研、管理工作等方面的免费培训,培训内容包括研究能力提升、教学技能提升、知识转化、领导和管理能力提升、个人和职业技能提升等方面,并由资深管理专家及MBA专业人员组成专门的工作团队进行培训,而且培训内容根据学校发展、教师和学生的特点与时俱进。同时,培训非常重视人性化,充分考虑到教学和科研人员的心理和工作特点,将很多培训课程和活动安排在午餐或茶歇时间,使教师在轻松的氛围中相互学习、交流和提高。作为培训的激励政策,当教师参加培训达到一定课时,还可得到涨工资或晋职的奖励,因而培训与学习不仅对教师具有相当大的吸引力,也使培训具有了生命力和实效性②。

3. 英国女王大学教师入职培训与组织社会化的做法

英国女王大学从1997年开始启动了高等教育教学研究生资格证书(Postgraduate Certificate in Higher Education Teaching,PGCHET)项目,该项目秉持校本教师专业发展,以培养教师的反思性教学能力为主旨的培

① 章建丽.英国剑桥大学促进教师发展的做法及其启示[J].高等教育研究,2008(9):82-83.

② 邹小波,赵杰文.英国高校教师培训与个人和学校的协调发展[J].大学教育管理,2010(11):55.

训理念,采用教师学历提升和专业发展兼顾的评价方式,是一种成熟完备的大学教师入职培训模式。

该项目分为基础模块(即高等教育教学和评价入门)和进阶模块(学习与辅导学习)。基础模块的核心课程为:成为一名学者型教师——如何平衡教学、科研和行政管理事务;高等教育教学中存在的问题;微型教学与反馈(4 次课);小组教学(2 次课);反思教学实践;高等教育中的发展性学习;模块设计,即设计教学目标、教学效果和评价方式;高等教育评价;创新性评价,即评价教师(同伴监督和自我评价),评价学生(及时给予学生反馈);组建师生间的评价网络。基础模块的附加课程为:全天总结课;教育技术的运用(选修);自愿指导计划(与指导教师单独讨论)。进阶模块的核心课程为:学生如何学习与教学环境的重要性;构建学生的学习态度与信念体系;反思学生学习;培养互动意识(有效利用教学资源);发展学生的解答能力;小组学习;具体学科的教学问题(以学员讨论为主);特色教学与职业教育;教学评价,即基于教学现场(Teaching Workshop)的同伴监督;同伴监督的实施;高等教育教学中的课程开发。进阶模块的附加课程为:全天总结课;论题,即行动研究、女王大学的就业规划指导服务、留学生的教学问题和个别指导教学等。

女王大学的这个项目有两点值得借鉴:一是该项目的学员手册(Booklet)特别引人注目,手册中对任课教师、课程结构及具体的学习内容、总体教学目标和各模块的教学目标、作业内容、完成要求及评价标准和考核程序、参考文献等学习辅助资料做了明确细致的介绍与说明,其中参考文献甚至根据模块和核心课程的划分还做出了分类,并介绍了相关的网站和其他网络资源的获取方式。整本学员手册的内容极其详尽,教师在大学官网下载后,即能马上了解培训的详细进程和具体要求,并能结合自身情况制订个人学习计划。在课程表中还特意用“咖啡”代替“课间休息”,颇具人性化。二是“自愿指导计划”为新教师提供个别指导的机会和条件。项目主办方特意邀请曾经参加并顺利通过培训的教师来到本期培训中担任课程教学以外的指导教师,新教师可与老教师单独取得联系并进行讨论。新教师通过与指导者的交流,可以获得有益的指导,包括对模块学习内容的理解、完成课程作业的要点及对学科教学的建议等。这种将个别指导纳入培训过程中,由学校“牵线搭桥”,帮助新老教师建立一种正式的、稳定的和长期的联系的方式,对于大学新教师快速融入组织、健康地集体成长起到很好的促进作用①。

三、日本大学教师入职培训与组织社会化实践

(一)日本大学教师入职培训与组织社会化的理念、政策和模式

1988年,日本文部省启动了引导新教师入职制度,又称初任教师研修制度,从1989年开始实行,要求所有初任教师必须参加,但是机构化的建设相对滞后。日本大学在20世纪80年代,以介绍国外大学教师发展情况为主,在部分大学中以有志者教师为核心在教师间开展教师发展活动的探索与实践。1998年日本文部省颁布文件,建议推进大学教师发展机构化建设。日本各大学1999年开始建立FD(Faculty Development,能力开发)组织,明确实施FD活动是大学应该履行的义务。组织名称不一,推举一人为负责人,由学校有名望的学者兼任,另设若干专职委员,与其他兼职委员共同组成推进部委员会。2007年,制度化建设开始进入实质性阶段,走上了大学教师发展制度化的道路。目前,日本大学的FD活动已经蓬勃开展起来,形式呈现制度化和多样化的特点,主要内容包括:大学理念、目标介绍专题;老教师对新任教师的指导;帮助教师改进教育技法的培训活动(学习理论、教学法、教案、讨论法、学业评价法、教育仪器使用方法、媒体使用扫盲到熟练);协助促成课程改进项目;教育制度的理解(学校教育法、大学设置基准、学校规章、学习规章、单位制度、学习指导制度);评估(学生评价、教师同伴评价、教师各种活动的定期评

① 张博,兰英.英国女王大学“PGCHET”大学教师培训项目述评[J].外国教育研究,2008(9):55-59.

价);表彰优秀教学人员;帮助教师开展研究活动;理解大学的运营管理和教授会权限的关系;学术研究和教育工作协调校内组织建设的研究;使教师熟悉大学教师的伦理规定与社会责任;自我反省、评价活动及其利用。在活动实施方面,举行教学改革演讲与讨论会,开设公开教学观摩课,开展教师对学生的访问调查,开展教育援助中心的援助活动,开展合宿研修活动等①。

(二)日本大学教师入职培训与组织社会化实践——以名古屋大学为例

名古屋大学是日本较早开展 FD 的院校,经验堪称典范,折射出日本大学教师培训与组织社会化的发展水平。1998 年名古屋大学成立高等教育研究中心(CSHE),该中心是专门为促进教师发展活动而创立的,中心主任由日本著名学者马越彻担任。名古屋大学希望 CSHE 在学校发展中扮演“思想库”的角色,一方面能从事有关本科和研究生教育质量保障方面的研究,另一方面支持学校实施教育发展与培训计划。它的基本做法有:第一,不断强化和完善通识教育学部的 FD 项目。从 2001 年起,全校每年组织 500 人次担任通识教育课程的教师参加培训,培训内容包括课程设置说明,解答新教师的各种问题,专家作学术报告,针对各个学科教学中出现的问题进行讨论,分享优秀教师的教学经验等。第二,充分发挥 CSHE 的支持作用。CSHE 的宗旨是从国际视野出发开展有关高等教育战略发展问题的研究,不断提高大学教育水平,并发展与此相关的大学管理制度。它为新教师提供在线教学技术支持;从 2005 年起,每月举行一次专家讲座或午餐会,目的是帮助教师更新观念,了解高等教育发展的最新动态和学习教学经验;积极推进各个学部和研究科开展 FD 活动,帮助组织主题包括“今日大学生”“如何设计教学大纲”“大学课程教学基础”“如何在课堂中使用多媒体”“大型课堂教学方法”“分段教学法”等

① 卢辉炬.中、美、日大学教师发展之比较[G]//2008 年高等教育国际论坛论文汇编.哈尔滨:黑龙江教育出版社,2009:451.

的研讨会。第三，举办新任教师研讨会。参加人员主要是新入职教师，也包括新入校教师（这些教师从原来的学校转聘过来，有一定的教学经验，但并不了解名古屋大学的教育环境，也需要接受入校教育）。研讨会由CSHE和学校综合规划办公室、人事劳动部共同举办。基本程序分为两个阶段，第一阶段是岗前培训，请有经验的专家、学者做讲座，对与会者进行教学所必需的知识和技能的基本教育和培训；第二阶段是入校教育，请负责人事和教育事务的大学董事做讲解说明，以使新任教师尽快融入大学组织中，适应教学和教育环境。第四，开展课程评价（回馈）调查。每学期结束时，通识教育学部在通识教育委员会的指导下面向全校学生开展课程效果问卷调查，调查目的在于帮助教师不断改进教学，而不作为奖惩的依据。第五，推进专业学部和研究科开展FD工作。其目的在于增强相关学部的紧迫感，保证在正确的方面上实施各自的FD工作。第六，重视FD及其相关问题的研究。利用《名古屋高等教育研究》期刊发展系列成果，坚持对FD问题进行深入研究①。

第四节　我国大学教师入职培训与组织社会化的实践与改进

一、我国大学教师培训与组织社会化的理念

从文献检索可以发现，2003年以前的文章侧重于从师资培训的角度探讨大学教师发展，2003年起才出现大学教师发展的文章。2003年谢安邦在一篇比较研究的文章中率先直接使用FD这一概念②。高等教育学创始人潘懋元教授曾对大学教师发展这个概念进行解析，他认为大学教师发展着重从教师主体性出发，通过提高自我要求达到某种目的。教育

① 施晓光，夏目达也.日本“大学教师发展”的经验及对中国的启示：基于名古屋大学的个案[J].清华大学教育研究，2011(8)：79－84.

② 谢安邦.自我发展和标准化管理：海外的FD的经验与启示[J].中国大学研究，2003(3).

发展离不开某种形式的教育、培训，但更加重视的是教师的自主性、个性化，促进教师自我学习、自主提高。2003 年以后，大学教师发展理论在中国传播开来，大学开始越来越重视教师培训和新教师的组织社会化，从教师培训和组织社会化的视角关注大学教师的发展，一些大学开始进行教师发展方面的实践和探索。

卡茨将教师的专业发展阶段分为求生阶段、巩固阶段、更新阶段和成熟阶段。在不同的职业生涯发展阶段，教师专业发展的侧重点是不同的。求生阶段一般是指教师的入职期（第 1 ~ 3 年），这是一个适应期和发现期，之后便会不断调整，走向巩固和成熟。新教师在这个阶段养成的专业习惯和态度，决定着他是否会在这个领域继续工作，也决定着他一生的专业素质。“良好的开端是成功的一半”，符合教师发展需求的入职培训与组织社会化策略，会大大缩短新教师的适应过程，引导他们尽快走上正轨，从而奠定进一步发展专业的基础。

刘捷（2002）出版了国内第一部探究教师专业化的个人专著。他在书中指出，教师职业是一个特别需要学习的职业，通过持续不断的学习以改变自己的知识结构和从教能力是教师工作与生活中重要的组成部分①。教师的职前培训、入职培训和在职培训应该整合起来，从而满足终身学习的需要。教师专业化发展的理论就是为了适应学习化社会的需要，以终身教育思想为指导，根据教师专业阶段发展的要求，对教师职前、入职和在职培训进行全程的规划设计的理论。大学教师培训不仅仅反映出社会进步与发展对大学教师的外在要求，更是教师自身谋求职业发展的内在需要，知识培训将成为教师个体的终身需求，“我要培训”的观念成为新教师胜任工作岗位、促进专业发展的自发需求。

张肖琴（2006）提出了在大学教师培训中应用学习型组织理论，做到培训理念的“一个突破”（由“要我学”到“我要学”），培训内容的“两种结合”（教师培训与教研活动相结合、教师培训与科研活动相结合），培训方

① 刘捷. 专业化：挑战 21 世纪的教师[M]. 北京：教育科学出版社，2002.

法的“三个改变”(变“填鸭式”培训为“参与式”培训、变“个体孤立”学习为“集体互动”学习、变“短期突出”学习为“长期能动”学习),并分析了在培训过程中必须建立的“四个机制”,即目标管理机制、监督落实机制、评价考核机制以及奖惩激励机制①。

组织社会化是职业生涯的一个必经阶段,新教师在踏上新的岗位,进入新的团队和组织时,都需要重新学习相应的知识、技能,寻求必要的组织支持和信息,从而快速适应新角色,融入新岗位、新组织。它的重要性已被大学管理者所认同,许多大学已经探索将组织社会化策略纳入新教师入职培训中。

综上所述,我国大学已树立了教师培训与组织社会化的先进理念,但还缺乏完整体系的设计,对教师培训和组织社会化的系统性认识不强。彼得·圣吉在《第五项修炼》中把学习型组织定义为:学习型组织是这样一个组织,在其中,大家得以突破自己的能力上限,创造真心向往的结果,培养全新、前瞻而开阔的思考方式,全力实现共同的抱负,以及不断一起学习,共同学习②。如何将学习型组织理论有机地融合进我国大学教师入职培训和组织社会化体系,还是一个崭新的挑战。

二、我国大学教师培训政策、组织机构及管理模式

我国在1996年至2003年曾多次通过颁布有利于中国大学教师培训的政策来推进中国大学教师发展,如1996年颁布的《高等学校教师培训工作规程》、《面向21世纪高等学校教师队伍建设纲要》(征求意见稿)等。伴随高等教育大众化、大学管理分权体制和国际化及信息技术飞速发展带来的种种新挑战,中国教育进入内涵发展阶段,对素质特别是对教师整体素质的关键作用的关注日益加强,建立教师发展机构、促进教学质

① 张肖琴.浅谈“学习型组织”理论在教师培训中的应用[J].宁波大学学报(教育科学版),2006(2):47－49.

② 彼得·圣吉.第五项修炼——学习型组织的艺术与实务[M].郭进隆,译,杨硕英,审校.上海:上海三联书店,1996:9.

量的持续提升成为当前一些大学的战略选择。

《高等学校教师培训工作规程》第九条规定:“高等学校直接负责本校教师培训规划的制定,并有相应的机构或人员负责具体组织管理工作。”目前,我国所有大学都有专门的机构和人员负责本校教师的培训工作,绝大多数大学由人事部门负责此项工作。构建大学教师培训体系,仅仅把教师培训看作一项事务性工作,单靠一个部门动作不可能得到理想的结果。一切可以促进大学教师素质提高的因素都应该考虑在大学教师培训体系之内,只有找到影响大学教师素质提高的深层次原因,才能激发教师的内在动力和需求,学校、职能部门和院(系)应紧密配合,多渠道、全方位地为教师的成长提供平台和服务,使教师入职培训实实在在成为新教师从“组织外部人”转换成“组织内部人”的有力保障。

对于大学教师来说,学习是一种自主性的行动,他们有着更多的主动精神,有强烈的自我发展需求,有解决问题、自我超越的强烈愿望。新教师一进入学校,他们就非常迫切地想迅速适应教学、科研工作,快速融入教师团队,得到师生的认可。一方面,他们对课堂教学和自己的胜任力产生怀疑,产生理想与现实的失落感,急切需要获得实用的教学技能;另一方面,他们也会因初为人师而表现出积极、热情的一面。新教师入职培训的一项重要内容就是通过价值观和行为准则来凝聚这支队伍,来激发他们的主动参与意识和内心驱动力,通过良好的氛围激励其持续不断地增强学习能力,提高竞争力,而不是用人为设置的组织架构来限制这些新教师。在入职培训和组织社会化过程中,通过重视和强调大学教师的能动作用,引导他们树立终身学习的理念,成功地完成向教师的转变。在大学,教师入职培训和组织社会化适应于团队而不是个人,适应于项目工作而不是职能性工作,适应于创新而不是重复性的任务,有利于教师间的相互影响、沟通和知识共享,有利于学校的知识更新和深化,有利于增强学校对环境的适应能力。

三、我国大学教师入职培训与组织社会化策略

（一）我国大学教师入职培训内容及形式

我国大学教师的入职培训伴随着近年来教师角色转换问题越发突出而受到日益关注，从而在教师专业发展中的重要意义开始显现出来。一般而言，职前培养是教师教育的起始阶段，也是教师专业发展的奠基阶段，在教师专业发展的整个过程中起着基础性作用；入职培训时期是教师进行职业角色转换、影响新教师职业倾向和职业持久性及专业发展模式的重要时期，对教师能否适应新的角色和环境起着关键性作用；而在职培训是教师保持终身持续发展的决定性因素，教师在在职培训时期不断地通过各种培训和学习来充实自己以获取发展和成长的动力。因此，新教师入职培训作为教师整个专业发展的关键环节，起着与职前培训、在职培训同样甚至更为重要的作用。在新教师对教师职业充满好奇和幻想，面临许多困难和问题时，如何通过成功的组织社会化策略引导和帮助新教师渡过难关，顺利地实现角色转变，为他们以后的发展提供心理动力支持，这是入职培训所要起的重要作用。

我国大学新教师的入职培训的形式主要以集中授课为主，兼有采取“导师制”、专题讲座、教学观摩实践、学术报告等形式，各大学虽然都开始重视入职培训，但缺乏系统性，随意性也较大。根据《高等学校教师岗前培训暂行细则》和《高等学校教师岗前培训教学指导纲要》，我国大学教师岗前培训的总体目标是：使受培训者懂得我国社会主义高等教育的基本理论，树立正确的教育思想，掌握最基本的高等教育科学知识；为受训者树立献身人民教育事业的理想，为逐步掌握教育教学技能和方法打下基础。根据总体目标，岗前培训是对到高等学校从事教育教学工作的新教师进行的初步的师范性质的适应性培训，也即促使新教师逐渐适应新的学校环境和树立新的职业理念。这一阶段是“使新教师由学生角色顺利转换为大学教师这一角色”的准备阶段，也是新教师整个职业生涯的关键性的起始阶段，因此，岗前培训在理论上应属于入职培训的范围，

是新教师入职培训的重要组成部分。在实践上,我国大学岗前培训的内容包括学习高等教育法规、高等教育学、高等教育心理学和大学教师职业道德的基础知识。现在大部分学校在培训中加入了校史、校规、校情,对新教师尽快了解学校情况、融入新的环境起了重要的导航作用。由此看出,岗前培训实际上是为了使新教师了解高等教育教学的基础知识以及作为大学教师应该遵守的职业规则和应具有的职业道德,这对一个初入教师行业的新手来说,无非是重新更加客观地认识和理解大学教师角色的新定位,它解决的是如何使新教师尽快适应新的环境和进行新的角色定位的问题,这也属于入职培训需要解决的问题之一。从实践上看,岗前培训也是归属于入职培训的。

随着大学信息化建设的加强,越来越多大学的网站有了学校教师培训的相关信息。

从两所大学的实例可以看出,为了尽快使新教师适应角色,学校非常重视新教师入职培训工作,并已有组织、有计划、有针对性地进行着此项工作。湖北大学的入职培训侧重于教学适应,包括优秀青年教师教学示范、“湖北名师”教学辅导、教学实践考核、新进教师适应性培训、培训小结五个环节,采取观摩示范、点评、讲座、交流、网络培训等多种形式,学校职能部门、学院、教师多方参与,注重新进教师教学实践环节的培训,由教学副院长、教学视导员和老教师共同指导新进教师的教学实践,并建立相应考核机制,培训完成后填写新进教师教学实践考核表。华南师范大学的入职培训采取校本培训的形式,培训内容由校情校史教育、学校政策规章介绍和教育教学能力提升三大部分 14 个专题报告组成,学校党委、行政、工会共同配合,为新教师尽早融入组织,实现教师职业成长和学校发展战略起到了助推作用。

(二)我国大学在入职培训中实施组织社会化策略的探索

新进教师是大学组织社会化的主体,大学新进教师的组织社会化已成为影响教师职业发展的首要因素。大学教师促进办公室(Office of Teacher Advancement, OTA)在新教师入职培训和组织社会化中发挥了重要作用,新进教师的组织社会化策略在 OTA 工作中可以成功地运用,并能科学地指导新进教师职业生涯的发展,加快他们组织社会化的进程,引导新进教师走向职业成功。

在借鉴美国、英国、加拿大等教师发展先进理念的基础上,我国一些大学先后建立了教学中心和教学促进中心,首都经济贸易大学教师促进办公室(OTA)是中国内地大学的首家教师促进中心,它于 2007 年 12 月成立,致力于释放教师潜能、追求卓越教学、提升科研层次,并与国际一流大学的相关机构积极开展合作,同时凸显 OTA 自身的特色,即教学、科研共同促进,教师促进与学科建设、教师职业生涯密切结合,以人为本,促进教师身心健康。OTA 的使命和功能为新教师组织社会化策略的实施提供了一个良好的平台,其运用组织社会化策略在为新教师成功地社会化入组织进行积极的探索。

1. 集体的、正式的社会化策略与个别的、非正式的社会化策略

集体的社会化策略是指组织将新员工集中起来,通过提供一套通用的学习经验,使新员工对其职务产生标准化反应,其目的是使新员工有团结意识并形成对组织的认同和忠诚;正式的社会化策略是指在组织社会化过程中,把新员工与其他组织成员分开,通过有计划性的训练,让他们理解工作环境和工作角色。新进教师的入职培训就是这两种社会化策略的体现。大学要帮助新进教师了解大学工作的特点,熟悉大学的环境和工作,并向新进教师介绍本校的基本情况及一系列的规章制度、专业技术职称职业通道和相关的任职资格标准以及学校对其的期望。入职培训也为新进教师之间的相互交流提供了条件,可使他们更快地融入新的环境,促使其形成组织认同。

个别的社会化策略是指组织对员工进行个别教育并提供给新员工一套特别的学习经验,使他们对其岗位产生差异反应;非正式的社会化策略则是指没有将新员工与其他有经验的组织成员分开,而直接安排他们工作,让他们在真实的工作环境中通过尝试进行学习。大学可通过拜师结对方案,给新进教师进行教学、科研工作示范。个别的和非正式的社会化策略对新进教师的影响是个别和独立的，允许新进教师较大弹性地去界定其组织角色和采取相应的行为反应，而且能够使新进教师和示范教师建立良好的人际关系。

2. 连续的、固定的社会化策略与随机的、变动的社会化策略

连续的社会化策略是指给新员工提供组织社会化所必须经历的一系列活动信息以达到组织所期望的角色要求，这种社会化策略使新员工了解在组织内必须经历的各个阶段和顺序；固定的社会化策略给新员工提供明确的时间表，使其了解在社会化过程中经历各个不同阶段所需要花费的时间。大学在入职培训中会把一系列的管理制度、专业技术职称职业通道和相关的任职资格标准以及如何进行职业生涯规划清楚地告诉新进教师，使新进教师能够按照学校的发展和个人的实际规划自己的职业生涯。

随机的社会化策略则允许新员工较大自由地去解释其角色和在组织中的发展，变动的社会化策略则不为新员工提供有关达到某一阶段所需时间的信息。由于大学教师角色的确定性和教师聘任制度的严格性，这两种策略在新教师组织社会化中很少用到。

3. 伴随的、剥夺的社会化策略与分离的、赋予的社会化策略

伴随的社会化策略是指安排有经验的员工辅导新员工进行社会化，有经验的组织员工作为角色榜样使新员工跟随其学习；剥夺的社会化策略是指组织对新员工原有的知识、行为等特征加以否定，并试图通过组织社会化过程重新使员工形成组织所需要的工作态度、知识或经验等。伴随的社会化策略在大学新教师组织社会化中强调新老教师的互动，希望新老教师之间能够友好、信任，同时让新教师能以那些有经验的老教师为学习榜样，从而维持组织的传统风格。如果大学在新教师入职时进行了严格的选拔，做到人职匹配，剥夺的社会化策略则几乎不会用到。

分离的社会化策略是指在社会化过程中组织不提供有经验的员工指导新员工，而是由新员工独自探索和发展其组织角色；赋予的社会化策略是指组织肯定新员工的个人特征和他们以前的某些观念，尤其是那些对组织有益的特征和观念。大学在新教师组织社会化过程中要创造各种机会和条件，促使新教师跟踪学科前沿动向，鼓励他们在教学方法、科研方法上进行创新。

首都经济贸易大学 OTA 属于服务机构，挂靠在人事处，通过实现人力资源、教师促进中心、教师职业生涯规划三者合一，来促进三项工作的良性循环。教师职业生涯规划可以促进人力资源优化配置，教师促进中心可以切实帮助教师实现职业生涯规划。OTA 的具体工作内容之一就是直接服务于新教师。OTA 每年组织对新教师的培训，帮助新教师适应大学的教学、科研工作。OTA 通过午餐会、教学观摩、专题讲座多种形式帮助新教师尽早完成角色转变，掌握教学、科研方法，理顺学科方向，做好职业生涯规划。在新教师实施组织社会化策略中，OTA 发挥的作用表现在：

(1)采取集体的、正式的社会化策略，组织新教师入职培训，编写《教师职业导航》。OTA 组织的新教师入职培训分模块进行，并由全校权威教授和职能部门负责人主讲。通过集中培训和对《教师职业导航》的研读，新教师了解了学校、学院的发展历史和教学、科研、人事等相关政策，增强了主人翁责任感，具有了主动按照学校的规划和要求而努力工作的意识和精神，并把个人的成长与学校的发展、学科的发展紧密结合起来，自觉地投入到教学和科研工作中去。

(2)采取个别的、非正式的和伴随的社会化策略，选派富有经验的教师作指导，尽快实现新教师的角色转换。OTA 通过组织一对一的私密性帮助、开设教学与科研潜能开发课程、进行教学观摩和教学技术培训等多种方式，邀请教学经验丰富、教学效果优秀、师德高尚、学术造诣高深的教师担任指导教师，对新教师加以专业引领和教学、科研方法的指导，吸引新教师参与学科的科学研究，尽早融入学科科研，培养新教师的科研意识和团队精神，也使新教师在过“教学关”的同时过“学术关”，尽快进入大学教师角色，缩短适应期。我校 OTA 通过开展如何控制教学秩序、如何开展互动式教学、科研文献检索与文献综述、多媒体资源的利用与开发、如何进行课堂设计、如何开展双语教学等多种形式的指导、培训活动，为新教师尽早适应岗位和进行角色转换提供了交流平台。

(3)采取连续的、固定的社会化策略，帮助新教师明确自己的职业发展方向，做好自己的职业规划。OTA 在全校范围内开展教师职业生涯规划工作，特别关注新教师的职业生涯发展。OTA 在新教师入职培训中详尽地介绍了教师职业生涯通道，鼓励新教师更深地了解自己的潜能、兴趣，在职业生涯的认知过程中逐渐构建适合自己的职业生涯路线。

(三)香港四所大学"教学促进(发展)中心"对 OTA 在实施新教师入职培训和组织社会化策略中的借鉴意义

1. 香港四所大学"教学促进(发展)中心"现状分析

国外几乎所有著名大学都设有教学促进办公室，以帮助新教师提升教学质量，促进教师发展。OTA 与多伦多大学、香港理工大学、香港中文大学、香港科技大学和香港大学的相关机构积极开展合作，借鉴它们的经验，结合自己的特色，积极探索教师促进中心的建设。

(1)香港理工大学。香港理工大学教学发展中心(Educational Development Center，EDC)是香港理工大学设立的旨在促进教学和人才培养质量的集教学研究、教学服务、教学评估、教师培训为一体的校级部门。EDC 的使命是：提升香港理工大学的教学质量，对香港理工大学各个学院和教师实现培养全能的专业人才的目标提供支持和帮助。EDC 的工作目标是：协助最高管理层设计和制定有关促进优质教学的政策，指引和帮助院(系)、教师理解最高管理层的理念，提供和执行教育发展项目；支援和帮助教师持续改进教学，建设一个具有反思意识、献身于改善学生学习的专业教师群体；推广以学生为中心的创新教学方式，帮助学生发展专业知识和技能，并使学生达到全面发展；推广并支持现代教育技术在教师教学上的有效运用，并利用网络技术促进学生学习；专门进行教学研究。EDC 的工作内容是：教学策略发展项目方面的支援工作[包括"成果为本教育"、标准参照评估方法、校企协作教育、学生的全能发展及评估、活化教与学,并面向不同对象,即最高管理者、院(系)"变革主管"、一线教学人员三个不同层面的教学委员会推行和支援以上项目]、教师发展方面的支援工作(包括提供大学教学入门课程,以工作坊和研讨会方式促进教师发展,为学院、系、教学小组和个别教师提供教学咨询服务)、推广网上学习与发展的支援和服务工作、学习成果评核及教学评估工作的支持。

(2)香港中文大学。"提升学校教与学的学识与卓越"是香港中文大学学能提升和研究中心(Center for Learning Enhancement and Research, CLEAR)的目的。CLEAR的使命是:对学校的使命给予支持,特别是在确保香港中文大学拥有高质量的教与学的使命上给予支持;为卓越的教与学建立一个支持环境,以追求教与学潜能的最大化;为教师自主性教学和分享教学经验创造机会。CLEAR的目标是:帮助教师采用教学技术为学生的学习提供便利;改善学生学习环境的质量;为教师在他们的教学过程中提供建设性反馈;在教与学方面实施广大领域的研究;支持教与学方面的缜密评价;通过组织多种活动提升教与学的实践能力。

(3)香港科技大学。香港科技大学教学促进中心(Center for Enhanced Learning and Teaching)的任务是为学生、教师和其他教学人员提供一个充满活力的支持环境,不断提高他们的教学水平和学习能力,推进知识传播。它的目标是:支持教学人员和部门通过建立合作伙伴关系不断提高学生的学习能力;促进采用技术主导型、以学生为中心的方法;提供教学和学习数据,提高项目和课程效率;传播优秀的教学和学习实践。

(4)香港大学。香港大学的教学促进中心(Center for the Advancement of University Teaching,CAUT)是一个促进教学、研究教学、评价教学质量的实体,定位为服务机构。CAUT的使命和目标是:系统研究教学、学习和评价;促进科研和实践的协和作用,并使科研成果服务于课程创新;促进教师在课程设计、发展和实施中的协作,特别是在教学和评估方面的协作;为教师提供专业发展活动。CAUT的主要工作内容是:制订专门针对新任教师专业发展的全套方案;为教学创新和改革提供理论和实践支撑;开展关于教学培训的认证项目;举办和参加相关国际会议和国内研讨会;研究项目。

2. 得到的启示及对 OTA 在实施新教师入职培训与组织社会化策略中的借鉴意义

从香港四所大学教学促进(发展)中心的使命、目标和工作内容可以清晰地看出:它们的定位都是校级服务机构;它们的目标都集中在提高教与学的质量;它们的服务对象包括教师和学生;从人员配备上看,他们大部分是全职工作,人数在 20 至 30 人之间。香港四所大学教学促进(发展)中心的做法在我校 OTA 实施新教师组织社会化策略中的借鉴意义:

第一,OTA 在实施新教师组织社会化策略中应倡导"成果为本教育"(Outcome - Based Education)理念。"成果为本教育"即将培养目标落实到每一门课程、每一个教学过程之中。具体来说就是,要培养什么样的人是大学教育的目标和最终成果,以这个成果为本,就要在教学计划安排、课程设计、教学方法等各个方面都具体落实和实施。在新教师组织社会化过程中,以成果为本的教育理念的树立会对新教师的角色转换和工作适应起到积极的作用。

第二,OTA 应为新教师系统性地提供培训课程。借鉴香港理工大学和香港大学为新教师和担任助教的研究生系统提供培训课程的做法,为我校新教师开展初、高级课程的培训,并有明确的课时规定和具体内容要求,合格后获得相应证书,作为任职资格证书。初级课程内容主要包括大学教学的基本理念和技巧,具体包括如何认识首都经济贸易大学的学生、如何首次在课堂上与学生会面、如何在课程设计中体现成果为本的理念、如何评价学生、如何开展以学生为中心的教学、如何管理学生的行为、如何运用多媒体进行教学等。初级课程安排在每学期开课前。高级课程内容以提升教师的教学知识和技巧、促进持续的专业发展为重点,如教师在 21 世纪中的角色、大学教师要应对的挑战、大班教学、多元化学生的学习、如何利用科技促进学生的学习等。

第三,从为全校新教师服务的角度,OTA 应加强人员配备和专业化水平。新教师组织社会化需要 OTA 专职人员提供专业服务,学校加大此项工作的投入是让新教师教学、研究水平在组织社会化进程中得到提高的有力保证。

大学的核心竞争力在于人才,人才作用的有效发挥在于制度,制度的科学制定与有效执行在于制度环境①。随着大学人力资源制度环境的不断改善,各个大学要不断摸索健全适合本校特点的新教师入职培训制度,更新教师培训理论,变封闭模式为开放模式,变单一化模式为多元化模式,变短期模式为长期模式,激发新教师内在动力,创造教师发展平台。各大学应把入职培训和实施组织社会化策略与教师专业成长建构联结起来,让教师在实践、反思、学习、合作和分享中实现专业发展,使教师专业学习成为体现教师生命价值的方式和途径,从而提升学校的竞争力以适应时代的发展。

① 赵普光.中国高校人力资源管理制度研究[M].北京:社会科学文献出版社,2010:1.

第七章　大学教师绩效评价

第一节　绩效评价的理论基础

一、绩效的内涵

就绩效的定义而言，学术界存在两种主要的观点：一种观点认为绩效即结果。伯拿丁(Bernadin,1995)认为："绩效应该定义为结果，因为这些工作结果与组织的战略目标、顾客满意度及所投资金的关系最为密切。"①"绩效即结果"的观点认为，绩效是在特定的时间内、由特定的工作职能或活动、行为产生的结果记录。但是，另一部分学者并不同意这一观点，主要理由：一是许多工作结果并不一定是个体行为所致，可能会受到与工作无关的其他因素的影响；二是员工在完成特定工作任务的过程中所获得的工作机会不一定是平等的，并且工作中的表现不一定都与工作任务有关；三是过分的关注结果会导致忽视重要的过程和人际因素，在一定程度上会误导

① Michael Armstrong, Angela Baron. Performance Management［M］. London: The Cromwell Press, 1998:15.

员工，使绩效管理难以发挥应有的作用。因此，学术界普遍赞成另一种观点，即以坎普布尔、麦克罗伊、奥普勒和萨戈尔（Campbell，McCloy，Oppler & Sagger，1993）为代表提出的“绩效即行为”的观点。这种观点认为：“绩效是行为的同义词，绩效不是行为的结果，而是行为本身。它是人们的实际行动的表现，而且是能观察到的。绩效是员工自己控制的与组织目标相关的行为。”[①]之后，波曼和莫特维德奥（Borman & Motowidlo，1993）提出了著名的“关系绩效—任务绩效”二维模型[②]。其中，任务绩效是指所规定的行为或与特定的工作熟练有关的行为，关系绩效是指自发的行为或与非特定的工作熟练有关的行为。也就是说，当员工在组织关键技术流程中运用与工作有关的技术和知识生产产品或提供服务时，他们的表现被视为任务绩效；当员工主动帮助工作中有困难的同事，努力保持与同事间的良好工作关系，或通过额外努力而准时完成某种任务时，他们的表现被称为关系绩效。

尽管学者们对绩效含义有“结果”和“行为”的分歧，但在绩效管理的具体实践中，人们则认为应采用较为宽泛的绩效概念，即包含行为和结果两个方面。这一观点在布鲁布拉克（Brumbrach，1988）给绩效下的定义中得到很好的体现，即：“绩效指行为和结果。行为由从事工作的人表现出来，将工作任务付诸实施。行为不仅仅是结果的工具，行为本身也是结果，是为了完成工作任务所付出的脑力和体力的结果，并且能与结果分开进行判断。”[③]因此，对个体的绩效进行管理时，既要考虑投入（行为），也要考虑产出（结果）：绩效应该包括做什么和如何做两个方面。对绩效内涵的科学界定是我们研究绩效管理活动的基本前提。

从管理实践的历程看，人们对于绩效的认识是不断发展的：从简单地强调数量到强调质量再到强调满足客户需要；从强调“即期绩效”发展到

---

① Campbell J P，McCloy R A，et al. Theory of Performance［M］//Borman W C. Associates Personnel Selection in Organization. San Francisco，CA：Jossey-Bass，1993.

② Borman W C，Motowidlo S J. Expanding the criterion to include elements of contextual performance［M］//Schmitt N，Borman W C，et al. Personnel Selection in Organization. San Francisco，CA：Jossey-Bass，1993：71－98.

③ 赵景华. 人力资源管理［M］. 济南：山东人民出版社，2002.

强调“未来绩效”。绩效的含义变得非常广泛,不同的时期、组织发展的不同阶段,不同的对象,绩效都有着不同的含义①。

对于大学教师而言,因其工作结果较难定义,而且受到授课环境、学生素质、授课方式以及试卷难度等因素的影响,大学教师绩效具有特殊性。

二、大学教师绩效的特殊性

(一)大学教师群体本身的特殊性

大学教师与其他部门工作的员工相比往往具有高学历、专业性强等特点,所以往往在个人特质、价值观、心理需求、行为方式等方面有着许多特殊性②,这具体表现在以下几个方面:

第一,大学教师是知识型员工,具有知识型员工的典型特点,通常具有较强的专业技能,大多受过正规化的高层次教育,具有较高的学历(学位)、开阔的视野、积极的思维、强烈的求职欲望、较好的学习能力以及较高的能力素养。

第二,大学教师具有强烈的自我价值实现欲望。大学教师通常渴望展示才能,热衷于挑战性和创新性研究,而且特别注重他人、组织、团队和社会的评价,希望得到认同与尊重。他们更看重工作的成就。

第三,大学教师具有较高的创造性和工作自主性。大学教师在除了授课以外的时间里,从事的大多是创造性的劳动,依靠自身的专业技能进行创造性思维,不断产生新的知识成果。他们倾向于拥有宽松的、高度自主的工作环境,希望工作时间安排有弹性,强调工作中的自我引导、自我管理和自我调节。

(二)大学教师劳动的特殊性

1. 教师职业对教师素质、技能要求的特殊性

社会对于受教育者的要求和期望,必须经过教师的内化,再由教师运

---

① 付亚和,许玉林. 绩效管理[M]. 上海:复旦大学出版社,2004.

② 武传刚. 高校教师绩效管理体系研究[D]. 济南:山东大学,2006.

用一定的方式,传导给劳动对象。这种内化的过程是其他劳动难以相比的。除了专业知识的传递,教师的劳动还要求以自身的人格特征作为手段去影响、感染劳动对象。对教师素质、技能要求的特殊性要求决定了教师在思想道德、学术、言行甚至衣着、仪表等方面要以身作则,为学生做出表率。

2. 劳动对象的复杂性导致教育过程的复杂性

大学教师的劳动对象主要是大学生,而大学生是具有一定科学文化知识和抽象思维能力的知识群体。大学教师的职责和主要任务就是运用自身的知识和能力,按照一定的教育目的和要求,有计划、有步骤、系统地对教育对象进行培养和指导。大学教师的教学对象具有很大的主体差异性,在教学活动中,教学对象对知识的需求程度呈现出多元化和动态化的特征。这在一定程度上要求教师不断完善自身的知识结构,并根据不断变化的教学要求和目标改进教学内容和方法,这一点也决定了教师这一职业学无止境。

3. 劳动时空的非限定性使得劳动支出很难做出量化评估

企业一般都具有组织严密的特点,要求员工有较强的团队性,对员工的工作时间与工作地点做出明确规定,对员工的考核要求也比较明确。而更接近于一种松散性的组织,教师与教师之间合作的团队性要求不高,大学教师大多进行的是个体独立性劳动,劳动的时空弹性较大、强度高,它无限定的劳动时间、无划定的工作区域。而且大学教师的劳动产品具有其他劳动产品无法比拟的社会价值和意义,直接关系到社会的发展和人类的进步,因而要求大学教师对自己的劳动产品高度负责。

4. 劳动成果的后显性与周期长的特点使得评价难以准确

教师施加给劳动对象的劳动效果具有明显的滞后性,尤其是教育对象质量、素质的改进和提高,更加难以在考核当期以量化指标来衡量。教师为改进教学做出的种种努力和所付出的创造性劳动通常不能马上见效,它所产生的社会价值往往要在劳动对象进入社会并为社会作出贡献之后才能最终体现出来。此外，教师生产的产品是否合格，是否为社会所需要，这不是学生本人或教师自己所能估价和判断的，必须也只能由社会实践来检验。这就使对教师劳动评价难以十分准确和公正存在可能性。另外，虽然大学教师的科研成果相对具体，但是科研过程难以监控，缺少明确的衡量标准，科研内容又往往是高知识含量和高挑战性的，一般需要较长的时间才能完成，而且这种成果转化为现实的生产力，实现其经济价值或社会价值也需要更长的时间，因此，如果仅以教师的劳动成果来进行教师的绩效评价也是非常不合理、不科学的。

三、大学教师绩效的内涵与绩效评价的定义

基于以上我们对“绩效”和大学教师绩效特殊性的分析，我们认为，大学教师绩效是指教师在实现教育教学科研目标的过程中表现出来的可以定性描述的行为和取得的可以定量测量的成果。大学教师的绩效评价(Teacher Performance Evaluation)就是利用科学的评价体系，对大学教师在一定时间内的特定行为和工作结果进行评定，以了解教师工作的质和量，促进教育教学科研目标的实现和学生素质的提高。大学教师绩效评价是一个特殊的人力资源绩效评价，具有不同于一般传统意义上绩效评价的特点，具体包括以下几点。

(一)客观性

大学教师的劳动以个体脑力劳动为主，其劳动过程、劳动成果、劳动方式等具有一定的特殊性，由此决定大学教师绩效评价的复杂性。因此，建立科学规范的绩效评价体系是对大学教师绩效进行客观、公正评价的前提。评价结果也应公开化，以客观的评价结果引导、激励教师，从而促进教师提高教学科研水平。

(二)导向性

教师绩效评价指标体系是学校战略目标的具体化和对教师要求的具体化，向广大教师传递“应该做什么，应该做到什么程度，哪些方面是重

要的，哪些方面是次要的，哪些方面不做要求”这样一种导向性信息。教师绩效评价是指导教师工作的指挥棒，是引导教师实现学校教学目标的有效方法①。

（三）多维性

教师绩效是学校战略目标的具体化，针对教师绩效的特殊性，为了确保教师绩效评价的全面性、正确性，大学教师的绩效评价体系必须包括教师的劳动过程、劳动行为和劳动结果等多个方面，也就是说，根据教师绩效内涵而设定的绩效评价标准和评价指标应具有多维性的特征，要从多个方面来对教师的绩效进行评价。

（四）权重性

教师的绩效具有多维性，鉴于学科、专业之间的差异性和研究方向的不同，评价指标的侧重程度也应该有所不同，教师绩效指标的权重表明了不同工作标准的相对重要性。例如，在侧重教学的大学中，教师的绩效评价指标中教学比科研占有更大的权重，而在研究型大学中，衡量科研工作的指标权重就要比教学的指标权重高一些。

（五）主体性

在教师的绩效评价中，只有教师的主动性被充分调动起来，积极地配合整个评价工作，才能最大限度地提高绩效评价的准确性。因此，在教师绩效评价中，要充分重视教师的主体性地位和自我评价的作用，增强教师对评价工作的自觉参与意识。这样有利于提高收集到的评价信息的质量，有利于做出科学、客观、正确的判断，也有利于被评价教师本人发现问题，主动改进和提高自身的工作，更有利于消除教师与评价人员之间的对立情绪，消除教师对评价工作的抵触和反感情绪，只有这样，教师绩效评价才能真正成为教师自我认识、自我约束、自我改进、自我完善的过程，形成一种内驱力②。

---

① 周春燕. 复杂性视阈中的高校教师绩效评价研究[D]. 南京:江苏大学,2009:16.

② 刘洋. 高校教师绩效评价指标体系的研究与实践[D]. 哈尔滨:哈尔滨工程大学,2008:19.

（六）发展性

大学教师绩效评价是发展性的，评价是促进教师发展和进步的手段，其作用表现为：一是学校可以根据评价结果制订合理的培训计划，以提高教师综合素质，推动学校教学科研的发展；二是学校可以据此了解教师的优势和不足，决定教师的使用和培养。而且，评价结果包含大量与教师职业发展相关的信息，也使得教师能客观地认识自己，增强自我认识、自我教育、自我提高的能力，以促进教师的自身发展，在完善自我的同时达到学校发展的目标。

四、绩效评价的理论基础

（一）行为科学理论

行为科学是20世纪20年代末30年代初开始发展起来的一门学科，它以梅奥等人创立的人际关系学说为基础，运用心理学、社会学、人类学等成就进一步对组织中的人群行为进行科学的分析，研究什么因素决定了人的行为，以及用什么方式激励人，正确处理人与人之间的关系等问题，引导组织成员为了达到组织目标而努力，其核心部分是激励理论。行为科学的基本思想对绩效评价系统的设计及运行的影响主要表现在：绩效评价系统与组织战略的实施密切相关，涉及组织中的各个部门和各个环节。通过广泛的调查与沟通，可以使组织的战略目标深入人心，让员工充分认识到完成本职工作对实现组织战略目标的重要意义，增强他们对绩效评价活动的理解与支持。

（二）委托代理理论

代理学说产生于20世纪70年代，该学说建立在信息经济学及组织学等理论的基础上，将组织看成是由一系列不同层次的委托代理关系组成的整体。代理学说将委托代理关系视为一种契约，激励机制的本质是委托人与代理人两者之间形成的报酬合约，其核心是将代理人的报酬计划与委托人的目标联系起来。绩效评价一方面针对委托代理问题中由于代理人的隐蔽信息而导致的逆向选择行为，采取合理的制度安排使代理人“自觉”地显示其真实偏好，即所谓的“说真话”；另一方面，针对委托代理问题中代理人的道德风险问题，采取的措施使代理人“自觉地”努力工作，即所谓的“不偷懒”。组织通过绩效评价，真实反映员工业绩与实施相应有效的激励机制，诱使代理人在其自身效用最大化的同时自愿选择与委托人标准或目标相一致的行动，从而有效解决组织中的委托代理问题。

（三）目标管理理论

1954 年，德鲁克在《管理实践》一书中第一次提出“目标管理”的概念。他认为：“一个团体必须建立在共同信念的基础上，必须体现其在共同原则中的凝聚力，否则是很难取得良好成绩的。”[①]他指出，管理的真正含义就在于“设定目标”，“目标”是管理的核心，所有管理都是围绕“目标”进行的。“目标”将决定管理者要做什么事情，需要达到什么标准，以及如何实现这一标准[②]。德鲁克正是通过制定目标来激励人们的责任心和工作积极性的，并且把每个人的注意力都集中到组织的共同目标上，经过每个人的努力，最终实现组织的目标。绩效评价指标体系的构建恰恰是运用了目标管理的理论，将学校发展的战略目标作为根本出发点，依次分解形成每个教师的行动准则——教师绩效评价指标体系。

（四）权变管理理论

权变管理理论是 20 世纪 70 年代在美国形成的一种管理理论。它考虑到有关组织环境的变化与相应的管理方法之间的关系，通过使用与组织环境相符合的管理方法来达到组织的目标。通常情况下，组织环境是自变量，管理方法是因变量，权变管理理论把组织环境与管理方法演变成自变量和因变量这样一种权变关系。权变管理理论认为，理想的管理模式、管理风格以及技巧和方法是与特定的组织环境相对应的，其有效性也只能在相对应的环境中得到显示，而适应各种环境的普遍有效的方法是

① 德鲁克. 管理实践[M]. 毛忠明，孙康琦，译. 上海：上海译文出版社，1999：71 - 72.

② 李蓉炜. 论德鲁克目标管理的理论渊源[J]. 学术交流，2006.

不存在的,一个组织各方面的活动都要适应环境的要求。一个组织的绩效评价体系同样依赖于它所在的特定环境,必须建立在对组织内、外环境进行翔实分析的基础上,并随着环境变化不断进行调整。

第二节　大学教师绩效评价的基本模式

大学在评价教师绩效时选择什么样的评价模式(或称范式),直接取决于大学在评价教师绩效时所遵循的指导思想和基本原则,对评价模式的研究,能直接查明大学评价教师的目的。一般认为,现有管理性、放任性、判决性和发展性四种评价模式,分别代表不同的评价风格,通常也被不同类型、采用不同评价原则的学校采用。

一、管理性评价模式

管理性评价模式的主要特征是:控制学校管理,加强管理意识,强调干劲、成就、效率和效果;控制教师评价,上级频繁使用奖惩、表扬、处罚等手段;确定组织目标,最大限度地实现组织目标,具有经常性的特点。其缺点在于其存在奖惩性、单向性,并且把评价作为加薪升职的依据,容易使教师产生抵触情绪,不利于教师专业能力的发展,不利于教师团队精神的发挥,不利于教学改革深层次推进①。

二、放任性评价模式

放任性评价模式的主要特征是承认自我发展的重要性,学校放弃管理的职责,鼓励下属教师提出问题,相信自我激励的重要性,由教师决定是否实行教师评价。其缺点是在评价制度下,教师过分自我,缺乏重点,且没有相应的约束机制,无法察觉自身的限制和不足,在其成长和发展中具有一定的负面影响;同时,也无法促进教师专业的发展,无法实现学校

① 王斌华.发展性教师评价制度[M].上海:华东师范大学出版社,1998:117.

的教育目标[①]。

三、判决性评价模式

判决性评价模式的主要特征是由学校当局强行实施，根据评定的教师等级实施评奖制度和等级工资，强调外在动力的必要性。其缺点在于过分强调组织目标和突出等级观念，忽视教师个人价值和权威。

四、发展性评价模式

发展性评价模式的主要特征是以人为本，注重教师未来发展，以尊重教师主体地位和人格为前提，激发全体教师的主体精神，促使每个个体最大可能实现其自身价值。在这种模式下，教师能积极参与从而可以保持双向互动。发展性评价模式是在以上三种模式的斗争和比较中发展起来的，自然有着难以匹敌的优越性。但是它也有其自身的缺点，例如：太过模糊，目标性差，周期长，并且过于温和；过于注重评价过程而不太重视评价结果；过于强调教师评价标准的多样化，使得教师的奖惩不免有失客观、公允，从而难以真正调动教师工作的积极性；过于重视教师的自我评价，容易让教师评价出现报喜不报忧的现象。

通常，管理性和判决性教师评价模式都把评价结果作为教师升降职、加减薪、留任与否等奖惩性手段的依据，按照评价的目的来说，它们都属于奖惩性教师评价；而且，由于这两种评价活动会通过判断教育活动的效果、效率、质量等，来区分被评价者的优劣程度或鉴定其是否合格，它们又被称为总结性评价。与之对应的是，放任性和发展性教师评价模式并不以奖惩为手段，它关注的是教师职业的发展，它针对的是某一教育活动或者教育的过程，分析其中需要改进的地方，一般不进行等级的划分，其目的在于找出存在的问题、原因和改进的方法，因此，放任性和发展性教师评价又被称为形成性教师评价模式[②]。

---

① 王斌华. 发展性教师评价制度[D]. 上海：华东师范大学出版社，1998：117.

② 盛毅. 高校教师绩效评价体系探究[D]. 南京：河海大学，2007：15－16.

第三节　大学教师绩效评价系统的构成

一、评价主体与评价方式

评价主体指的是评价者。大学教师绩效评价主体一般来说由四类人组成:教师本人、同行、学生和学校领导(或教学督导员)。

(一)教师与教师自评

对教师自评一般是指学年结束前,学校可以要求教师对照本学年工作目标,逐一进行自查,真实反映自身在教学科研工作中的表现,并在对自我工作进行反思的基础上,向学校提交一份“工作总结报告”。自评需要教师本人具有一定的自我认识能力和自我分析能力。这种方式有助于教师积极地参与到评价中来,增强主人翁意识,重点在于说明而非评定。自我评价存在的主要问题是,受到教师主观思想的影响,评价结果可能与真实情况偏离。

(二)同行与同行评价

教师的教学科研水平、开拓精神,同学科的教师是认识最清楚的,因此,他们在评价教师能力方面有较大的发言权,而且同行作为评价主体可以使得评价过程相对轻松温和,容易获得彼此的认同,有助于取长补短。通常,教师同行多采取听课的方式了解教师的备课情况、课程内容安排和授课情况等,从而对其教学做出评价。同行对教师科研方面的评价多采用调查表的形式,许多信息如已发表论文情况、科研项目进展情况等由被评价教师提供。同行评价也有一定的弊端,特别容易出现感情第一、从印象出发、文人相轻等不良现象,不能实事求是地给出客观的评价。

(三)学生与学生评价

学生是教学活动的直接参与者,对教师的教学最有发言权,应当成为评价教师教学态度、教学水平、教学效果的主导力量。学校可以全面了解学生对教师的需求,获取评价教师教学的第一手资料。学生评价通常采用召开学生座谈会和发放调查表、个别征求意见等形式听取意见。学生评价教师教学已经被研究证实是评价课堂教学最直接、最有力、最重要的评价方式。但是由于学生存在以下四个方面的局限性,应谨慎应用学生评价结果,尤其不可单独将学生作为教师绩效评价的主体,将学生评价作为唯一的评价方式:

第一,学生对评估的合作与认真程度无法控制,应付了事的心态使得评价难以得出正确的结论。

第二,学生对教师的态度要求可能重于对其教学的要求,严厉的教师也许得分会偏低。

第三,学生可能担心评价结果会影响成绩而对教师进行不正确的评价。

第四,由于受到年龄和知识水平的限制,学生对教师教学水平这样比较专业问题的评判可能力不从心。

(四)上级领导与上级评价

上级领导是指教师的上级各层领导以及督导组成员。为了保证评价的科学性,引导教师向更高层次发展,学校通常由分管教学的领导或经验丰富的老教师担任教学督导员,组成评估小组,不定期深入课堂听课,实地考察教师的课堂教学,定期检查教师各项工作的完成情况,然后对照评估体系,准确评估教师的绩效水平。这是一种自上而下的评价方式,优点是比较透彻、精准,缺点是评估者与被评估者之间缺乏双向交流,评估者难以体会到被评估者工作的实际状况。此外,某些领导的官僚主义作风或心胸狭窄,也使得评价结果与事实不符。

基于以上我们对评价主体以及评价方式的分析可以发现,教师绩效评价要尽可能地公平公正,就需要考虑并防止任何单一的评价主体对评价结果的可能干扰。尤其是当我们对教师绩效的某些方面进行定性评价时,单独依靠某一评价主体和某一种评价方式都是不客观的。实际上,教师本人、同行、学生、上级四个主体在教师绩效评价上具有互补关系。要摆脱不良影响，最简单的办法就是在评价主体的选择上，尽可能地覆盖到教师工作范围内的所有主体，取长补短，合理结合，才能尽量地避免误差，评价时主体的覆盖率越低，越难以保证评价结果的公正性。但是，每个评价主体在个人能力、认知能力、社会经历和工作经验等方面有极大的差异，这些差异使得其对教师的教学科研工作的理解也有着天壤之别，认识的侧重点和理解力也有很大的不同，所以针对不同的评价主体，应该设置一些符合特定主体理解能力和认知能力的量化表格、工具、标准，从而确保评价的准确。

二、评价客体

评价客体是指被评价者。大学教师绩效评价的客体是指大学中实际从事教学、科研、社会服务活动的教师，不包括学校的行政人员及不参与教学和科研的教师。从教师工作类型上将教师分为教学型教师、科研型教师和教学科研型教师三类，而从教师的职称上将教师分为助教、讲师、副教授、教授四个等级。考虑到助教一般不主持科研活动，所以，评价的客体一般可以分为以下十类：助教、教学型讲师、教学型副教授、教学型教授、科研型讲师、科研型副教授、科研型教授、教学科研型讲师、教学科研型副教授、教学科研型教授。如表 7.1 所示。

表 7.1　大学教师绩效评价客体

<table>
<tr><td>助教</td><td rowspan="4">教学型教师</td><td rowspan="10"></td></tr>
<tr><td>教学型讲师</td></tr>
<tr><td>教学型副教授</td></tr>
<tr><td>教学型教授</td></tr>
<tr><td>科研型讲师</td><td rowspan="3">科研型教师</td></tr>
<tr><td>科研型副教授</td></tr>
<tr><td>科研型教授</td></tr>
<tr><td>教学科研型讲师</td><td rowspan="3">教学科研型教师</td></tr>
<tr><td>教学科研型副教授</td></tr>
<tr><td>教学科研型教授</td></tr>
</table>

三、评价的内容

当前国内大学对教师的绩效进行评价时普遍包含以下六个方面的内容:师德、教学工作、科研工作、学科建设、社会服务和人才培养。

(一)师德

大学是培养各类高级专门人才、发展科技和推动社会全面发展的主阵地,大学教师是承担上述任务的主要力量。大学作为学者云集的公共机构,拥有独特的大学文化,以威廉·冯·洪堡、施莱尔马赫等人为代表的德国古典大学观把修养、科学、自由和寂寞作为大学文化的基础价值观[①]。所谓修养,就是养成一种“德高为师,身正为范”的人格,养成一种探索、坚持和守望真理的品质,养成一种勇于承担社会责任的学术品格。大学运行的有效性主要依赖于这种大学文化所倡导的职业精神和职业操守,即师德。在大学的建设中起着决定性作用的就是教师的思想道德建设,这不仅关乎学校的教学质量,更对学生的世界观、价值观、人生观的形成有着直接的影响,是一所大学的灵魂所在。大学一般把师德作为对教师进行年度考核、职务聘任等的重要指标,在考核中重点考察品德言行、教学态度、学术道德,它具有自身的特权,即“一票否决”。

(二)教学工作

大学担负着培养高层次创新人才的重要任务,教学工作是大学的基础性工作,是大学教师工作的主要内容,是教师完成培养人才目标这一任务的基本途径。没有一流的教学,就没有一流的大学。世界上没有一所大学只搞科研不搞教学。但是教学成效的显现是一个相当缓慢的过程,不易量化,不像科研成果那样具有更高的显示度,加之现有大学具有政策导向,国内相当一部分大学和教师存在重科研轻教学的倾向,从而影响了人才培养的质量,尤其是对本科生教育工作的冲击很大。相对科研工作,教学工作涉及范围更广,如课堂教学、实践教学、教学质量评价(包括学

① 陈洪捷.德国古典大学观及其对中国的影响[M].北京:北京大学出版社,2006:49-83.

生评价、专家评价、考试成绩)、指导本科生毕业设计、承担教学改革项目与课题等。

(三)科研工作

科研工作是提高教学质量、促进理论联系实际的一个重要手段,科研成果的数量和质量不仅是衡量一所大学综合实力的重要标志,也是考核教师科学研究能力和理论素养、业务水平的一个重要指标。科研项目的级别和科研成果的水平是教师科研实力与学术水平的重要标志,同时也反映了科研绩效产出的潜力。科研工作主要包括项目级别、项目经费、科技奖励、发表学术论文和出版专著、发明专利、科研管理和保密工作等内容。项目级别可分为国际合作项目、国家级项目、省部级项目、市级项目、委托及开发项目、学校基金项目。项目经费是指教师本人承担项目的经费进款情况,可分为横向和纵向。科技奖励分为国家级、省部级、厅局级。发表学术论文和出版专著包括 SCI 和 SSCI 收录论文数,EI 收录论文数,核心期刊收录论文数以及专著数。发明专利包括申报数及授权数。科研管理包括项目按期完成率、结题率、管理工作完成情况等。作为国防科工委院校,保密工作要求保密管理规范,无泄密事件等。

(四)学科建设

学科是构成大学的基本元素,是大学发展的主要支撑。美国学者伯顿·克拉克曾说过:“无论哪里,高等教育的工作都是按学科(Discipline)和院校(Institution)组成两个基本的纵横交叉的模式。”只有学科发展了,才能带动学校整体学术水平和科研实力的提升。大学教师学科建设考核评价的内容主要有:学科发展(学科点申报,学科规划等)、学术交流(参加国际、国内会议,指导国内访问学者等)、学科队伍建设(梯队建设,人才培养引进等工作)。

(五)社会服务

社会服务工作是大学教师在完成教学和科研任务的基础上所担负的社会工作,是自身知识、技能的具体应用,更是提高自身素质的一个重要手段。大学教师服务社会情况主要考核的内容有在国内社会或学术团体里的兼职情况，从事科技普及、企业咨询、社区服务等公益性活动的情况等，服务效果可参考社会特定组织、企业、社区等对其服务质量的评价。

（六）人才培养

人才培养是大学工作的核心任务。评价大学教师培养人才情况主要是指评价培养学生的情况，主要内容涵盖教师指导学生的工作量，参加指导大学生校园文化活动的时间，举办或参加人文讲座、专题沙龙等活动的次数等。

四、绩效评价指标体系

（一）绩效评价指标的原则

绩效评价指标是指对考核对象的哪些方面进行评价。绩效评价系统关心的是关键成功因素。这些关键成功因素具体表现在评价指标上，即关键绩效指标。

在确定关键绩效指标时一般遵循的原则是 SMART。S 代表 Specific，是指“具体的”，即绩效评价要切中特定的工作指标，不能笼统模糊；M 代表的是 Measurable，是指“可度量的”，即绩效指标是数量化或者行为化的，验证这些绩效指标的数据或者信息是可以获得的，否则制定指标就失去了意义；A 代表 Attainable，是指“可实现的”，即绩效指标在付出努力的情况下，在适当的时间里可以实现，避免设立太高或太低的目标；R 代表的是 Realistic，是指“现实的”，即目标必须是切实可行的；T 代表Time-Bound，是指“有时限的”。如表 7.2 所示。

（二）绩效评价指标体系的原则

针对大学教师绩效评价内容的六个方面，按照关键绩效指标构建的原则，国内大学陆续研究和开发出了数量众多、含义丰富的绩效评价指标。在管理科学与工程学科中，通常把一些需要进行评价的对象看成彼此相关联的系统，而系统的特征一般由若干个要素（评价指标）来体现。综合评价指标体系就是一套能够全面反映所评价系统的总体目标和特征，

表 7.2　关键绩效指标确定原则

原则	正确做法	错误做法
具体的(Specific)	切中目标	抽象的
	适度细化	未经细化的
	随情境变化	复制其他情境中的指标
可度量的(Measurable)	数量化的	主观判断
	行为化的	非行为化描述
	数据或信息具有可得性	数据或信息无从获得
可实现的(Attainable)	在付出努力的情况下可以实现	过高或过低的目标
	在适度的时间内实现	时间过长
现实的(Realistic)	可证明的	假设的
	可观察的	不可观察或证明的
有时限的(Time-Bound)	使用时间单位	不考虑时效性
	关注效率	模糊的时间观念

具有内在联系、相互补充作用的指标的集合。通常一个评价指标体系有若干项。为了清晰地确定评价指标体系,一般将评价指标分成若干不同的层次:第 1 层指标,第 2 层指标,直到第 N 层指标[①]。

构建大学教师绩效评价指标体系就是要把大学教师绩效评价看作一个系统构成要素的价值实现,用“要素 + 关系”的形式来表述。由于学科、专业、研究成果形式、认识水平等诸多要素存在差异,构建大学教师绩效评价指标体系的过程相当复杂,应遵循以下主要原则:

1. 目标导向性

大学教师绩效评价指标的选取和设计要和学校发展的战略目标相一致,各项评价指标的确定和权重大小要具有目标导向性,能体现学校在不同时期、不同发展阶段的战略目标和工作重心,把学校的战略发展目标分解细化到教师个体绩效评价的标准,以此激发教师工作潜能。

2. 系统性

对评价对象必须用若干指标进行衡量,这些指标是相互联系、相互制

① 赵曙明. 人力资源管理研究[M]. 北京:中国人民大学出版社,2001.

约的。有的指标之间横向联系,反映了不同侧面的相互制约关系;有的指标之间纵向联系,反映不同层次之间的隶属关系。指标数量的多少及其体系的结构形式应以系统优化为原则,即避免指标体系过于庞杂,以较少的指标(数量较少、层次较少)较全面、系统地反映评价对象的本质,追求评价指标体系的总体最优。

评价指标体系的系统性还应考虑兼顾系统各方面的关系,例如要协调好定量指标与定性指标之间的关系,要协调好关键指标与非关键指标之间的关系。

3. 科学性

科学性一是指绩效评价指标的选取和设计必须与大学教师的工作绩效要求相一致,体现大学教师职业劳动特点和教师绩效的主要内容及内在联系;二是指绩效评价指标的选取和设计、指标权重的确定、数据的收集和计算方法的确定应以相关管理学科的理论为依据,以确保评价方法的科学性、评价结果的客观性。

4. 开放性

开放性可以理解成指标体系是个动态的系统,随着大学发展目标的变化、评价目的改变,过去使用的教师绩效评价指标的适应性需要重新审视。随着学校工作重点的转移,绩效评价指标的权重也可能需要跟着调整。因此,指标体系是一个开放式的结构,需要不断地与时俱进,进行修改、补充和完善,以满足评价的要求。

5. 多维性

不同层次的大学发展目标不同,同一大学不同学科、不同岗位的教师工作职责也有差异,因此,大学教师的绩效具有多维性的特点,对于不同学科、不同层次、不同岗位的教师,绩效评价指标体系中指标权重的设置应因校而异、因岗而异,根据每个指标对整个系统的不同贡献,合理分配各个指标的权重,发挥整个指标体系的导向作用。

(三)构建绩效评价指标体系

目前,国内部分大学根据绩效评价的实际情况以及构建指标体系的原则，分别建立了各具特色的大学教师绩效评价体系，最具代表性的有以下几类：

1. 显性指标与非显性指标体系的构建

针对大学教师劳动的特点以及指标之间的关联度，将大学教师绩效评价指标分为显性指标和非显性指标两大类，并在此基础上建立了二级绩效评价指标体系。在这个指标体系中，显性指标包括教学工作、科研工作和学科建设三个维度。显性指标的特点是工作效果在短期内容易见效，效果容易量化。非显性指标包括师德、人才培养和社会服务三个维度。非显性指标的特点是工作效果需要在长期内逐渐得到检验，不易量化。将师德、人才培养和社会服务这三类非显性指标纳入大学教师绩效评价的综合体系中，是针对大学教师职业特点和社会属性，通过绩效评价体系的重构充分实现大学教师社会责任的尝试。如表 7.3 所示。

表 7.3　大学教师绩效评价指标体系(1)

指标类别	一级指标	二级指标	绩效评价要素
显性指标	1. 教学工作	1.1 教学工作量	学时数，指导学生人数，班级数
		1.2 教学改革	
		1.3 教学成果奖励	教学奖励级别、数量
		1.4 教学方法	
		1.5 教学效果	
	2. 科研工作	2.1 科研效果	科研立项级别
			发表论文、论著
			科研经费
			科研成果奖励
			发明专利
			科研成果在应用转化中的时效性
		2.2 科研投入	投入的人力资本
			科研经费成本
			固定资产折旧及维修费等
			科研工作所花的时间

续表

指标类别	一级指标	二级指标	绩效评价要素
显性指标	3. 学科建设	3.1 学科发展	学科点申报
			学科规划
			品牌专业建设
		3.2 学术交流	参加国内外会议
			指导访问学者
			承办学术会议
		3.3 学科队伍建设	学科管理
			人才引进
			人才培养
非显性指标	4. 师德	4.1 职业道德	
		4.2 教学态度	
		4.3 学术道德	
	5. 人才培养	5.1 投入时间	
		5.2 学生人文素质	
		5.3 学生获奖	
		5.4 学生社会实践	
	6. 社会服务	6.1 担任党政职务	
		6.2 国内外社会、学术团体兼职、参与情况	社会影响、学术影响、学术地位
		6.3 社区服务	

资料来源：周春燕. 复杂性视阈中的高校教师绩效评价研究[D]. 南京：江苏大学，2009：59.

2. 任务绩效与周边绩效评价指标体系的构成

从大学教师绩效评价的内容看，可将教师绩效分为任务绩效和周边绩效，并以此为结构构建大学教师绩效评价指标体系。大学的发展水平主要取决于任务绩效，即大学教师在教学工作、科研工作和人才培养方面的成绩，衡量任务绩效的指标多是定量的、结果性指标。另一方面，教师的人格品质、特质和动机等对教师的行为和表现也起着关键作用，被归为周边绩效，衡量周边绩效的指标多是定性的、过程性的指标。建立在任务绩效与周边绩效分类基础上的绩效评价指标体系如表 7.4 所示。

表 7.4　大学教师绩效评价指标体系(2)

指标类别	一级指标	二级指标	评分标准内涵
任务绩效	1. 教学工作	1.1 教学工作量	教师完成的教学课时数
		1.2 教学质量	课堂教学效果,知识、能力相互之间的通用性、连接性的掌握,应用知识解决问题的能力
		1.3 教学成果	具有独创性、新颖性、实用性,对提高教学水平和教育质量、实现培养目标产生明显效果的教育教学方案
	2. 科研工作	2.1 科研项目	主持或参与的项目数量和规模等
		2.2 发表论文、论著	主编图书或发表论文、论著的数量和发表等级
		2.3 科研成果获奖	获得不同等级的科研奖项
	3. 人才培养	3.1 指导博士生	指导博士生数量
		3.2 指导硕士生	指导硕士生数量
		3.3 指导本科生	指导本科生数量
		3.4 学生通过率	指导学生论文通过率
周边绩效	4. 师德	4.1 基本素质	从事教育活动所必需的基本条件和基本品质
		4.2 职业道德	教师的道德意识、道德规范、道德修养和道德行为
		4.3 学术道德	教师在从事学术活动中所应遵循的道德准则和道德行为
	5. 工作品质	5.1 工作态度	教师在工作中作风严谨,工作积极,态度认真
		5.2 工作创新	观念新,有创新精神,积极探索
		5.3 自我学习	积极加强自我学习和自我教育,不断获取新的知识,业务上精益求精
		5.4 责任心与积极性	工作认真负责,忠于职守,责任心强,勤奋努力,积极主动承担相应的工作和任务,尊重并维护学校的利益和形象
	6. 人际关系	6.1 人际和谐	对人宽宏大量,不计个人得失,尊重别人,虚心上进,维护人际和谐
		6.2 团结合作	团结一致,相互帮助,排忧解难,善于协助

资料来源:林志远.高校教师绩效评价体系研究[D].合肥:合肥工业大学,2009:24－25.

(四)大学教师绩效评价指标体系合成的方法

1.加权平均法

加权平均法是各指标加权求和,即各指标得分乘以各自权重后相加得到的总分。采用这种方法的前提是各指标得分具有互偿性。互偿性是指某一指标上得了低分或高分,可通过在其他指标上得高分或低分来补偿、平衡。所以,加权平均法仅适用于某一指标内有互偿关系的各子指标之间。但是,有些评价内容不适用此方法。例如,在评价教学型教师时,虽然在权重上已体现差异,但若其教学指标得分偏低,而科研工作指标偏高,就可能造成教师的总成绩仍然较高,科研工作的成绩掩盖了他本人在教学方面的不足,导致评价结果与我们评价的初衷相违背。

确定指标权重(Index Weights)是加权平均法的重要一环。指标权重是对各变量具有权衡轻重作用的数值,反映某一变量与其他变量的相对重要程度,是在评价过程中对被评价对象的不同侧面的重要程度进行的定量分配。指标权重一般用 $\boldsymbol{W}_i$表示,$\boldsymbol{W}_i$界于 0 和 1 之间。

确定指标权重的几种常用方法分别是专家评定法、德尔菲法和层次分析法。

(1)专家评定法。当评价对象具有较大的不确定性,无法进行定量评价时,往往采用专家评定法。专家评定法属于定性评价方法,即在已有的价值理论指导下,根据既定的价值结构,运用非数学方法对评价对象的价值结构与既定价值结构的一致性做出判断的评价①。专家评价确定权重的方法较为简单,但是最大的局限性是带有较大的主观性,容易受到评估专家知识、经验、偏好等自身条件的影响和外部因素的干扰,所获得的信息不够全面。

(2)德尔菲法。德尔菲法是 20 世纪 50 年代末由美国兰德公司和道格拉斯公司合作研究提出的利用函询形式有效收集专家意见的一种专家

① 张远征.高等教育评价方法研究[M].上海:复旦大学出版社,2002:102－131.

咨询法。此方法是根据众多专家的经验、学识、学科背景、信息和价值取向，对已拟出的各项评价指标进行分析、比较、权衡并赋予相应权重值的一种咨询调查法。经多轮调查，在专家意见趋于一致的基础上，对专家意见进行数据处理，得出各评价指标的权重向量 $\boldsymbol{W}^*$，再对 $\boldsymbol{W}^*$ 进行归一化处理，获得各个评价指标的权重向量①，即

$$\boldsymbol{W}=\left\{\frac{w_1^*}{\sum_{i=1}^{n}w_1^*},\frac{w_2^*}{\sum_{i=1}^{n}w_2^*},\cdots,\frac{w_n^*}{\sum_{i=1}^{n}w_n^*}\right\}=\{\boldsymbol{W}_1,\boldsymbol{W}_2,\cdots,\boldsymbol{W}_3\}$$

德尔菲法的优点是匿名性和多次反馈，是一种集体匿名思想交流的过程，避免了专家会议的局限性。在对专家意见进行归纳统计后，再确定各指标的权重，尽可能规避主观性。

(3)层次分析法。层次分析法(Analytic Hierarchy Process，AHP)是一种多准则决策方法，是由美国匹兹堡大学的学者赛迪(T. L. Saaty)于20世纪70年代提出来的。AHP模型多用于在采用线性方法进行量化综合评价时确定各价值构成要素的权重。AHP的基本思想是把复杂的决策问题层次化，即将复杂的问题分解成各个组成因素，然后按照各因素的支配关系构建所研究问题的递进阶梯结构，以“重要性”为依据，对同一层次各个因素进行两两比较，构造判断矩阵，由判断矩阵计算单一准则下各元素的相对权重，最后计算出指标层各元素对目标层的组合权重，并进行排序，以此作为决策的依据②。

AHP的优点是：①提供了层次思维框架，便于整理思路，比较符合人们的思维习惯，思路清晰，分析问题条理化；②通过两两对比进行标度，增加了判断的客观性；③将评价对象看成一个系统，根据总目标将问题分解成不同的组成要素，并遵循要素间的相互关联度将要素按照不同层次聚集组合，从而形成一个多层次的分析结构系统；④将定性判断与定量评价相结合，增强了科学性和实用性，尤其对多目标、多方案的决策能进行有

---

① 张远征.高等教育评价方法研究[M].上海：复旦大学出版社，2002：102－131.

② 姚继军.高校内部分配制度改革的激励有效性研究[D].南京：南京师范大学公共管理学院，2003：37－38.

效处理，因此应用较广。

AHP 的不足之处是：①无论是建立层次结构还是构造判断矩阵，专家的主观判断都会对结果有较大的影响，使得 AHP 进行决策的主观成分很大；②当元素较多时（超过 9 个），确定标度系统的工作量太大，容易造成专家判断混乱；③对判断矩阵的一致性考虑较多，而对判断矩阵的合理性考虑不足；④当比较对象中有新的对象加入时，往往会导致对象重要次序的逆转，这与人的常识不符。AHP 只考虑方案权重而不考虑决策总量，当方案数量增加时，决策总量也增加，各决策分量的权重变小，从而导致保序问题。

虽然 AHP 本身存在一些不足，但是在将人的思维过程层次化、数量化，提高指标权重确定的科学性方面不失为一种有效的方法，国内许多大学在构建教师绩效评价指标体系时都使用了这种方法来确定指标的权重（庞鹤峰，2006；刘洋，2008）。

2. 模糊综合评价法

模糊综合评价法是采用模糊数学对事物的多种因素做出综合评价的方法。这种方法适用的评价场合有两个特征：一是对被评价对象做出评价时需要考虑多个因素；二是对各因素的评价是用类别语言来描述的。在评价中采用模糊数学的根本原因是要解决分类问题。当我们无法明确地说出被评价事物属于哪一类又需要把被评价事物归入某类时，就要采用模糊数学方法，首先计算出该事物在各个类别上的隶属程度，然后取隶属程度最大的类别作为该事物的类别。模糊数学所处理的是类别划分问题，并不要求各类别仅是在同一量纲下具有程度上的差别。

3. 数据包络分析法

数据包络分析（Data Envelopment Analysis，DEA）是 1978 年由运筹学家查勒斯、库珀和罗兹（A. Charnes，W. W. Coper & E. Rhodes）在 Farell 测度基础上提出的。DEA 是数学、运筹学、数理经济学和管理科学的一个新的交叉领域，它是以相对效率概念为基础，利用数学线性规划方法评价投入产出效率，即评价决策单元相对绩效的一种有效方法①。

运用DEA评价的依据是决策单元的“输入”数据和“输出”数据。“输入”数据是指决策单元进行某种活动需要消耗的某种信息量，如大学教师在科研中投入的科研经费、教师培训投入的资金数等；“输出”数据是指决策单元经过一定的“输入”之后，产出的表明该活动成效的某些信息量，如教师的教学工作量、科研成果等。通过对输入和输出数据的综合分析，不仅可以评价决策单元的优劣，即决策单元间的相对有效性，而且还可以利用DEA“投影原理”进一步分析各个决策单元非DEA有效性的原因，即改进方向，从而为决策者提供更多重要的管理信息和绩效改进方向的依据②。

DEA的优点是：①常规意义上的绩效评价中有时会掺杂一些人为因素的影响，而DEA评价法是以被评单元输入、输出权重为变量，避免了确定各指标在优先意义下的权重以及主观判断、个人偏好等人为因素，由此增加了评价结果的信度，而且还能为绩效改进提供决策依据；②采用DEA处理多输入和多输出的决策问题比其他一些方法，如统计法等使用更加方便，指标量纲的取值可不受限制，具有更大的优势和实用性。DEA的缺点是：①DEA对数据比较敏感，数据统计只要出现较小的误差就可能使结果产生较大差异，因此，在实际应用中可考虑与其他方法相结合使用，以期评价结果更加科学、客观；②DEA得出的综合效率的评价指标模型缺少绝对指标作为支撑说明③。

目前，DEA在评价企业绩效方面已经得到了广泛认可，对于大学而言，同样存在着如何在有限的资源配置下发挥最大的作用，在追求产出最大化的同时还应考虑效率的问题。复旦大学的侯启嫔、段永瑞等人都研究了基于DEA的大学教师科研绩效评价，结果表明DEA适合教

---

① 焦宝聪，赵意焕，等. 基于数据包络分析的教育信息化绩效评价模型[J]. 电化教育研究，2007，168(4)：39.

② 陈凯华，张孝远. 数据包络分析在人力资源考评中的应用[J]. 兰州交通大学学报(自然科学版)，2005，24(4)：141.

③ 周春燕. 复杂性视阈中的高校教师绩效评价研究[D]. 南京：江苏大学，2009：64.

师绩效中的教学、科研等指标体系的投入与产出的相对绩效评价。

4. 三种常用的绩效评价指标体系合成方法的比较

从上述对三种常用的绩效评价指标体系合成方法的分析中可见,每种方法都有适用的范围和优势,但也存在比较明显的局限性。层次分析法(AHP)用于合成绩效评价指标体系,对确定显性指标权重比较适合,但对于非显性指标的确定还存在很多不确定因素。数据包络分析法(DEA)对于教师绩效的显性指标中的投入—产出相对效率评价比较理想,但对于非显性指标的评价还有待商榷。模糊分析法是针对现实中大量存在模糊性事件而设计的一种评判模型和方法,主要针对事件的模糊性和不确定性,适用显性指标和非显性指标之间以及非显性指标内部的解释,但还不能确定显性指标权重。大学教师绩效评价指标体系构建的关键是要实现显性指标与非显性指标、定量指标与定性指标、主观评价与客观评价之间的协调,能够对教师进行全面、科学、合理的综合评价,因此,在大学教师绩效评价指标合成方法的选择上,应适应大学教师绩效评价的复杂性特点,将三种方法各自的局限性减少到最小,最大限度地发挥三者的优势,实现优势互补,全面、科学地评价教师的绩效(周春燕,2009)。

第四节　我国大学教师绩效评价的现状与问题

一、　我国大学教师绩效评价的历史

新中国成立以来,随着大学办学模式和理念的转变,国内大学教师的绩效评价逐步呈现出多样化的趋势,但是在某一个特定的发展阶段又具有一些共同的特点。国内学者(田静,生云龙,杨长青等,2006)对我国大学教师绩效评价的发展历史进行了梳理并将其分成五个阶段[①]。

① 田静,生云龙,杨长青,等. 国内高校教师评价体系的变迁历程与阶段特征[J]. 清华大学教育研究,2006(2).

（一）从新中国成立初期到“文化大革命”前期——政治改造与教师绩效评价的形成阶段

新中国成立初期，百业待兴，而我国大学教师队伍处在整顿时期，大学教师处于被团结、改造和利用的地位。当时，我国大学对教师的管理主要借鉴苏联的经验，大学人才培养的定位主要是培养工业建设人才，大学教师的工作以教学为重点，学校教学科研工作的基本单位是教研室。这一阶段，大学教师的绩效评价活动逐渐形成，绩效评价的重点是思想政治素质，评价的主要内容是教师的教学，评价结果直接与职务的晋升、工资奖励挂钩。

（二）“文化大革命”期间——大学教师绩效评价的停滞阶段

从“文化大革命”开始，我国大学基本停止了办学活动，一批高等学校被撤销，部分大学教师也被下放。在此期间，我国高等教育事业基本处于瘫痪状态，大学的各项正常工作秩序被打乱，教师的评价工作彻底停止。

（三）从“文化大革命”结束到 20 世纪 80 年代中后期——合格评价阶段

随着高等学校各项秩序的恢复，各个大学对教师的评价工作也日趋重视。在教育部、人事部的政策指导下，对于教师的周期性考核逐步恢复，主要为年度考核，考核的重点是工作量。1979 年 11 月，教育部颁布了《高等学校教师职责及考核的暂行规定》，对高等学校的教师考核发布了指导性意见。教育部 1981 年发布了《关于试行高等学校教师工作量制度的通知》，以此为标志，教师工作量制度成为教师年度绩效评价的主要方式。这种评价模式在各个大学推行的时间长短不一，有的大学一直延续到了 90 年代初期。

这一阶段的特点是在教育部的文件指导下，各个大学采取了大致相同的考核办法，建立了一套完整、规范的教师管理和考核体系，在如何操作与实践方面进行了很好的探索，为以后教师职务制度的改革奠定了良好基础。这一阶段的主要问题是，考核缺乏全面性、科学性和整体平衡性,考核指标缺乏客观性、准确性,考核结果对比性差,分辨率低,考核制度缺乏有效的激励机制等。

(四)从20世纪80年代后期开始进入职务评审导向阶段——体现择优评价

1986年教育部发布了《关于高等学校深化职称改革工作,完善教师职务聘任制的意见》,标志着教师职务任职资格制度向聘任制改革的开始。完善教师职务聘任制的关键是进一步健全教师绩效评价制度,并使之科学化、制度化、经常化,将工作实绩作为教师职务聘任与晋升的主要依据。

这个阶段的突出特点是各个大学在评价方式上开始分化。有的大学制定了详细的量化指标模式,并引入了一些科学的测量、统计方法,例如运用模糊数学的方法科学地确定权重系数等,追求科学化、标准化、有效化。教师绩效评价的结果与职务聘任挂钩,体现了评价的重要性,充分发挥了绩效评价的"指挥棒"作用。但是,对教师的导向作用也带来了消极后果:一方面,教师绩效评价中科研的比重越来越大,导致教师重视科研而忽略教学的倾向更加普遍;另一方面,受国内外各种干扰大学排名因素的影响,教师追求数量而忽视质量的情况变得越来越严重。

(五)20实际90年代中期至今进入分配导向阶段——强化择优评估

这一阶段的主要特点是教师绩效评价的激励措施逐步加强,突出体现为产生了评价结果与分配挂钩的倾向。国家下发的《关于国家教委直属大学内部管理体制改革的若干意见》(教直〔1992〕37号文件)第22条指出,"学校在执行国家工资法规和实行工资总额包干的前提下,有权确定适合本校实际的校内分配办法和津贴标准"。不少学校开始实行对院(系)工资总额包干的制度,同时开始探索推行与津贴分配密切挂钩的评价办法。在1998年以后逐步推广实施岗位津贴制度,北京大学、清华大学率先实施,各个大学纷纷效仿,"截至2004年底,除新疆地区的大学和山西省的个别大学因故未实施外,岗位津贴制度已经在绝大多数的大学中建立起来"①。

① 闵铁军.创造适宜环境完善以岗位津贴为牵引的分配制度改革[J].中国高等教育,2006(1).

随着教育管理信息化手段的空前发展,原本烦琐的量化指标体系得到运用,因此一些大学教师的绩效评价纷纷采取绝对量化的模式,出现了详细的算分办法,得分的多寡与岗位津贴的多少直接挂钩。这些措施在实施初期收到了良好的效果,教师的积极性提高了,更加专注于本职工作,部分不合格的教师产生了很大的压力,一些大学的科研经费、文章数量得到了快速增长。但是,对强化量化考核的批评声也一直不断。争论比较激烈的问题包括把源于生产线上的“计件制”用于评价从事脑力劳动的教师是否合适。这种分配导向的绩效评价模式促使一些教师急功近利,甚至助长了学术腐败。其后果是教师丧失了“十年磨一剑”的韧劲,不利于大学产生原创性的成果。大学内外出现“应该为教师提供更加宽松的学术环境”的呼声,也在呼吁形成淡化数量、重视质量的绩效评价体系。

二、绩效评价取得的成绩

我国的大学教师绩效评价体系在探索中逐步改进并走向成熟,在几十年的摸索中,取得了一些成绩(盛毅,2007)。

(一)评价理念上开始趋向发展性评价

鉴于奖惩性评价的种种弊端,学术界已经开始倡导发展性教师评价模式,并得到了部分大学的注意,“以人为本,有利于教师成长”的观念已经被摆在了“绩效优先”同等的位置去考虑,大学在教师绩效评价体系设计上的理念正在变迁,大部分大学都开始接受并同时选择了“发展”和“管理”并重的原则,未来可以期待我国大学走出强制性评价的误区,适应时代的发展,管理更加人性化。

(二)评价指标体系上更趋向平衡性

现有的评价指标注意到了教师工作的复杂性,基本能对教师的全面工作进行评价,并且关注了各种指标的平衡关系,如教学与科研的平衡,教学内部的平衡,科研内部的平衡。同时,在评价时兼顾了质和量的平衡,各种质量、数量指标划分仔细、明确，有一定的代表性。指标的设计甚至具体到了每个细节，例如，在教学数量指标上，分别详细到了本科生授课、研究生授课、毕业设计指导、实验指导等不同层次教学数量的详细分类。

（三）具体评价标准设置上趋向科学化

目前我国大学教师绩效评价体系中只重数量的现象已经一去不复返了，最突出的表现在于大学对科研质量评价指标的设计上，几乎所有的大学均将发表论文、科研项目的等级作为质量评价标准，这样就使得教师更加注重研究的质量而不是一味地追求数量，这在一定程度上能够抑制学术界的各种不良行为。

（四）评价的监控系统出现萌芽

教师绩效评价是一种实践先导的产物，尽管在我国的理论领域还没有对教师绩效评价的监控系统进行研究，但是在实务界已悄然开始。从调查报告看，约一半的大学开始试探建立教师绩效评价的追踪系统，来考察教师绩效评价后的发展状况。这是一种教师绩效评价的事后监控，尽管才刚刚起步，还略显生涩，但确实是向评价体系的完善迈出了一大步①。

三、绩效评价制度中的问题

（一）部分大学教师绩效评价定位存在偏差

教师评价的定位事关教师评价的出发点和根本目的，事关教师评价在大学整体工作中的地位和作用，大学教师绩效评价的准确定位是制定合理的教师评价制度的基础。教师评价的根本目的是充分调动教师的工作积极性，促进教师发展，从而实现学校发展的战略目标。但是目前我国大学开展的教师绩效评价中有两种常见的定位是值得商榷的。一种定位就是将教师评价主要当作对教师的测量和鉴定。就像学生学习怎么样要给个分数，教师工作如何也要给个结论。这种观点认为，教师评价的直接

① 盛毅．高校教师绩效评价体系探究[D]．南京：河海大学，2007：27－28．

目的就是要对每个教师在一段时间里的总体表现给出个客观公正的说法,其重点其实是对教师进行对比。另一种定位是把教师评价当成一种对教师的管理手段。所谓教师评价,其实就是对教师日常工作情况的检查、评比,并把检查、评比的结果与有关的管理规范及利益机制挂钩。比如,评价的结果如果不符合某方面规定,则要求限期改正或给予一定处罚,评先评优、职称晋升、发放奖金、确定骨干等都以评价的结果为依据。但是,仅发挥教师评价的鉴定选择功能、实现奖惩目的的评价是不完全的评价,是一种终结性的面向过去的评价,不利于面向未来促进教师的发展。王斌华教授认为,奖惩性教师评价在某种程度上可以促进改革,但这种动力是自上而下的,常常只能引起少数人的共鸣和响应,而不是自下而上地引起全体教师的共鸣和响应。例如,由于经济制约只能奖励少数优秀教师,即使经济条件允许,也根本没有足够的职位使得所有应该得到晋升的优秀教师获得晋升的机会。因此,从根本上讲,这种教师评价面对的是教师中的"少数人",难以引起全体教师的重视,也难以调动全体教师的工作积极性,更难以促进全体教师的发展①。

(二)价值层面上忽视价值导向

在目前的教师评价中,最为凸显的是功利性、实用性的价值取向。无论是教师还是学校,都有许多实际利益与之挂钩,同时,教师评价是作为现行大学体制内的一种激励机制而存在的,学校通过这种机制实行优胜劣汰,实现教师队伍的优化组合,从而为增强学校的综合竞争力奠定人才基础。从这个意义上说,功利性、实用性的价值取向是现实和必需的。但是,当功利性、实用性的价值取向成为教师评价的价值导向,甚至成为最有效的价值导向时,它就会形成对学术道德的冲击,成为非道德的力量②。

大学教师绩效评价的这种错误价值导向助长了急功近利的浮躁学风,甚至导致了学术腐败。王铭铭学术剽窃事件就是典型案例。北大民

① 王斌华.发展性教师评价制度[M].上海:华东师范大学出版社,1998.

② 张济顺.教师评价与学术道德建设[J].中国大学教学,2002(9).

俗学研究中心主任、北大社会学系学术委员会委员、北大人类学教研室主任王铭铭在1998年出版的《想象的异邦》一书中，大量剽窃1987年出版的美国人类学家哈维兰的《当代人类学》（中译本）。除了个别字的修改或者语气的改变，《想象的异邦》第二篇几乎与《当代人类学》第四部分、第五部分、第六部分完全相同，甚至连结构和段落顺序也没有改变。作为一名已经在国内外享有盛名的学者，为何还会如此明目张胆地抄袭剽窃呢？大学教师绩效评价中忽视价值导向不得不说是一个重要原因。

（三）重科研、轻教学的评价导向

目前我国的大学多数属于教学型或教学研究型大学，单纯的研究型大学很少。因此，大学教师目前的主要任务是教学、培养人才。以人才培养为主要任务的大学教师，科研工作只能是他们工作中相对较少的部分，而更多的工作应该是如何教好书，如何培养合格的人才①。但是，目前大学间的评比、排名，都是以科研经费的多少，SCI文章的多少为主要依据。为了提升学校层次，扩大社会影响，不少大学不管办学定位，一味强调科研，主要做法就是在进行教师绩效评价时片面强调科研工作的重要性，要求教师在规定的时间内必须在相应级别的刊物上发表一定数量的论文，或者承担一定数量的科研项目，争取到相应数量的科研经费等。至于一位老师在教学改革或课程设置上花了多少精力，或一名教师在培养学生方面投入了多少心血，却很少有人过问。这导致大学教师重科研、轻教学的现象普遍存在。在许多教师看来，自己潜心科研可以名利双收，而教学干得再好，如果科研不行也不能解决职称、待遇问题，甚至还会下岗②。

据媒体报道，上海交通大学电子信息与电子工程学院晏才宏老师的教学水平有口皆碑。他的电路课，在学生网上评教活动中，以罕见的满分居全校之首。很多学生称他为“我碰到过的最好的老师”。源于对这位老师的敬爱，在他去世后的三天里，该校BBS上竟发表了学生千余篇悼

① 庞鹤峰. 我国高校教师绩效评价研究现状初探[J]. 中国大学师资研究，2006(6).

② 陈荣. 高校教师绩效评价体系研究[D]. 长沙：中南大学，2009：29.

念文章，学生还自发筹资为他出版纪念文集。但是就是这样一位优秀的教师，因为一直以来不愿为晋升职称而炮制论文或疏通关系，从而“没有像样的科研成果”，至死也只是一名讲师①。再如，浙江大学人文学院哲学系讲师朱淼华的课教得好，学生给他打高分，却因为没有论文，岗位考评不合格，最终下岗②。

虽然以上案例只是少数情况，但是却集中反映了我国大学重科研、轻教学的现象。原微软公司全球副总裁，谷歌（Google）中国区总裁李开复2006年给中国大学的九点建议的第一条就是“大学办学要以高质量教学为目标”，并在第六条建议：“教学”与“研究”同等重要，鼓励并嘉奖优秀教师。李开复在建议中大声疾呼，大学这种重研究而轻教学的倾向必然会阻碍大学教学质量的提升，并影响人才的培养和人才战略的实施。事实上，教学与科研对大学来说具有同等的重要性，大学管理者应当要求所有的教授都要教学，并且应该从教学评价体系、教师评级和奖励制度方面做出正确的引导，使偏重教学和偏重科研的教师拥有同样的发展空间③。

（四）单一的“指标—量化”评价模式

目前我国尚没有一个全国通用的大学教师绩效评价标准，但是，自20世纪90年代末大学实行岗位津贴制度以来，各大学实行的教师绩效评价的理论模式几乎全部是泰勒的目标导向评价模式，如某大学岗位津贴科研工作量计算标准（见表7.5）就是较为详细具体的量化指标系统。从中不难看出，有些大学自行制定的评价标准随意性强，将师德等许多内在难以量化的指标统统排除在外，抑或是将所有指标都简单量化到评价体系中，缺乏科学性，在导向上也难以与学校的中长期发展目标相一致。此外，无论如何设计量化指标体系，一般只注重对教师劳动的结果进行评价，而不重视对教师劳动的开始准备及过程进行评价；只局限于对以往既

① 李静美.孔子能定什么级？——从晏才宏现象说起[DB/OL].http://www.law.cn/shequ/yuanchuang/2005515210613.htm

② 何勇.要科研更要教学[N].人民日报，2005-11-30(5).

③ 李开复.给中国高校的一封信——请培养21世纪企业需要的人才[J].商务周刊，2006，21.

定目标的实现程度的价值判断，而不重视对目标本身是否符合社会、经济发展要求的评价；只考虑对预定目标达成程度的评价，而不考虑游离于预定目标之外的其他实际效果的评判。用这种单一的指标量化尺子去衡量所有的人，只会看到人的共性，忽视了个体的特性，不仅不科学，也难以使多数人都同时满足所有考核要求，获得公正、客观的评价。这与坚持以人为本、尊重劳动、尊重知识、尊重人才、尊重创造、强调个性发展的大学文化相悖（田静，2006；陈荣，2009；周春燕，2009）。

表 7.5 某大学岗位津贴科研工作量计算标准

<table>
<tr><th>项目</th><th colspan="2">内容</th><th>分值</th><th>备注</th></tr>
<tr><td rowspan="6">一、论文</td><td colspan="2">1. Nature Science</td><td>2 000 分/篇</td><td rowspan="5">多人合作的论文，每篇分值的分配由第一作者负责，论文有通信作者时，将通信作者视为第一作者
人文社科优秀学术期刊是指被 CSSCI、中国社会科学引文数据库（中国社科院）收录的 10% ~ 15% 的期刊（限 100 种）</td></tr>
<tr><td>2. A 类</td><td>SCI、SSCI、A&HCI、中国社会科学</td><td>300 分/篇</td></tr>
<tr><td></td><td>SCIE、EI、ISTP、国（境）外正式期刊（以外文发表）（文科）、人文社科优秀学术期刊</td><td>200 分/篇</td></tr>
<tr><td>3. B 类</td><td>CSTPCD（中国科技信息所）、CSCD（中国科学院）、未被检索系统覆盖的国外正式期刊（理科）、CSSCI、中国人文社会科学引文数据库（中国社科院）</td><td>100 分/篇</td></tr>
<tr><td colspan="2">4. C 类（其他正式发表的学术文章）</td><td>20 分</td></tr>
<tr><td colspan="2">5. D 类（研究咨询报告）</td><td>100 分/篇</td><td>被国家机关、省政府部门采用，并出示采纳证明</td></tr>
<tr><td rowspan="4">二、知识产权</td><td colspan="2">1. 发明专利</td><td>200 分/项</td><td rowspan="4">专利的专利权必须为某某大学，多人合作的成果，其分值的分配由第一作者负责；成果鉴定由省部级以上科研主管部门鉴定；行业标准由行业主管部门确定</td></tr>
<tr><td colspan="2">2. 实用新型</td><td>70 分/项</td></tr>
<tr><td colspan="2">3. 成果鉴定</td><td>100 分/项</td></tr>
<tr><td colspan="2">4. 行业标准（转件）等</td><td>100 分/项</td></tr>
</table>

续表

项目	内容		分值	备注
三、著作	1. 专著	40 万字以上	300 分/部	多人合著，每部分得分由第一作者负责，著作的第一完成人必须为某某大学教职工(以版权页为准)
		20 万字至 40 万字	240 分/部	
		20 万字以下	200 分/部	
	2. 编著、译著、古籍整理		100 分/部	
	3. 工具书、科普读物、音像制品		50 分/部	
四、教材	1. 21 世纪教材或国家级重点教材		7 分/万字	多人合作教材的工作量由主编填报和分配
	2. 大学教材(含教育部组编教材)		6 分/万字	
	3. 中小学教材		5 分/万字	
	4. 教学参考书		4 分/万字	
五、项目	1. 国家级项目	重大、重点	800 分/项	多人合作的项目，每项分值的分配由主持人负责，项目单位必须为某某大学，参与其他单位项目视为横向项目
		一般项目	400 分/项	
	2. 省部级项目		300 分/项	
	3. 横向项目	理科	8 分/项	
		文科	25 分/项	
	4. 校级教改项目		50 分/项	

(五)评价周期年度化带来的短期效应

在目前大学实施教师绩效评价中有一个普遍的特点，即“注重实绩，强化考核”，考核周期“年度化”。例如，某大学在实施岗位津贴中规定：“在聘期内，对所有受聘人员每年度考核一次，考核分优秀、称职、基本称职、不称职四等。对取得突出成绩者给予奖励。院(系)教师如在聘期内年度教学质量考核评估中，连续两年成绩均名列本院(系)教师前 5%，下次聘任可上浮半级。连续两年考核评估中成绩均在后 5% 以内且考核成绩在 70 分及以下的，下次聘任下调半级。对于年度考核两年均为基本称职者，进行教育警示，下次聘任时其职级津贴下调半级。对考核不称职者，除扣发当年职级津贴的 20% 外，次年职级津贴下降到相应级次。”

从这个例子不难看出，将每年度的教师绩效评价与教师的职务津贴挂钩的方法对于促进大学教师完成岗位任务，提高工作效率确实没有错，但是每年考评一次的做法是否合理值得商榷，带给大学教师的职业倦怠、急功近利等负面影响值得关注。绩效评价周期年度化带来的直接后果就是迫使众多的教师在科研中不愿意做长期的个人投入，追求科研项目的"短、平、快"，最终导致科研质量不断下滑。近十年来，大学科研经费逐年增长，科研论文数量也直线上升，但是原创性成果没有相应按比例增加、低水平重复研究增多的现象从《高等学校科研统计资料》统计的教育部30所理工类大学的科研状况可见一斑[①]。上海交通大学高教研究所副所长杨教授对我国重点大学教学科研质量的调查结果表明：在自然科学领域，虽然2004年教师人均论文产量是2000年时的260%，但是重点大学应用型科技成果转化的专利均价，却比2000年减少了近一半，技术合同均价则减少了1/3[②]。美国物理学会期刊总编马丁·布鲁姆曾指出中国论文质量下降问题，该期刊透露，在过去十多年中，来自中国的论文数量大幅度增加，但质量却在降低。2006年9月7日新浪网报道："中国的科研成果90%没有实际意义。"[③]在哲学社会科学领域科研质量也不容乐观，2006年6月教育部出台《关于大力提高高等学校哲学社会科学研究质量的意见》(教社科〔2006〕5号)就是证明[④]。

(六)评价结果缺乏反馈和合理应用

在现有的考核体系中，部分大学并不能及时把考核结果反馈给教师，只是由院(系)的管理部门掌握，也有的只反馈给院(系)一级领导，甚至有时教师本人对考核结果都不清楚。更多情况下，反馈给教师本人的考核结果只是简单的优秀、合格、不合格。显然，这样的绩效评价制度根本达不到预期目标。绩效评价成功与否不仅取决于评价本身，而且很大程度上取决于与评价相关的整个绩效管理过程，缺乏有效沟通的绩效评价

① 涂锦. 高校人力资源管理的博弈分析[J]. 数量经济技术经济研究, 2002(9): 50-51.

② 姜澎. 高校科研质量为何不升反降[N]. 文汇报, 2005-11-8.

③ 卫虎林. 90%毫无价值的科研成果意味着什么？[DB/OL]. http://www.comment-cn.net/data/2006/0907/article_17876.html.

④ 赵希斌. 国外发展性教师评价的发展趋势[J]. 比较教育研究, 2003(1): 72-75.

是不完整的(武传刚,2006;陈荣,2009)。

此外,从国内大学教师绩效评价的实践看,绩效评价结果的应用突出强调了评价的终结功能,将奖惩作为评价的终点。单一的将教师绩效评价结果作为奖惩的依据,评价的结果完全没有应用到教师的职业发展上,则忽视了教师的后续发展,无法保证教师绩效评价最终目标的实现。这种评价结果的应用丧失了连接过去与未来的作用,仅仅有评,而没有后续的发展措施,教师素质无法通过评价得到提高(盛毅,2007)。

四、绩效评价体系存在的问题

(一)评价主体的确立上,覆盖率低无法保证评价结果的公正性

大部分大学将教师绩效评价结果作为人事管理决策的重要依据,为了减少人事决定的错误率,就要求评价主体尽可能覆盖到教师工作范围内的所有主体。但是现实却是,几乎所有大学只选择一个或两个主体参与评价,多数情况下是上级领导和学生作为评价主体,教师同行以及教师本人作为评价主体参与的较少,即使有参与,给予的权重也不高。前文提到,多个主体参与评价可以相互弥补,相互监督,尽可能地减少误差。评价时主体的覆盖率越低,越无法保证评价结果的公正性。

(二)绩效评价指标体系过于单一

大学教师的绩效评价是一项复杂的工作。大学教师以不同的学科背景和专业化的科技知识、技能为依托,承担着教学、科研、社会服务的三大职能,但是具体到每一位教师又各有侧重。由于学科、专业、教师劳动成果存在差异,所以难以用同一套评价指标体系衡量所有教师的绩效。例如,有的学科注重原创性研究,有的学科侧重应用开发;有的学科注重科技论文成果,有的学科侧重发明专利;有的学科重视经济产出,有的学科强调社会效益。但是当前我国大学还未建立起适合大学不同类别教师的绩效评价指标体系模型,对科研成果的评价标准还没有充分体现文科与理科、基础学科与应用学科等不同学科科研成果的特点。

此外，指标体系的多样性还应考虑到不同层次、不同职业发展阶段的教师的差异性。由于不同年龄阶段以及教师不同发展阶段存在差异，教师会体现出不同的特点。例如，有的阶段教师精于教学，有的阶段教师则擅长科研；有的阶段教师学术研究十分活跃，是出科研成果的高峰期，而在另一阶段其兴趣会更多地放在教学和学生培养上。因此，既要考虑不同岗位、不同学科教师的工作性质，还要承认教师间的差异性，对教师实行多层次分类考核，建立多层次、多角度的灵活的绩效评价指标体系是非常必要的，“千人一面”“格式化”的评价指标体系对教师是不公平的（周春燕，2009）。

（三）指标体系合成方法过于单一

前文所述，大学教师绩效评价指标体系的合成方法有多种，但是目前我国各大学使用的最典型的方法仍然是加权平均法。这种方法的前提和最主要的特点就是互偿性，即教学、科研、社会服务等评价内容之间的互偿性。一个教学型教师在科研上的突出表现可以弥补他在教学本职工作上的缺陷，而一个教学科研型教师在教学方面的成功可以弥补他在科研方面的不足。这样的互偿性是有限度的，否则将使评价的结果与我们评价的初衷相违背。因此，加权平均法无论是采用德尔菲法，还是 AHP 法，都要考虑不同指标门槛线的设置问题。随着计算机技术的发展，可以考虑模糊综合评价法、数据包络分析法等多种方法与加权平均法的综合使用。

第五节　他山之石——国外大学教师绩效评价借鉴

国外大学在教师评价中积累了丰富的经验，针对我们在教师绩效评价中的问题，以下几点值得我们借鉴。

一、综合运用奖惩性评价和发展性评价

针对奖惩性评价的弊端，国外教育者认为在对教师进行绩效评价时，不仅应重视评价的诊断、鉴定等管理功能，还要特别关注尊重教师、发展

教师、服务于教师。发展性教师评价包括四个方面:为什么评?由谁来评?评什么?怎样评?在美国,基于教师的发展性评价程序包括七个阶段:评价的目的,评价的行为指标,收集教师的信息,分类、整理信息,召开形成性会议,制订发展性计划,总结性评价。前六个阶段是形成性的,约占评价过程的95%。最后一个阶段是总结性的,约占整个过程的5%。该评价的主体可以是校长,也可以是专业的评价委员会。

教育者们为了综合运用奖惩性和发展性评价,设计了新的教师评价体系,这种评价体系主要由以下两个部分组成:一是运用量化指标对教师的整体表现进行评价,以确定教师的等级,并按照等级决定对教师进行奖励或惩罚,以此来保证教育质量。二是通过非量化的手段,主要运用设计开放性、概括性问题等定性的方式对教师某些方面进行评价,从中发现教师的优点和不足,以帮助教师改进和提高,从而使教师获得专业上的发展。国外这种新的教师评价体系采用的是折中的手段,希望通过综合运用奖惩性评价和发展性评价来解决目前教师评价的两难问题。

二、重视教师的主体地位,给教师充分的自主权,发挥教师的主体积极性

国外目前的评价体系把教师看作更主动、更专业的角色,管理者以更人性化的态度强调教师在评价中的主体地位,给教师充分的自主权,发挥其主体积极性,并且通过实行档案袋评价、开展专业性的评价面谈、查看学生学业成绩等手段鼓励教师主动参与评价过程,使评价成为促进教师最好发展与自我实现的工具。

在美国大部分的大学中,教师与系主任就自己的教学科研能力问题进行单独谈判,拟定协议。例如,在协议中规定:受聘者可在两年以内出几本书,写几篇文章,完成几个科研课题,那么两年后如果完成任务,则薪金可以大幅提高①。

---

① 段丽,姚利民.论"以人为本"的教师绩效评价[J].大学教育科学,2003(4).

在日本大学教师评价制度中，给予大学教师工作领域相当高的自由度①。在澳大利亚，学校对教师的科研管理不直接规定科研工作量和发表文章的数量，但学校非常重视高水平的科学研究及其成果，也非常重视科研成果的影响力，对不同级别教师的科研都有基本的要求②。

三、注重评价体系中教师个性发展与学校发展的目标一致性

英国从20世纪90年代起推行了一种新型的教师评价制度。该项制度要求教师按照学校的发展规划和发展要求，制订教师个人的发展计划，并帮助教师了解和把握自己的潜能，更有效地履行职责，提高教学水平③。

在美国，教师考核指标通常与学校的战略目标紧密结合。考核指标参照教师的职责制定，而教师职责又是从学校的使命与抱负演化而来的，这样就保证了学校的发展目标层次向下分解从而落到实处，通过考核教师绩效就可以检验学校战略的实现程度。此外，美国的大学还非常重视在评价过程中将个人的工作与院（系）、团队的目标密切结合，考核体系要求院（系）主任和其他被任命的评估者以支持的方式，在工作发展方面帮助科研人员，同时强调双方共同设定长久目标，并将他们各自目标实现间的因果关系阐述清楚，这样也有利于理顺学校的内部业务流程④。

四、重视同行评价与自我评价

就学术成果本身专业水平的评价来说，无论是教学质量的评价，还是对科研论文、著作的学术水平的评价，专业人员要求同行评价其工作，认为只有同行才能判断其水平的高低。因此，在美国大学，同行专家评价被

① 葛新斌，姜英敏．日本大学教师评估制度改革动向分析［J］．比较教育研究，2004(11)．
② 刘益春．澳大利亚大学教师管理、培训的特点与启示［J］．外国教育研究，2006(1)．
③ 艾平．英国教师绩效管理的评价体系及其启示［J］．江西教育，2005(1)．
④ 伍珂霞．我国高校教师绩效评价的问题及对策研究［D］．长沙：湖南师范大学，2007:27－28．

广泛应用于学术评价工作中①。

此外,在美国,各大学都把自评作为一个重要的起点,强调教师自我认识和学习的能力,并给予足够的重视。他们也非常重视对考核结果的反馈。对考核结果的反馈能使被考核者充分认识他们工作中取得的成绩与不足,了解学校、院(系)、同行、学生对他们工作的评价信息,从而在今后的工作中不断加以改善(伍珂霞,2007)。

五、评价指标体系多样化,体现了高等教育的多元化背景和教师个性化发展的特征

美国华盛顿大学对教师教学考核评价表按照小班教学、大班教学、讨论教学、实习课、实验课等不同的教学组织形式分类,总计 11 种之多,并且要求也有所不同。对小班教学重点强调信息传递的深度以及师生间的互动性;对大班教学重点强调课程组织;对研讨课重点强调讨论的质量、课程组织以及学生的兴趣;对那些以培养学生技能,满足今后职业需求为主的实习课的评价则强调从实践中学习的机会②。其他国家取得的经验值得我们在不断完善我们的大学教师绩效评价制度中去借鉴、吸收和利用。

---

① 鲁修红.国外教师评价的本土化利用[J].中南民族大学学报(人文社科版),2004(8).汤全起.美国高校师资管理机制探析[J].高等教育研究,2005(1).

② 王光彦.美、加高校教师评价制度研究[J].教育发展研究,2007(10B):51.

第八章　大学教师职业压力管理

第一节　工作压力的理论

我们对“压力”或者“工作压力”这些词并不陌生，几乎每个人都经历过各种压力的体验，参加一场面试、做一次报告、与重要的人见面等都能让我们感受到心理和精神上的紧张，因此，压力或者工作压力广泛地存在于人们的生活和工作之中。在理论上，研究者对工作压力进行了大量的研究。

一、压力的产生

对压力的认识首先源于物理学，根据《中国百科大辞典》，压力是“指物体受到试图扭曲它的外力的作用，在其内部产生相应的力”[①]。在化学和多数工程学科中，压力的概念与物理学中的压强同义。直到20世纪初，压力的概念才转用到医学界，表示人体的过度负荷。当压力发生的时候，大脑分泌出包括肾上腺素等的激素。肾上腺素通过血管流经身体的

① 袁世全，冯涛．中国百科大辞典［M］．北京：华夏出版社，1990：853.

各个部分。当这些荷尔蒙流到心脏、肺和肌肉的时候,心跳开始加快,呼吸开始急促,紧张不安和焦虑等种种特殊的生理反应就发生了。后来,心理学家又将压力一词运用到社会学、心理学层面上。根据《社会心理学词典》,压力为“个体对付威胁的常规方法失败后的一种心理体验”[①]。在人和环境交互作用的过程中,每个人都逐渐形成具有自己特点的成功处世的常规,一旦用于对付威胁,个体就会产生焦虑、恐惧、愤怒、紧张等生理反应。构成压力状态的因素:一是威胁,即“紧张刺激物”;二是由冲突或挫折等一系列条件在个体身上引起的各种情感及行为反应。压力是指个体预期未来可能发生的不安,或对威胁有所知觉所产生的一种心理或生理上的反应。压力不仅是发生在我们身上的某种事情,也不仅只是我们被动承受的某种力量,它是我们对环境如何评价或反应的一种产物[②]。可见,对压力的理解和表达多种多样。

一般来说,压力可以从精神与物理两个领域进行理解。压力的物理定义具有客观属性,可以翻译为“pressure”,而从心理学角度看,压力是心理压力源和心理压力反应共同构成的一种认知和行为体验过程,一般译为“stress”。随着工业化、城市化以及信息革命的发展,在强烈的社会需求推动下,对压力的认识和研究扩展到社会学、心理学、管理学等几乎所有学科研究领域,引起如社会学、心理学、管理学等许多学科专家的关注。

二、压力含义的分类

综合以往学者对压力的理论研究,对压力含义的界定总体上可以概括为:刺激学说、反应学说和刺激—反应学说三大类。

(一)刺激学说

刺激学说认为压力是能够引起个体产生紧张反应的外界环境刺激。这一学说最初的思想源于物理学中胡克(Hooke)的弹性定律,该理论把

① 时蓉华.社会心理学词典[M].成都:四川人民出版社,1988:118.

② 刘永中,金才兵.英汉人力资源管理核心词汇手册[M].广州:广东经济出版社,2005:744.

压力看成是物体在一定的外界压力的作用下产生形变,在一定的弹性系数范围内,当压力去除时物体就能自行恢复到原来的状态。但是如果超出了这个极限,就造成了永久性的破坏。对个人而言,那些作用于个人的力量或刺激,能导致人产生紧张的反应,引起紧张、恐惧等,当这些刺激超过人们有限的承受力时,对人的身体和心理将产生负面影响。

由此可见,刺激学说主要根据环境的刺激特性来描述压力状态,关注压力刺激的来源,强调压力的外部因素,并且认为这种外部因素带有干扰性和破坏性的属性。

(二)反应学说

反应学说把压力看作是个体对某些刺激物的反应,这主要是基于生物医学的角度。反应学说强调压力的产生不是外界环境,而是个体对环境要求的一种体验和认知。

生理学家沃尔特·肯兰(Walter Cannon,1932)认为,当个体面临外在威胁的时候会有本能的生理反应。他指出远古时代我们的祖先受到动物攻击的时候,身体就会本能地处于调动全身能量应付的生理和心理反应状态,即或者准备攻击,或者准备逃避,这时,心脏跳动加重、加快,呼吸加快、加深,腺体分泌,同时警觉也大幅提高。人的体内的生物化学变化对两种情况都做好了准备,这样大大提高了人们的生存概率。在很少面临动物攻击的今天,人体神经系统对环境压力仍然按同样的方式做出反应,但我们的文化通常又不允许对他人、物体乃至事件进行攻击,所以只能以恐惧、焦虑等紧张的方式加以反应,压力从而产生[①]。

医学家汉斯·瑟利(Hans Selye,1958)通过实验对压力进行研究,认为"压力是身体对任何作用于它的需求的非特殊性反应"[②]。所谓"非特殊性",指的是面对压力每个个体反应的基本模式是相同的,只是表现程度及对个人的影响因人而异,有很大的差别。

---

① Cannon W B. The wisdom of the body[M]. New York:Norton,1932.

② Hans Selye. The stress of life[M]. New York:McGraw – Hill ,1958.

瑟利还提出了"一般适应综合征"(General Adaptation Syndrome, GAS)的学说,认为人体对压力的适应是按阶段进行的,各阶段的时间进程依赖于抵抗的成功程度,而这种成功程度则与压力源的强度和持续时间有关。如图 8.1 所示。

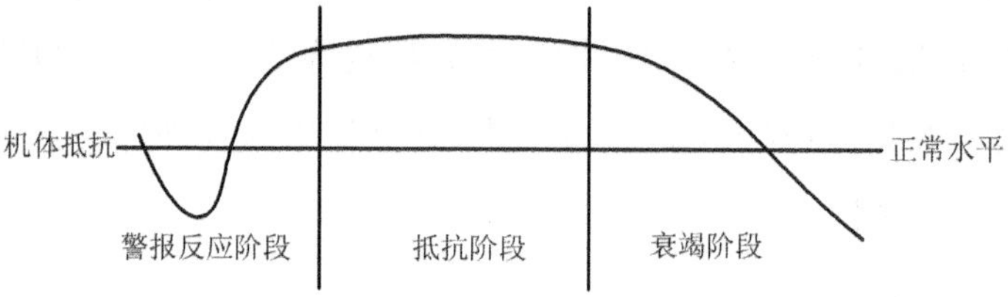

图 8.1　压力源的持续时间与其相应的压力反应曲线图

瑟利在该学说中第一次系统提出"压力"的概念,因此被公认为"压力之父"。由于有生物学的研究背景,瑟利选择了肌肉紧张度等生理指标作为压力反应的客观测量指标。这为研究压力与身心健康的关系提供了很好的视角。

总之,反应学说强调压力是个体对环境要求的一种反应,而不是外界环境对个体的一种压力。把压力看成是人的主观感受,着眼于人们对待压力的体验和认知,并且认为压力是以反应为基础的模式,它强调人的心理和精神方面。

(三)刺激—反应学说

刺激—反应学说认为,压力是个人特征和环境刺激物之间相互作用的后果,是形成个体生理、心理及行为反应的过程。它不仅包括环境刺激造成的紧张,也包括人们对环境刺激的主观反应,更重要的是它还包括个体特征差异及对待压力策略的其他因素。因此,刺激—反应学说强调压力是一个动态的过程,是个体与外界刺激之间的相互作用、相互影响的关系。

总之,刺激学说把压力看作一种客观环境力量的作用,强调用环境的刺激特性来描述压力。反应学说把压力看作个体面对环境刺激的主观感受,着眼于从压力作用结果的角度对压力进行研究。刺激—反应学说综合了以上两种学说,认为压力是个体和外界刺激的共同产物,全面考察了压力的形成机制。这些研究为压力和工作压力等理论的形成奠定了基础。

三、工作压力的定义

工作压力是压力研究领域的重要范畴。工作压力(Job Stress,Work Stress,or Occupational Stress)也称工作应激、职业应激、职业紧张、工作紧张等。工作压力这一概念是从压力定义衍生而来,简单来说,当压力发生在工作场所时就称之为工作压力。20 世纪初,人们对压力的认识从生物学、心理学、医学扩展到社会学领域。20 世纪 70 年代,压力较多地被用于工作场所,例如,工作负担过重(overload)、变换生产岗位、时间压力、工作责任过大或改变、工作时间不规律、倒班、上班过远、工作的自然和社会环境不良等,由工作或与工作直接有关的因素等所造成的各种应激反应产生了。工作压力既是一种强大的推动力,也是一个影响工作绩效和职业健康的消极因素。如何利用和管理好工作压力,成为管理学、组织行为学、应用心理学等学科的重要研究领域。

四、工作压力理论

随着工作压力研究的深入,研究者从不同角度提出了工作压力的理论。

(一)个体—环境匹配理论(Person-Environment Fitness Theory)

弗兰克和卡布兰(French & Caplan,1972)提出个体—环境匹配理论。该理论认为,环境变量和个人相关特征共同决定压力是否会产生,具体有两层含义:第一,关注环境资源与个人动机、目标和价值观的对应和匹配,又称 S – V 匹配(Supply – Value Fit),即人们对自己的看法与人们对环境的看法之间是否匹配;第二,关注环境要求与个人技巧和能力的匹配程度,又称 D – A 匹配(Demand – Ability Fit),即指客观上个体能力与工作要求是否匹配。弗兰克等人认为,S－V 和 D－A 中任何一个不和谐都会给个体带来心理、生理和行为方面不良的压力反应,从而认为工作压力的产生是由于个体能力与工作要求不匹配(misfit)。只有当个性特征与工作环境相匹配(fit)时,才会出现较好的适应。并且认为,工作与个人特征相适应决定着工作压力的反应程度。不相匹配程度越大,个人的工作压力也越大[①]。

(二)工作需求—控制理论(Job Demand－Control Theory)

凯拉色克(Karasek,1979)提出工作需求—控制理论。他认为工作压力来源于工作本身所包含的两个关键特征,即工作要求和工作控制的共同影响。工作要求指的是工作负荷和角色冲突等,主要以工作量、完成任务的时间限制、解决问题的质量要求、执行管理角色(如监控)的要求等来衡量。工作控制是指个体对工作控制的程度,主要有两个成分:技能和决策力量。随着研究的深入,这一理论中又加入了一个社会维度,即社会支持。工作需求—控制理论变成工作需求—控制—支持理论(即 JDCS 理论),主要认为社会支持的高低会影响工作压力的后果[②]。

(三)认知交互作用理论(Cognitive Transactional Theory)

在个体—环境匹配理论的基础上,拉扎努斯(Lazarus)等人(1984)提出了认知交互作用理论[③]。该理论认为压力既不是个体的产物,也不是环境的产物,压力的产生是一定环境刺激下个体与个体对环境所可能产生的威胁的评价结合的结果,是个体和环境的交互作用的结果,是一个动态的过程。根据该理论,压力的产生取决于对在压力源与压力反应之间两次的认知评价:在第一次评价中,个体考察面临的情景对自己的重要性;在第二次评价中,个体考察的是自己所具有的应对资源。拉扎努斯的

---

① French J R P,Caplan R D. Organizational stress and individual strain[M]//Marrow(Ed) A J. The failure of success. New York:AMACOM,1972:30－66.

② Karasek R A. Job demands,job decision latitude,and mental strain:Implications for job redesign[J]. Administrative Science Quarterly,1979,24:285－308.

③ Lazarus R S,Folkman S. Stress appraisal and coping[M]. New York:Springer,1984.

研究表明,应对也是一个变化的过程,它随着情景的变化而变化,并随着时间的变化而变化。例如,当个体将所面临的情况评价为可以由自己的行为控制时,问题为中心(Problem – Focused)的应对策略占主导,而当个体认为自己无法改变局势时,情绪为中心(Emotional – Focused)的应对将占主导。

在以上理论中,个体—环境匹配理论是工作压力领域中运用最多、得到最广泛接受的理论之一,大量压力理论的框架中都直接或者间接、部分或者全部包含了该理论的思想。工作需求—控制理论认为,对工作过程有所控制可以减轻员工的压力,它将研究压力的传统和社会学习理论等理论综合了起来。认知交互作用理论强调个体认知到的自身能力和认知的客观要求之间平衡的重要性,强调个体的主动性,强调认知的作用,更重要的是强调个体与环境的互动。由于在压力的本质认识中重视了压力的应对,认知交互作用理论为工作压力的研究提供了更广阔的领域,对压力研究和实践领域有很大的影响。

五、国内工作压力的研究现状

工作压力的理论和模型丰富了工作压力的研究内容。在我国,改革开放以后,由于政治、经济、文化等方面都发生了巨大而深刻的变化,随着与体制改革相伴而来的国家政策的调整,利益格局的改变,竞争的日益加剧,社会冲突的增多,工作和生活节奏不断加快影响,人们原有的价值观、成就观、幸福观等受到巨大冲击,由此带来的工作压力等问题开始出现。特别是2010年以来,富士康公司发生的频繁跳楼事件,更是将工作压力问题推到了风口浪尖。工作压力成为理论研究的热点,对工作压力的研究开始进入理论的研究范畴。

有关工作压力的研究在过去的20多年来,与以往相比增加了近50倍(石林,2003)。根据舒晓兵、孙健敏、史茜对中国知网《中国全文期刊数据库》中的重要期刊进行统计的研究:自1988年到2008年,国内学术期刊上关于工作压力研究的论文共229篇。从学科分布上看,管理学、心理学和教育学这三大学科对工作压力的研究成果最多，全部论文中的2/3都来源于这三个学科的研究。从中可以分析出工作压力问题成为管理学、心理学和教育学的重要研究范畴[①]。

目前，关于工作压力的研究主要集中在以下方面。

（一）工作压力内涵的认识

尽管与心理学领域中的许多其他概念一样，不同的研究者在其研究中对工作压力也采用了不同的定义。但是"压力源—中介、缓冲变量—压力反应"的研究框架，在工作压力研究领域已经得到了越来越多的认同。以往对工作压力是压力源还是心理紧张（压力感）的争议逐渐被工作压力的结构化认识所代替，即将工作压力看成是包含压力源和中介、缓冲变量以及压力结果变量（如心理紧张等）在内的一个系统框架概念。当前，大多数研究也倾向于在这一框架下进行工作压力的研究。

（二）定量研究方法的运用

在工作压力研究的初期阶段，大多数文献进行的是定性研究，主要介绍国外关于工作压力研究的成果，并对工作压力概念的内涵进行探讨。随着研究的深入，研究者借鉴国外的分析工具，或者根据研究主题自我开发测量工具，并对测量工具的信度和效度进行检验，在获得有效问卷以后，以人口统计特征为基础，对压力源和压力反应结果进行测量。研究者通常将压力源划分为若干维度，然后分别考察不同维度压力源和压力反应结果的关系。研究中反应结果部分选择的变量，一般是作为压力直接结果的心理紧张状态和生理健康状况，或是工作绩效、工作满意感、组织承诺等变量。在研究中，常采用统计软件对变量之间的关系进行相关分析或者因果关系的研究。

（三）对不同职业群体的工作压力状况的研究

对不同职业群体的工作压力状况的研究主要有两方面：一类是关注

---

① 舒晓兵，孙健敏，史茜.工作压力研究：国内二十年的回顾与评析[G]//第四届（2009）中国管理学年会——组织行为与人力资源分会场论文集.[S.I.]:[s.n.],2009.

行业特征,着重分析行业内职业群体的工作压力特征和状况构成的研究;另一类是探讨工作压力对工作满意度、离职倾向等变量影响的研究。以上研究的研究对象主要集中在教育、医疗或工商业领域,并以文化层次较高的知识型员工为主,职业涉及医生、护士、管理人员、教师、科技人员、公务员等。

(四)研究以工作压力对个体和组织的消极影响为主

研究主要是探讨过度工作压力对个体或组织的消极影响,表现在研究工作压力对工作满意度、工作绩效等的负面作用。从积极心理学的角度关注工作压力的正面影响的研究较少。

(五)工作压力的管理

为了使工作压力的研究发挥理论对实践的指导作用,工作压力的管理也成为重要的研究内容。国内学者主要从以下几个方面进行了研究:

第一,个体和组织的角度。例如,马可一(2001)提出的工作压力管理的策略包括个体的自我管理(情景性自我管理技能、更新性自我管理技能、防范性自我管理技能)和组织层面的管理(合理的人力资源配置、压力源管理和适应性培训)。许小东和孟晓斌(2004)认为工作压力管理应该在组织层面上确立工作压力源调查与管理体系、工作压力调查量表体系、工作压力预警机制、工作压力应对培训机制和工作压力保障机制等一系列制度体系。组织一旦出现工作压力问题,必须对工作压力源、影响变量、工作压力后果等进行分析,并有针对性地对员工提供个性化帮助。

第二,工作压力作用机制中的中介变量和缓冲变量的影响,如个性心理特征、效能感、控制感、应对策略、组织支持等。裴晨和刘秋颖(2004)认为根据员工自我效能知觉水平的差异,组织应该进行工作目标设置来减轻员工的角色压力,而通过职业生涯管理来减轻和消除员工的职业发展压力。卢长娥和王勇(2008)认为幼儿教师的工作压力与社会支持有着显著的相关关系,良好的社会支持有助于缓解幼儿教师的工作压力。

第三,从着眼于对工作压力的主观抵御,逐渐转向探索压力作用机制，从而寻求对工作压力的减缓方法和策略。而且，还考虑针对不同群体的压力状况而进行相应的压力管理，使得不同的压力来源与不同的应对策略之间匹配。

第二节　大学教师面临的工作压力

一、教师工作压力的定义

关于教师压力的研究开始于20世纪70年代，基里亚克(Kyriacou)和苏特克利夫(Sutcliffe)在《教育评论》(Educational Review)杂志上发表了关于教师压力的研究文章，这是“教师压力”首次作为论文中心主题出现。作者将教师压力定义为“教师的一种不愉快的、消极的情绪经历，如生气、焦虑、紧张、沮丧或失落，这些均是由教师职业引起的”①。以后对教师压力的定义也多是在此基础上的补充和发展，强调压力情境下教师的负面反应，是由于教师个体工作职责、要求、期望等超出自身的负荷，自我感觉自尊和安全受到威胁而产生的消极情感体验，如愤怒、焦虑、沮丧等。从这一定义看出，对教师压力的关注主要与教师这一特定的职业特征有关，指的就是教师的工作压力。而且教师工作压力的概念源于一般工作压力概念，教师工作压力是教师个体与教师职业及工作情境间的交互作用过程，这种交互作用包括外界环境因素对教师的刺激和教师在主体特性和应对行为影响下对外界环境因素的感知与评估，并由此而产生一种心理和生理紧张。或者可以把教师工作压力表述为与教育教学活动有关的工作环境等因素引起的一系列精神状态及相应的行为表现。

多数研究者认为教师工作压力构成必须具备三个条件：一是工作压力必须因教师工作引起；二是外在环境与个人内在能力与需求产生交互作用；三是出现差异与不平衡状态，尤其是身心状况脱离正常功能而引起

---

① Kyriacou C, Sutcliffe J. Teacher stress: prevalence, sources and symptoms[J]. British Journal of Educational Psychology, 1978(2): 159 - 167.

的紧张状态和不愉快感觉。

大学教师工作压力主要特指在大学这一教育环境下，外界环境刺激或者个性和应对能力上的差别，使大学教师个体不能有效应对各种教学问题，从而产生不适感，出现各种生理、心理问题，感觉威胁其身心正常状态，并引发其身心反应而产生的压力。

二、大学教师的工作压力日益突出

大学教师具有良好的教育背景，获得了较高学历，是文化与科学的传递者与创造者。他们以专家、学者的身份，以自身对科学、文化、经济、政治的远见卓识参与社会活动，直接为社会服务。大学教师不仅传授知识、培养人才，同时也积极地从事科学研究和技术创新工作。从本质上说，大学教师是学校的知识型员工，是大学创新的主体。这意味着高等学校的管理重心应当极大地转向对大学教师的科学有效管理。

大学教师在价值观念、个人特质和对工作的要求及工作方式等方面有着这个群体的特殊性。

（一）掌握丰富的知识和具有较高的个人素质

大学教师受过系统的专业教育，具有较高学历，掌握一定的专业知识和技能；同时，由于受教育水平较高的缘故，大学教师具有较高的个人素质，如开阔的视野、强烈的求知欲、较强的学习能力、宽泛的知识层面以及其他方面的能力素养。大学教师的知识主体结构包括：①高等教育理论知识。这是从事学科教学工作，保证教学质量的前提。他们不仅要有较为丰富的专业学科知识和较高的专业学术水平，而且要有一定的教育科学理论和教学技能方面的知识，具备这些知识，才能自觉地遵循教育教学规律，正确地选择教学内容和方法，进行最佳教学方案的设计与研究，卓有成效地进行知识的传授、能力的训练和品德的培养，从而减少工作的盲目性。②文化基础知识。在当代科学全球化趋势不断增强的情况下，一个大学教师要想在所从事的学科领域里取得教学与科研的突出成就，就必须以密集的知识群作后盾。当下，大学的课程设置已向综合化方向发展，不仅设有自然科学、社会科学的综合课程，而且各单科科目也趋向综合化。同时，边缘学科、交叉学科等新兴学科也如雨后春笋般层出不穷。这种变化要求大学教师必须具备宽厚广博的文化知识和文理渗透、理工结合、专管相通的知识结构，为专业理论知识的讲授奠定厚实的根基，教学内容达到相当的深度和广度。这样，才能启发学生思考，引发学生的兴趣，培养学生创新精神与能力，从而赢得学生的信赖和爱戴，达到较佳的教学境界。此外，文化基础理论知识本身还具有陶冶性情和提高人文素质的价值。③专业知识。所谓专业知识，就是人们从事某种专门工作所需要的相互联系、相互作用的各类别、各层次的知识的整体构成。大学教师在特定的学科领域中，根据各自专业的特点，掌握了完备的专业知识体系，从而奠定深厚的学术根基[①]。

（二）具有实现自我价值的强烈愿望

大学教师通常具有较高的需求层次，往往更注重自身价值的实现。很多人选择大学教师这一职业，都是为了实现个人理想、抱负，发挥个人聪明才智，并从中感到最大的满足。

（三）具有突出的个性

大学教师不仅富于才智，精通专业，而且大多个性突出。他们尊重知识，崇拜真理，信奉科学，而不愿随波逐流，惧怕权势。传统组织层级中的职位权威对他们往往不具有绝对的控制力和约束力。

（四）工作过程难以实行监督控制

大学教师由于不需要“坐班”，工作时间看起来较短，实际上，很多大学教师的工作都隐蔽在家中或图书馆中进行。同时，对各类知识的追求，对相关学科研究的热情，或为了拓展学术视野，增强思维的敏捷度，唤醒创新潜力，解决教学、科研和社会服务中出现的新问题等，大学教师的工作往往在学校以外进行。工作时间、地点很难固定，工作时间比较自由，

---

① 孙泽文.也论大学教师的师德素质与知识和能力结构[J].长春工业大学学报(高教研究版),2008,9:43－47.

形式上也显得松散,更倾向于宽松的、自主的工作环境,强调工作中的自我引导和独立思考,工作过程呈现出很大的随意性和主观支配性,这一切使得对大学教师的工作过程难以实行监督控制。

总之,职业特点对大学教师的自身素质与知识和能力结构提出了更高的要求。在知识总量急剧攀升,更新速度加快,综合性与交叉性不断增强,新学科、新知识层出不穷的知识经济时代,大学教师需要不断更新和优化知识结构,强化专业知识和技能水平,以实现自我价值。因此,以掌握知识为核心的高脑力劳动的职业特点决定了大学教师是工作压力的高危人群。

三、大学教师工作压力的产生背景

大学教师工作压力的产生与我国经济社会环境的快速变化密切相关,同时,也与近些年来大学发展的特殊性有关。1999 年,我国政府做出了大学扩招的重大决策。根据"扩大招生,提高学费;扩大内需,拉动消费"的政策,大学开始大规模招生。我国高等教育规模在国家政策推动下有了前所未有的扩展,在校生人数从 1990 年的 200 万上升到 2008 年的 2000 余万[①]。我国先后超过俄罗斯、印度和美国,成为在校生规模居世界第一的国家。经过短短数年的艰苦努力,我国高等教育发展实现了从精英教育到大众化的转变,走完了其他国家需要三五十年甚至更长时间走的道路。然而,大学规模的扩大并没有导致相应的教师人数增长,2000 年至 2006 年中国普通大学专任教师的年平均增长率为 118%,低于在校生的年平均增长率(125%),中国普通大学的生师比从 1992 年的 6. 83 上升到 2006 年的 17. 9[②],生师比的提高必然带来大学教师教学工作量的增加。

在高等教育普及化的背景下,学生人数急剧增加,使得大学教师的教学工作量大幅度增加。同时,政府为了缩小与发达国家高等教育的差距,

---

① 2008 年教育统计数据[EB/OL]. http://www. moe. edu. cn/edoas/website18/89/info1261469797229789. htm,2009 - 02 - 10.

② 赵叶珠,陈海燕. 压力与坚守:大众化背景下研究型大学教师工作满意度研究[J]. 清华大学教育研究,2011,2:46 - 53.

提出重点建设世界一流大学的目标，实施“重点建设，带动整体发展”之高等教育发展战略，通过实施“211 工程”和“985 工程”，努力实现重点建设若干所大学、建设世界一流大学、跻身世界高等教育强国的目标。这使得我国一些大学开始强调绩效管理，追求以研究为主的大学排名。大学纷纷以科研为重，追求产出、追求绩效，导致大学教师的科研任务大大增加。这使得中国一些大学教师面临着较大的工作压力，如科研项目的获得、科研经费的筹集、研究的开展等对教师而言都需积极筹划安排。心理学研究显示，当压力感维持在一定的水平上时，有助于积极性的发挥，但是若人长时期处于较强程度的压力之下时，则会导致一些心理疾患的产生①。

四、大学教师工作压力的研究

教师职业压力不但是我国教育发展中遇到的问题，同时也是一个带有全球性的普遍问题。国内外大量研究表明，教师压力具有普遍性，教师职业是高压力职业。虽然适度的压力可以激发教师的工作动机，但过度的压力不但影响教师的身心健康以及工作质量，而且还会对学校和社会产生直接或间接的危害。

（一）国外的研究

国外的调查表明，教师职业所带来的公众压力多于其他行业。一些学者的研究认为，压力是教师产生心理问题的第一因素，并且长期的职业压力会造成教师情绪失常和情感疲倦。

大学教师不仅承担着教学、科研、学生心理辅导等多重任务，还承受着较高的社会期望，承担着为国家培养专业人才的重任，大学教师职业已经是一个公认的高知识密度、高压力的职业。特拉维和库珀（Traver & Cooper，1993）发现教师的压力水平比一般普通人群（如医生、护士等）

① 赵叶珠，陈海燕. 压力与坚守：大众化背景下研究型大学教师工作满意度研究［J］. 清华大学教育研究，2011，2：46－53.

高[①]。英国学者阿伯色利尔(Abouserie,1996)的调查显示,74.1%的大学教师有中等程度的压力,10.4%的教师感到有严重的压力[②];日本一项研究发现,接受调查的大学教师中有83.5%感到有压力[③];英国学者库克斯和布罗克利(Cox & Brockley,1984)进行压力的比较研究发现,67%的教师认为工作是他们的主要压力来源,而非教师职业中只有35%的人认为工作是压力来源[④]。

全球知识经济的发展加剧了各国之间的竞争,凸显了知识的重要性。而作为生产和传播知识重要场所的大学,则成了各国提高经济竞争力的重要支柱。大学教师是大学生产活动的直接承担者,是大学人力资源的主体和核心,同样也是大学压力的主要承担者。

(二)国内的研究

高等教育大众化的政策带来大学招生规模的扩大。大学的扩招,使各大学发展面临着质量与数量的双重压力并陷入资源短缺的困境,为了争夺有限的政府资源以及更多的市场资源,大学之间竞争日益激烈,大学组织面临的压力空前增强。为了取得竞争优势,各大学内部往往采取各种措施挖掘教师的潜能,而相应的政策逐渐功利化、浮躁化,使得教师疲于奔命,精神压力与日俱增,在这一过程中教师无可避免地承受了比以往更大的压力。

南京大学研究人员对全国72所大学教师进行调查发现,95.6%的大学教师感到有精神压力,其中35.6%的教师表示压力很大[⑤]。西安交通

---

① Cherl J Travers, Cary L Cooper. Teachers Under Pressure: Stress in the Teaching Profession[M]. London and NewYork: Routledge, 1996.

② Abouserie R. Stress, coping strategies and job satisfaction in university academic staff[J]. Educational Psychology, 1996(1): 49-56.

③ A study group of administrative staff at Japan Association of University Administrative Management, report on consciousness survey of administrative staff at the university[J]. Journal of Japan Association of University Administrative Management, 2004(7): 87-109.

④ Cox T, Brockley T. The experience and effects of stress in teachers[J]. British Educational Research Journal, 1984(1): 83.

⑤ 冒容,贺晓星,穆荣华,等.无觅桃花源何处好耕田——高校教师精神压力问题初探[J].高等教育研究,1997(7):31-36.

大学教师研究显示，有80%的大学教师长期感到职业压力太大，有75%的教师长期处在一种慢性疲劳的亚健康状态，而有1/3以上的教师出现明显的生理反应①。广东省教育工会对19所大学8 517名教师进行健康状况调查发现，20.42%处于疾病状态，69.18%处于亚健康状态②。2004年，河北一项关于大学人力资源现状的调查表明：大学教师中普遍存在工作超负荷、体力透支的现象。接受调查的教师平均每天的工作时间大约在11个小时以上，有22%的人甚至认为压力巨大③。2005年中国人力资源开发网发布的《工作倦怠指数调查报告》显示，在15个行业的倦怠指数调查中，大学教师的倦怠程度居第三位④。2005年，中国人民大学人口与发展研究中心对北京市的2 500位中年高级知识分子进行的调查显示：83.3%被调查者有工作压力，没有压力的仅占16.7%，而普通人群的工作压力是53.6%；从工作压力程度上看，知识分子感觉压力很大的超过40%，普通人群只有30%。北京大学教育经济研究所(2008)⑤公布的一项调查报告显示，在大学中，52%的被调查教师认为"教师数量不足，人均承担工作量太重"，近60%的教师感到"压力很大"。从以上研究可以看出，目前大学中大学教师的工作压力过大，并带来一系列心理健康问题。

2011年11月13日，在华中科技大学召开的"学术职业变革"国际会议上，沈红教授领衔就大学教师工作时间对全国11省68所大学4 200名教师进行的问卷调查中有一个结果值得注意："985大学"的助教在服务与管理上占用的时间太多，其科研时间甚至比一般大学的正教授还要长。在"985大学"工作的助教比在一般大学工作的助教一周要多工作13.3个小时，这差不多是一般大学助教周工作时间的1/3。沈红认为，有关部门和学校从政策上要给青年教师创造条件，使潜力显著的顶尖大学初入

---

① 潘欣，权正良，钱玉燕. 大学教师职业压力与心理健康关系的研究[J]. 中国健康教育，2003(10)：792－793.

② 鲍道苏. 高校教师压力大　健康状况堪忧[N]. 中国教育报，2004－10－06(4).

③ 王会. 多方调适　促进健康——高校教师健康状况调查[N]. 中国教育报，2005－06－29(8).

④ 娄伟，王秀云. 中国人才发展报告[M]. 北京：社会科学文献出版社，2006：502.

⑤ 郭少峰. 调查：近6成教师压力大，1/3学生"学非所好"[N]. 新京报，2008－02－20.

职者稚嫩的翅膀不至于被压力折断。而学校“重科研,轻教学”的倾向让教师无心从教,直接受到利益损害的不仅是学生,刚入职场的年轻教师也因其感到了极大的工作压力和心理压力[①]。

近年来,大学教师中屡屡出现“过劳死”、“生命透支”和“英年早逝”的悲剧,这虽不能绝对代表我国教师的压力状况,但是至少说明我国大学教师存在着压力过度现象。对大学教师来说,适度的压力能增强工作动机,但过度的压力不仅会造成个体的生理、心理和行为失调反应,也会引起其职业兴趣、职业态度和职业行为的改变,对知识生产的质量、人才培养的效果以及大学社会服务功能的发挥都会产生负面影响。

第三节　大学教师工作压力源

一、工作压力源

在压力研究中,一个非常重要的内容就是对各种造成压力的因素即压力源进行探讨与分析。正如瑟利(1976)所指出的:“有充分的证据让人相信,认识到是什么伤害了你,这个简单的事实对你具有内在的治愈价值。”[②]瑟利把个体面临压力产生的紧张反应称为“压力”(Stress),而把引起这种反应的外在刺激称为“压力源”(Stressor)。

在心理学中,压力源又称应激源或紧张性刺激,是指个体经认识评估后感觉到的威胁其身心健康的环境刺激[③]。这种刺激环境可以是外界物质环境,也可以是个体的内在环境及心理社会环境。由于角度不同,压力源有不同的分类方法。例如,工作压力源可以分为长期压力源和突发压力源。长期压力源或多或少地长期存在于人们的工作或工作情境中,它

① 谢湘.大学教师不再体面悠闲　学术评价让教师焦头烂额[EB/OL].[2011 - 11 - 22].http://news.china.com.cn/rollnews/2011 - 11/22/content_11303100_2.htm.

② Selye H. The stress of life(Revised)[M]. New York:McGraw Hill,1976.

③ 林崇德.心理学大辞典[M].上海:上海教育出版社,2004:1498 - 1499.

可以表现在多个维度，如角色压力（角色模糊、角色冲突，以及角色超载）、工作超负荷、人际冲突等。突发压力源是指在人们日常工作中所发生的一些特殊压力事件。另一种划分的方法为：压力源包括生活压力源、工作压力源和社会压力源。其中，生活压力源来自于生活中的众多事情，如配偶死亡、离婚、夫妻分居、拘禁、家庭成员死亡、外伤或生病、结婚、解雇、复婚、退休等，它们都可能会成为压力源。工作压力源主要是指组织中可能或者已经引起员工压力反应的条件和情境，是员工在工作活动过程中，使之产生一定心理应力负荷的刺激因素，包括工作超载或工作欠载，角色冲突或角色模糊，无法参与决策，与上司、同事、下属关系紧张等。当考虑到社会地位、经济实力、生活条件、财务问题、住房问题等社会因素时，这些来自社会的因素也可能是个体压力的来源，即构成社会压力源。

需要说明的是，对压力源的理解一直存在着“主观”和“客观”的争议。有些研究者强调的是个体对造成其刺激或威胁的事件或事物的心理认知，认为不同的个体面对同样的事件，压力反应是不一样的，所以压力源是主观的。而有些学者则认为有些压力源是超越个体的认知和自我调控能力而客观存在的，这种压力源的存在必然会造成人们的压力反应，因此压力源是客观存在的。

对此，研究者斯皮克特（Spector，1988）做了一个总结：“那些有经验的压力的研究者都认为压力的作用过程既包含了主观的方面也包含了客观的方面。意见的主要不同是在未来的研究中，主要强调哪个方面……毫无疑问，把注意力投到压力源的主观和客观两方面，使这个领域的研究取得了进展，这也使得我们可以更好地理解环境是怎样影响人们的健康和安宁的。”①因此，压力源既有主观性，也具有客观性，研究中可以将两者结合。

工作压力源主要是指员工在工作活动中所承受的对其身心活动造成一定影响的刺激因素，是个体对工作压力感知的一种主观评价。工作压

---

① Spector P E, Dwyer D J, Jex S M. Relation of job stressors to affective, health, and performance outcomes: A comparison of multiple data sources[J]. Journal of Applied Psychology, 1988, 73: 11－19.

力源作用的大小以及对机体的影响取决于其强度、频率、数量、持续时间以及个体的应付能力等,它是改变个体心理和身体健康状态的主要原因。关于压力源的分类在一定程度上受到研究被试的取样和研究方法的限制,一般工作领域中可能存在的压力源包括工作环境、工作本身的特点和组织特征等。由于个体差异,对这些压力源的感知会因人而异、因事而异。不过,"压力源存在于组织中"的观点是可以接受的(Cooper & Marshall,1978)①。对工作压力源的认知促使组织去关心对待员工的方式。

二、大学教师的工作压力源

大学教师是一个高自尊、高成就的群体,他们往往对自己抱有较高的期望。大学教师是一个特殊的职业群体,其压力产生的诱因也区别于其他社会群体。英国学者克拉克等人发现:"较高地估计自己的能力,对事物结果有较高的自我期望是压力最主要的来源之一。"部分大学教师面对工作压力缺乏有效的应对方式,不能及时排解心中的郁闷,使其严重干扰自己的工作和生活,形成一种恶性循环,十分不利于大学教师的身心健康。总体来说,大学教师的工作压力源除了与人格特质、自我意识、知觉控制性因素等有关外,社会和学校是重要的压力源。

(一)社会压力源

1. 改革与适应的矛盾

目前我国高等教育改革正全面深入地进行,这意味着将进行教师心理定式、工作方式、竞争方式和利益分配等方面的变革,这些变革使大学成为一个竞争激烈的场所,在给大学教师带来更大活动空间和自由选择机会的同时,也给他们带来了巨大的心理冲击和挑战。以往大学是一个相对安稳的地方,教授、副教授等头衔可以让大学教师高枕无忧,在评定职称、职务晋升、课题安排、薪金酬劳上虽有论资排辈现象,但基本平稳,

① Cooper C L, Marshall J. Understanding Executive Stress[M]. London: Macmillan Press, 1978.

差距不大，压力相对较小。而改革后，一些大学借鉴社会上的做法，把市场竞争机制引入教育体制中来，采用全员聘任、剥离分流、竞争上岗等办法改革大学管理体制。职务职称终身制被打破，收入差距拉开了，科研任务加重了，竞争上岗、挂牌上课、人员分流使同事间竞争加剧。北京大学公布了教师人事制度改革的要点，其中"教授终身，副教授、讲师非升即走"的方案引起了极大的社会震动①。这些做法间接或直接地威胁到大学教师的就业，使他们产生过度的危机感。

2. 付出与回报的落差

中国大学教师长期以来在人们心中一直是社会精英、灵魂工程师，具有极高的社会声誉，但是在高等教育实行产业化改革后，大学教师正扮演着"服务者"的角色，而学生作为"服务的购买者"，心态发生了明显的变化，这是对传统的师生关系的前所未有的颠覆。这种颠覆给大学教师带来了巨大的心理压力。大学教师从事的是一份高付出的职业，需要付出大量时间、精力，不断更新知识，对学生无私奉献，从精英向"服务者"的角色转变，使他们既感伤心又觉无奈，再加上须承担繁重的教学、科研任务，使得大多数大学教师的投入难以换来相应的回报。

大学教师的社会地位较高，作为脑力工作者，他们制造的是难以用金钱衡量的"知识产品"，他们的付出与收获往往是不成正比的，当前普遍存在大学教师工作待遇低、社会地位不高、工作条件较差等现象。当对精神生活要求极高的大学教师的收入仅仅维持在"温饱"的水平时，就会给大学教师带来生活压力，还会使教师产生跳槽、辞职等行为。

3. 社会角色与期待

社会、学校和学生对教师的要求和期望越来越高，而这种高期望与低成效之间产生的差距也成为大学教师产生工作压力的原因。社会期待一个教师能够以"鞠躬尽瘁""诲人不倦"的精神全身心地投入到高等教育事业中。但正是社会对大学教师的高期望，给教师带来一定的工作压力。

---

① 原春琳. 大学堂震荡——北京大学人事制度改革启幕[N]. 中国青年报，2003－6－26(5).

社会要求教师既要有渊博的知识、高尚的道德情操、高超的教学艺术,更要有较高的教学水平。然而,这些角色期望并不是每一个正常人能完全达到的。要求大学教师善尽职守、勤奋治学是无可非议的,但这种期望无形中使教师的职业理想化、完美化,增加了教师的精神负担。大学教师对于所从事教学的胜任感和从工作中获得的成就感降低,经常感觉到自己的工作缺乏进步,甚至在原有的水平上有所下降。当大学教师体悟到自己在工作中不被尊重、没有决策的权力,就会对工作丧失积极性,成就感降低,感受不到任何工作的乐趣,从而出现脾气暴躁、厌倦工作等情绪。

另外,社会鼓励教师的奉献精神,却忽视了教师对家庭、婚姻、生活的需求和责任。大学教师承担多种社会角色,在家庭中,大学教师的角色更为丰富,他们是父母的儿女,要孝敬父母、赡养老人;是配偶的伴侣,要互敬互爱、相互扶持;是子女的父母,要以身作则、因材施教。教师所从事的是教书育人的工作,所以他们应该更多地在学校里扮演好其职业角色,但大量工作任务迫使大学教师在其他非工作时间里也不得不继续扮演教师角色。工作时间和生活时间没有明确的界限,致使他们需要在学校、社会、家庭的多种人际交往中不断地转换角色,而且由于社会片面强调教师职业理想的价值目标,忽视了教师职业的生活性,容易使他们产生多方面的角色混乱,不可避免地产生心理冲突,从而增加工作压力。调查表明,大学教师普遍由于压力大导致身体状态不佳。这表明大学教师的身体健康状况令人担忧,而目前医疗费用之高是远远超出一般大学教师经济承受能力的。

4. 现代教育技术飞速发展带来的压力

新兴教育传媒技术飞速发展,现代教育媒体推陈出新,学习与掌握不断更新的现代教育技术给大学教师带来了学习、提升的难度与压力。随着计算机、多媒体课件、音频视频等现代教育技术在高等教育教学中的广泛应用,以及各种软件系统的不断升级与更新,大学在教学中大量采用多媒体等先进的教学手段来提高教学效果。这要求教师尽快提高教育技术素养。教师早已不是学生获取知识的唯一信息源,这使得教师的权威意识逐渐失落，教师的社会地位和社会作用受到了严峻的挑战。社会环境已急剧变化，但大多数大学教师还没有充分的心理准备和相应能力去适应。

（二）学校压力源

1. 转型期大学变革带来的压力

随着社会环境的变迁，大学在国家发展、经济增长中的作用日益重要，社会对大学的定位、对大学教师的高期望与其固有的高成就动机相结合，使大学教师责任和压力剧增；教育改革中新的教育价值和教育观念的灌输，新的课程理念和教学理念的推广，学历要求的提高，知识更新的加快，使教师不得不面临改变和提高的压力；大学的体制改革尤其是人事制度改革，实行市场化的管理机制，使教师聊以自慰的职业稳定性被聘任制所取代，作为"学术人"的教师，危机感和无助感日益强烈；教育改革使竞争氛围日益加剧，新的激励和薪酬制度使教师收入差距逐步加大，导致教师产生不公平感，也使一些教师面临经济的压力①。

2. 大学行政化管理产生的压力

近年来国内大学行政化倾向越来越严重，学校的各种重大决策基本集中于大学行政权力部门。"官本位"组织氛围的膨胀，正成为中国高等教育不能承受之重。普通的教师被排斥在组织之外，其基本权益无法得到维护，对关系其切身利益的事情没有发言权，教师的尊严受到极大的挑战。管理不当、沟通不到位导致校内各职能部门之间信息交流不畅、政策与行动常有抵触，领导或会议决定常常取代制度的规定，管理人员与教师之间不能相互理解，工作上出现不协调；部分大学因利益表达渠道不畅通、反馈机制不灵活，导致教职员工的合理要求不能实现，待遇上感觉不平衡，从而产生压抑感，影响了教职员工的积极性和主动性的发挥；多元价值观念对教职员工的思想产生冲击，大多数人对现实不满意，并以抱怨或沉默来表达，影响了教职员工队伍的稳定；强调人员的等级，重视人员

---

① 祁文婷. 高校教师工作压力与从业环境重构[J]. 教育理论研究，2011，3：154－155.

的资历，常受到隐形要求服从的约束，教职员工常感到忙于表面的、形式的和目标不清晰的工作①。

3. 大学管理和制度有待完善

大学一般都对大学教师采取量化管理，制定了严格、详细的各种检查、评比制度和规定，对教师教学工作量和承接科研课题、发表论文的数量都有明确要求。许多大学还规定：申报职称，必须要发表一定数量、一定级别的学术论文或著作，承担一定档次的科研课题。职称越高要求越严，动不动就要求论文发表于核心期刊，承担省、部级课题之类。有些大学甚至将此规定列入每年的常规工作考核，直接与教师的收入甚至岗位挂钩。缺乏科学性的工作量考核指标给教师造成情绪上的紧张，带来压力②。

另外，一些大学依靠各类规章制度和各个岗位职责来约束教师的行为，促使他们完成工作职责。这种机械式的管理方法固然可以强化工作秩序，提高工作效率，保证各项政令畅通和落实，但是，在理性的规章制度之下，一个教师无非是一台运转着的机器上的一个零件，整台机器的运转给他规定了基本固定的运行路线。教师必须服从服务于组织内部职级权威、规章制度，这样容易导致其逐渐丧失个体精神，限制个体所具有的积极性、主动性和创造性。

4. 大学人力资源结构失衡

大学教师人力资源的结构失衡，主要表现在两方面：一是教师与非教师人员结构不合理。中国当前大学普遍存在行政机构臃肿，效率低下，行政人员、服务人员多于专任教师的现象，导致行政部门人浮于事，一线教师工作负担过重。大学行政管理和后勤部门机构过度膨胀，分散了宝贵的教育经费，冲淡了以教学与科研为本的办学宗旨，严重影响了办学效益。二是许多大学出现了按官位大小分配科技资源和荣誉的趋势。

① 李金峰. 高校环境文化构建与教师价值取向[J]. 沿海企业与科技，2007(4)：168-169.

② 李逢超. 高校教师工作压力源量表的编制[D]. 济南：山东师范大学，2008，10：39-45.

5. 大学教师自我管理权力不够

我国大学内部行政机构的设置沿袭政府部门的做法，实行的是各种师资工作集中管理的行政体制，大都设有师资专职管理机构总揽人事权力，全面负责学校教师队伍建设。这固然分担了教师本职工作之外的任务，提高了行政效率，但也在一定程度上助长了行政领导权力，而且多数时候这些管理部门并不能最好地贴近教师教学、科研等相关工作，不能完全代表教师的心声，出现了"外行管理内行"的情况。有的学校甚至从一个教育学术单位变成了等级森严的机关，行政部门越来越起主导作用。行政后勤本应是为教师服务的，但现在教师到学校行政部门办事更多地要看行政人员脸色，这种应然与实然脱节的角色错位容易让大学教师产生工作压力。

（三）工作本身压力源

1. 工作负荷压力

大学教师中普遍存在工作超负荷的现象。教书育人的责任感、教学质量和技能培养的高要求、科研压力等，使教师工作成为一项复杂而又具有创造性的工作，需要教师付出更多的劳动和精力。近年来，大学抓住发展机遇，迅速扩大办学规模，但教师队伍建设滞后，导致绝大部分大学师生比远远低于国家规定标准，学生多、教师少成为突出矛盾。一些大学教师严重缺编，教师与学生比例失调，教师工作量陡增，尤其是基础课和公共课教师的课时特别多，有的大学教师每周课时达到了 30 节以上。此外，除了正常教学，大学教师还要研究、落实适应不同个性的个别化教学、创新教学，教学任务非常繁重[①]。有研究发现，2004 年大学教师的工作量比 5 年前增加了几倍[②]。虽然大学教师不用坐班，但其隐性劳动所付出的时间更是难以计算。有调查显示，大学教师平均每天的工作时间大约在 11 个小时以上，睡眠时间远远不够。有 68% 的人感到工作压力大，有

---

① 刘志成. 对缓解教师压力问题的几点思考[J]. 中国高教研究，2003(10)：72－73.

② 刘兵，江晓原. 量化考核与两种文化[EB/OL]. [2005－01－11]. http://shc2000. sjtu. edu. cn/ 0505/lianghuak. htm.

22%的人甚至认为压力“巨大”①。

目前大部分大学所推行的教师博士化、竞争上岗等一系列改革措施，以及要求所有教师都申请课题，使得教师大部分时间都花在实验室和办公室里，缺乏适当的休闲时间。这种情况使教师处于超负荷工作状态，体力消耗大，生活不规律，缺乏体育锻炼等，这不仅影响教师的身心健康，而且会影响其工作质量，使教师产生工作压力。

2.职称评聘与科研压力

我国大学以科研取向来决定教师升迁的晋升制度已经是造成大学教师心理压力和困惑的主要原因。在许多大学教师看来，职称评聘与科研任务是带来工作压力的直接因素。大学教师每年除了要承担若干课时的教学任务以外，许多大学还规定申报职称必须要发表一定数量、一定级别的学术论文或著作，承担一定档次的科研课题。职称越高要求越严。在大学的各项评审中，对科研成果的关注度大大超过了对教学的关注。学校制定的各项激励措施不断强调科研项目的申报数量与级别、学术论文发表的数量与刊物级别。目前许多大学对教师承接科研课题、发表论文的数量和档次等都有明确要求。而发表论文排行榜的设置，对论文作者实施的重奖制，几乎每年每学期都要填报的各种科研成绩表格等，都在有形无形地提醒着大学教师要写论文、发表论文，无时无刻不在折磨着大学教师。经费、职称、竞标、写规划、论文必须上 SCI、EI 等的论文检索，把人压得喘不过气来②。在这种考核指标体系下，论文与科研经费等又直接和教师的收入、住房、职称评定直接挂钩。大学教师当然应该写论文，但上述做法其实是“唯论文至上”。从一定意义上说，这也是各大学的“政绩工程”。这些都使大学教师一直处于高速运转状态。他们在实验室通宵达旦地做实验，在电脑前不停地进行数据分析，造成脑力上的极高消耗。科学研究必须要经历一个过程，科研成果不是短而快的产物，大学这种对科研成果近乎急功近利的追求导向无疑造成了教师的巨大压力。而

① 尹桂荣．高校教师的压力与调适[J]．零陵学院学报(教育科学版)，2004，12(6)：179－181．

② 李兆良，等．高校中青年知识分子“过劳死”引发的思考[J]．医学与社会，2006(1)：12－14．

在职称评定、职务升级、课题的安排上的论资排辈现象,使教师感到压力更大。

3. 人际关系的压力

大学教师由于工作性质的关系,生活圈子相对较窄,接触对象主要是家人、同事和学生,外界沟通较少,容易造成人际交往的局限。大学历来实行教师上课来、下课走,教师没有固定的办公场所,与同事、学生的交流甚少,同在一个学校教书,三五年不认识不了解是很平常的事,再加上人员流动频繁,使大学教师在人际交往状况中缺少心理支持。

同时,大多数大学教师独立性强,在事业上富有竞争性而不肯认输,在待人接物方面正义感强,对不合理现象深恶痛绝,不愿迁就和屈从,刻意追求自己的独立人格,喜欢标新立异,因而易为他人所误解,这就造成许多大学教师的交往障碍。既要处理好与领导、同事、家人的关系,又要处理好与学生的关系,这些复杂的人际关系使大学教师难于应付。

现实中,教学中的竞争、教育理念的不同、个性特征的差异、领导的不恰当批评以及家庭成员的不理解等,常常会给大学教师很大的压力。人际交往障碍所导致的心理压力会影响人的情绪,并波及工作、学习与身心健康等方面,那么产生压力就在所难免。

大学教师过高的自我期望与个人能力有限的矛盾也是造成大学教师工作压力大、职业满足感低的现实原因。大学教师除了要有良好的表达、沟通以及思维能力来做好教学工作外,还要有较高的学识以及继续学习的能力来搞科研创造;另外,他们还要有良好的人际交往能力、情绪控制能力、管理能力以及较强的适应能力来处理好其与上级、同事和学生之间的关系。如果大学教师的能力不足,就会加大其工作的压力。而且大学教师在工作中势必会遇到各种各样无法预料和难以解决的问题,如教学、科研的挫败,错失晋升职称的机会等,这对大学教师的心理承受能力和心理防御能力都是极大考验①。

① 靳娟,靳静毅.北京高校教师工作压力状况及影响因素的实证研究[J].北京社会科学,2010,5:39－43.

4. 职业发展压力

职业发展压力来源可以从内外两个方面进行分析。从外部来讲，随着科学技术水平的不断提高，社会对大学的人才规格和质量也不断提出新的要求，进而对教师学历也提出了更高的要求。目前大学对教学科研人员的学历要求越来越高，并且直接关系到职务升迁和职称晋升。学历越高，随之而来的一系列待遇和个人成就感都明显提高，即在大学，个人的学历、职称越高，地位越稳定，生活和经济条件越好，越能从心理上满足个人的成就感。因此，在教学科研的同时，年轻一点的教师想方设法攻读硕士、博士学位，年长一点的也要尽量提升学历或做访问学者。这种水涨船高的现象本无可厚非，并且顺应了时代发展，益处多多，但我们应看到，目前在大学职称评聘过程中存在着重学历的倾向，这往往是造成教师情绪紧张的重要因素。从内部来讲，每个人都有努力保护和获得资源的倾向，工作需要付出资源，大学教师属于高脑力消耗的职业，“知识”是他们的从业资本，当这些最有价值的资源不断消耗却得不到足够的补充时，必然会让他们感到不安和有压力。同时，在知识信息量陡增、传媒迅速发展的今天，信息渠道不断增多，学生接触的事物也更多了，再也不是授业者“闻道先知”了，几乎所有的大学教师都有着不同程度的知识危机感。从目前我国高等教育发展趋势来看，对教师尤其是青年教师的学历要求越来越高，但继续教育没有形成良好机制，加上大学教师本身工作饱和，难以脱身，深造机会较少，教师容易陷入教学智慧被耗尽的焦虑之中，从而对自己的职业生涯失去信心，产生教学业务荒废感。

5. 学生压力

近年来出现高等教育质量下降的现象，这里面有教师的原因，也和学生状况有重要关系。大学扩招后，学生人数激增，再加上现在的学生接触面广、信息渠道多、个性鲜明、知识水平高，凡事都有自己的看法，不会一味地将老师所讲授的内容视为权威，很多老师辛苦投入却达不到预想的成效。大学教师无论在课上、课下都竭尽所能与学生进行贴心交流，但这也未必能触动个性十足的大学生，而且学生的学习状况、行为表现、道德表现以及对教师的评价还都反映着大学教师的教育教学效果。许多大学教师辛苦投入教学,既劳身又劳心,却往往换不来学生的理解,这使得他们既伤心又无奈。而学生对教师的要求和期望越来越高,这种高期望与低成效之间的差距也成为大学教师产生工作压力的原因之一。尤其是师生冲突,它直接或间接地涉及教学双方的权益问题、经济问题、人格问题和有关道德与法律责任问题。大学教师在人们心中一直是社会精英,是人类灵魂的工程师,具有极高的社会声誉,但是在高等教育实行改革后,大学教师成为"打工者"。而学生作为服务的购买者,心态发生了明显的变化,有一种高高在上的心理,这对传统的师生关系是一种前所未有的颠覆。这种颠覆给教师带来了巨大的心理压力。所以,在原则上教师即使遇到不讲道理、曲解事实,甚至痛骂教师的学生和家长,也必须保持冷静、平和、理解的心态,从而压抑自身的感受,做出精神妥协。这种长时间的情感投入,会使教师"精神耗竭",直接给教学工作带来影响,应予以高度重视①。

学生评教是指学校出面组织的,由学生根据教师所提供的课程及其相应的教学表现、授课效果,并结合自己在学习该课程中的收获与感受,在学校提供的评价指标体系下,对教师的课堂教学做出价值判断的活动②。学生评教的实质是一种下级对上级的绩效进行评价的活动。在这种形式的绩效评价程序当中,有两个步骤是非常重要的:对评价者进行培训和对评价过程当中可能出现的偏见进行有效的控制。在大学的学生评教实践中,正是缺少这两个关键的步骤,因此,学生评教结果的客观性、公正性和合理性是值得怀疑的。学生评教的结果只能用于教师培训和开发的目的,但在实践中直接被用来作为教师绩效的认定依据。这种学生评教结果的不正确使用会使教师产生调整自身以迎合学生期望的需要,从而导致压力增加。

大学生的生理、心理发展处于即将成熟而又不稳定的阶段,一方面,

① 李逢超.高校教师工作压力源量表的编制[D].济南:山东师范大学,2008,10:39-45.

② 李丹青,钱存阳.高等学校中的"生评教"制度研究[J].教育发展研究,2005,10.

他们对周围事物和自身的变化越来越敏感，渴望平等，渴望得到别人的认可，需要别人的理解和关心；另一方面，大学生发展的不完全性以及随之产生的矛盾心理和对他人产生的不正常"成见"效应，又给交往设置了人为的障碍。因此，教师不仅要有良好的德行，同时还必须具备精湛的最新知识体系。这就要求大学教师在努力提高自己的业务素质的同时，还要培养自己的各种才能及兴趣爱好[①]。

三、大学教师工作压力的测量

虽然国外许多研究及国内的许多调查和报道均表明大学教师处在巨大的工作压力下，但目前国内还没有专门针对大学教师工作压力的成熟的工作压力测试工具。国内研究者在研究大学教师的工作压力时多采用一般工作压力问卷作为测量工具，这样的测量工具尽管能够测量一般工作中共有的压力，但是缺乏对大学教师特有压力的针对性测查能力。因为没有完全反映大学教师职业特点的量表和问卷，有些研究者针对调查对象，使用自编的工作压力问卷来测量教师压力的状况。

国内研究者有的直接使用外国的工作压力量表，如林春梅等(2002)使用美国南佛罗里达大学编制的《工作压力和工作压力反应的调查问卷》测量大学教职员工的工作压力[②]。有的使用心理卫生量表，如柳友荣(1998)使用 SCL－90 焦虑量表测量大学青年教师压力状况[③]。有的研究者修订外国量表使之本土化，如王国香等(2003)修订了一个适合中国文化的教师倦怠量表[④]。有的自编量表，如张桂萍(2005)编制的《石家庄市大学青年教师工作压力量表》，由 26 个题目组成，量表含有 6 个因素，即人际关系、职业发展、工作负荷、家庭生活、组织结构和自我期待。此量表

① 杨年喜，阳剑兰，马军．高校师生人际交往障碍分析及对策[J]．高教理论与实践，2001，2.

② 石林．职业压力与应对[M]．北京：社会科学文献出版社，2005.

③ 柳友荣．高校青年教师心理健康状况调查分析[J]．高等教育研究，1998(4)：84－86.

④ 王国香，刘长江，伍新春．教师职业倦怠量表的修编[J]．心理发展与教育，2003(3)：82－86.

采用4级计分法(没有压力=0,有些压力=1,有压力=2,有很大压力=3),理论分数范围是0~78分。此量表仅针对一个地区的大学青年教师进行编制①。闫祯(2006)参照美国南佛罗里达大学所编制的《工作压力和工作压力反应的调查问卷》,编制了《高师院校中青年教师工作压力表》,适用范围有限定。目前,我国还没有被研究者广泛认同的针对大学教师特有压力的测查量表。黄琼、王会明(2008)编制的《高职教师职业压力量表》由26个题目构成,量表由6个维度的因子组成,分别为学校管理与教师待遇、角色职责、自身生存与发展、学生因素、人际关系和工作负荷。量表具有较好的结构效度和较理想的信度,但是该研究仅抽取300名湖北职业技术学院教师作为被试,代表性明显不足②。

靳娟、靳静毅(2010)采用自编的《大学教师工作压力量表》对北京市两所大学的320名教师进行调查,结果显示,尽管不同性别、不同年龄段、不同职称、不同学科的教师在压力强度上有差异,但大学教师的工作压力强度普遍较高③。其认为压力源来自社会因素、学校管理及制度、职业发展、人际关系、工作负荷和工作条件、工作无乐趣和学生因素等。

以下主要介绍学者李虹(2005)和李逢超(2008)的自编调查问卷。

李虹(2005)的研究对象为北京市两所大学的187名教师④,5个分量表是工作保障、教学保障、人际关系、工作负荷和工作乐趣。根据对其心理测量学指标的检测结果,该研究认为此量表可以作为测量大学教师压力水平的一个较为可靠的工具。在李虹的研究中,按照压力源(客观压力)而不是压力反应(主观压力)来编制测量题目,以大学教师的特有工作压力作为测量目标。为避免混淆严重压力和不可控压力,研究中将以压力的严重程度来划分压力等级,而不以可控性程度来划分,此问卷采用4点分数(1=没有压力,2=轻度压力,3=中度压力,4=严

---

① 张桂萍.石家庄市高校青年教师工作压力量表的编制[D].石家庄:河北师范大学,2005.

② 黄琼,王会明.高职教师职业压力量表的编制[J].温州职业技术学院学报,2008,(2).

③ 靳娟,靳静毅.北京高校教师工作压力状况及影响因素的实证研究[J].北京社会科学,2010,5:39-43.

④ 李虹.大学教师工作压力量表的编制及其信效度指标[J].心理发展与教育,2005,4:105-109.

重压力)。为避免东西方文化差异带来的测量问题,该研究将以大学教师自己报告的压力源作为测量题目的来源,西方文献仅作为参考。工作保障因子能够解释的总变异最多,教学保障因子其次,而工作乐趣因子能够解释的总变异最少。这说明,大学教师最感压力的还是和基本的生存保障有关的问题,乐趣毕竟不是主要因素。在众多的压力源中,人际关系被提取出来作为一个压力因子,可见人际关系在工作中的重要性。其认为大学生教师所承受的工作压力为慢性工作压力,而不是急性工作压力。具体如下:

因子Ⅰ——工作保障因素(与工作保障有关的压力源):

(1)担心失业;

(2)养老问题;

(3)表达能力问题;

(4)工作岗位的竞争;

(5)工作不被认可;

(6)没有时间学习/知识贫乏;

(7)文化程度低/学历低;

(8)害怕生病。

因子Ⅱ——教学保障因素(与教学保障有关的压力源):

(1)学生难管理;

(2)培训机会少;

(3)不喜欢学校工作;

(4)与学生的关系;

(5)知识危机感。

因子Ⅲ——人际关系因素(与人际关系有关的压力源):

(1)上级不信任;

(2)人际关系问题;

(3)上级要求变化快;

(4)周围同事素质差。

因子Ⅳ——工作负荷因素(与工作负荷有关的压力源):

(1)工作时间长;

(2)每天要做的事情太多;

(3)工作要求高。

因子Ⅴ——工作乐趣因素(与工作乐趣有关的压力源):

(1)工作没有乐趣;

(2)工作千篇一律;

(3)睡眠不足;

(4)每天要做自己不想做的事情。

李逢超(2008)的研究中被试达920名,涉及多所大学,研究突破了以往研究样本较小的局限,在该研究中把教师工作压力划分为9个因子①,分别是:

因子Ⅰ——领导与组织结构因素;

因子Ⅱ——人际关系与自我身心因素;

因子Ⅲ——职业发展因素;

因子Ⅳ——工作负荷因素;

因子Ⅴ——工作无乐趣因素;

因子Ⅵ——工作适应因素;

因子Ⅶ——职称评聘与科研因素;

因子Ⅷ——学生因素;

因子Ⅸ——家庭生活因素。

从以上测量工具来看,虽然这些量表的信度和效度问题均经过验证,丰富了大学教师工作压力测量的内容,但由于测量指标体系不统一,不同的研究者可能根据各自的偏好采用带个人倾向的测量,因而均需要不断完善。

---

① 李逢超.高校教师工作压力源量表的编制[D].济南:山东师范大学,2008,10.

第四节　工作压力的后果

从生存进化的意义上说,压力并非都是有害的。在非洲的大草原上,每天清晨当羚羊睁开双眼,所想的第一件事就是我必须跑得比最快的狮子还快,否则我就会被狮子吃掉。而就在同时,狮子从睡梦中醒来,闪现在脑海里的第一念头就是我必须跑得比最慢的羚羊要快,要不然我就会饿死。于是,几乎是同时,羚羊和狮子一跃而起,迎着朝阳跑去。生存的压力,使羚羊成了奔跑"健将",狮子成了草原"猎手"。同样,正是在与动物、自然界的搏击中,在一定的压力状态下,人类得以进化和发展。

在现代人类的生活中,像羚羊和狮子那样的生存压力已不再是威胁,但人类从农业社会走向工业社会,又从工业社会迈向信息社会所创造的物质繁荣,使我们承受着无处不在的形式多样的各种压力,如事业挫折、经济困难、家庭破裂、人际关系恶劣等,或者升职加薪、竞争性比赛等。所有的这些事件,都会给个体带来身心紧张,使之感到压力。压力像空气、水一样时刻存在于我们的周围。

心理学研究表明,承受压力是生活中不可避免的,是人类生活不可缺少的一部分。心理学家进一步认为压力具有两面性,即压力既能产生阻力,也能产生动力,适度的压力对人有益。一方面,适度的压力使我们在面临真正危险时能做出适当的自卫反应,是维持正常身心功能的必要条件,具有唤起、调整、加强等功能,是我们应付生活的基本条件,使我们尝试新事物,唤醒我们的斗志和潜力。从某种意义上说,压力是我们实现目标的动力。另一方面,压力持续的时间较长或压力的强度很大时,就会出现头痛、心慌、皮肤疾病或者心情抑郁、多疑、嫉妒、悔恨、怨恨等身心失调问题,产生生理、情绪、行为、认知等方面的不良反应。

因此,压力具有双重性。那么工作压力的后果也分积极和消极效应两种。所谓积极效应,就是适当的压力能使个体产生积极向上的工作动机,提升工作效率。而一旦超越警戒线,工作压力就会让个体感到不堪负重，特别是压力持续时间过长，会让个体产生消极的情绪状态，从而产生消极的行为，降低甚至破坏个体的工作积极性，更有甚者会引发躯体、心理残疾。

在实际生活中，大多数人在思考"工作压力"一词时，大脑里出现的词汇基本都是以"消极"的形式表达出来，如沮丧，感觉失控，过度操劳，头痛或偏头痛，时间和紧张，焦虑，失眠等。从人们选择的词汇结果中分析，人们产生的联想基本都是负性的反应式，即以过度疲劳、紧张感、压抑感的形式来表述压力。这些字眼表达出我们讲述工作压力的切身体会时的普遍想法，即在大多数情况下，压力被认为是个人的消极体验，负性情绪和后果构成了压力的主要特征。

从已有的研究结论可以看出，绝大多数的研究主要关注的是工作压力的消极影响，特别是对个人的生理、心理和行为方面以及对组织工作效率的负面作用。

一、工作压力与身心健康

19 世纪研究者威廉·奥斯勒(William Osler)这样描述犹太商人："过着紧张的生活，全身心地投入工作，牺牲了自己的快乐，满腔热情都献给了家庭，犹太人的神经能量已经消耗殆尽，并且他们的身心系统所承受的压力与负担，似乎是很多胸痛及心绞痛案例的原始诱因。"(Hinkle，1977)[①]正是由于工作压力所带来的这些后果，使得人们关注工作压力，并且将心理健康作为衡量工作压力后果的标准，对工作压力和心理健康的关系进行大量研究，希望能够找出管理工作压力的适当办法，减缓工作压力对工作者造成的心理上的消极影响。

工作压力对身心健康的影响后果主要表现出三种症状，即生理症状、心理症状、行为症状：①生理症状。工作压力感出现初期，容易表现在其

① Hinkle L E, Jr. The concept of "stress" in the biological science[M]//Lipowski Z J, Lipsitt M D, Whybrow M D. Psychosomatic medicine: Current trends and clinical application. New York: Oxford University Press, 1977: 330 - 339.

生理症状方面。据医疗保健专家研究，压力感能使患者新陈代谢出现紊乱、心率与呼吸率增加、血压升高、易患心脏病，表现为头疼、失眠、精神不济、疲劳、溃疡病、心血管病变等身体问题。②心理症状。随着压力感增强，引发个体产生消极的情绪、情感，使自尊水平下降，出现抑郁、易怒、焦虑、无助感等心理问题，表现为紧张、忧郁、焦虑、敏感、多疑、焦躁不安、难以放松等。心理学的研究显示：教师工作本身是一种情绪劳动。如果压力过高，就使情绪劳动过重，导致情绪出现衰竭现象。③行为症状。工作压力导致个体产生消极工作态度，进而有消极行为的产生，表现为滥用药物、过度兴奋、酗酒或过度抽烟，甚至出现强迫性行为，症状包括生产率的变化、缺勤、流动、饮食习惯改变、嗜烟、言语速度加快、烦躁、睡眠失调、高事故率、较差的组织气氛等。对教师而言，具体表现为自信心下降，错误增加，消极怠工，经常旷工甚至体罚、漫骂学生，有的甚至会逃避工作，出现抽烟、酗酒、暴食等不良行为以及自杀或自残等极端行为。这就严重影响了教师的身心健康，从而降低了教师的工作效率。

研究者普遍认为，长期过度的职业压力影响大学教师身心健康，使教师身心功能失调、出现认知偏差、注意力不集中、判断能力和社会适应能力下降、焦虑等症状。对学校组织的影响主要是引起教师的不满、消极、高离职率和缺勤等问题。

潘欣等(2010)研究表明，大学教师工作压力、工作满意度和心理健康三者之间具有密切关系，工作压力作为预测变量，分别对大学教师的工作满意度和心理健康具有显著预测作用，工作压力变量直接显著影响到大学教师的心理健康水平；另外，工作压力还可以通过工作满意度间接影响心理健康水平[①]。曾晓娟、刘元芳(2011)研究发现，由于过高的压力，每年教师缺课的天数以及提前退休的人数和流失的人数都有不断上升的现象，而且教师因为过大的压力而形成一种消极的心理，教学效果下降，

① 潘欣，王剑，郑子健，唐燕．陕西省高校教师工作压力对心理健康影响因素的分析[J]．中国健康心理学杂志，2010，1：29－31．

甚至出现和学生关系紧张的现象，严重影响和制约了学校的发展[①]。吴彩虹(2011)研究发现，工作压力大导致身体产生各种疾病。《广州日报》报道，大学教师身体健康的占10.4%，处于亚健康状态的占69.18%，处于疾病状态的占20.42%，其中大学教师某些慢性疾病的患病率较高，以心血管疾病患病率最高，其次是消化系统疾病。随着年龄的增长，各种患病率有明显增加的趋势。不仅如此，大学教师工作压力导致的消极情绪，如愤怒、抑郁等也会助长压力的危害。对于大学教师来说，工作中竞争不断、优胜劣汰，肩头上的学术、教学责任重，使得许多大学教师长期生活在工作压力之下。工作压力导致大学教师心理不健康[②]。

近年来，越来越多的研究者提倡关注积极压力，研究积极压力出现的背景和方式。美国心理学会主席瑟利格曼(Seligman)呼吁，心理学应该从只研究人类的消极的心理倾向中转变，要关注人类自身存在的积极品质，如勇气、乐观、希望、诚实、毅力等，通过发掘困境中人的潜在能量就可以做到有效地预防疾病，保证心理乃至身体健康[③]。西蒙(Simmons)和尼森(Nelson)认为，积极情绪、意义感、可掌握性和希望可能是预测积极压力反应的指标[④]。目前对积极压力的研究还比较少，而且主要处于理论研究状态。

二、工作压力与工作绩效

由于工作绩效是衡量组织目标实现程度的核心标准，也是管理者评估管理效果的重要依据，工作压力与工作绩效的关系一直是国内外心理学、管理学的研究热门。在研究工作压力时，把绩效作为因变量的现象非常普遍。许多学者在这方面做过大量的理论和实证研究。两者之间的关

---

① 曾晓娟，刘元芳. 高校教师工作压力研究的进展与问题[J]. 黑龙江高教研究，2011，1：82－85.

② 吴彩虹. 论高校教师工作压力与释放途径[J]. 中国电力教育，2011，1：30－31.

③ Seligman M，Csikszentmihaly M. Positive psychology：An introduction[J]. American Psychologist，2000(1)：5－14.

④ Simmons B L，Nelson D L. Eustress at work：the relationship between hope and health in hospitalnurses[J]. Health Care Management Review，2001(4)：7－18.

系主要分为三类，即互动论、冲突论和激励论。雅克和道森（Yerkes & Dodson，1908）支持互动论，他们提出了工作压力与工作绩效之间的倒 U 形关系模型，认为在低压力水平下，员工不可能受到充分的挑战，或有尽努力工作的愿望[①]。所以一定限度以内，提高压力会增加绩效。而过高的压力则会影响员工最佳水平的发挥，这时压力是一种消极因素。冲突论的主要学者有米勒（Miller，1960，1978）以及珍妮斯和曼（Janis & Mann，1981），他们认为工作压力与工作效率之间是相互冲击的，压力与工作业绩存在负线性关系。激励论认为压力是激励个人有良好的工作绩效的催化剂和推动力，赫伯（Hebb，1958）和斯克特（Scott，1966）是这一观点的代表人物，他们都认为压力是一种挑战，可以激发个人的成长和职业发展。

国内研究者胡雄鹰等（2009）支持压力与绩效互动论的观点，认为工作压力对工作效率的影响本身并不是坏事，它也有积极的、有价值的一面，适当的压力往往是一种动力，如增加工作效率，提高工作满意度等。但是过度持久的工作压力不但不能提高工作效率，反而会削弱工作效率。工作压力与工作效率之间存在一种倒 U 形的关系，可以由图 8.2 所示的压力管理模型反映。压力管理模型的纵坐标为大学教师的个人表现。压力管理模型的横坐标代表对大学教师的要求。压力曲线代表一个人对付压力的能力。压力曲线依最高点为分界点分为左右两个部分，左边部分又分为剥夺、厌倦、快乐三个阶段，右边部分分为重负、负担、威胁三个部分。当要求大学教师能达到快乐的表现的时候，这种压力对大学教师是最好的，而且在这种压力情况下，大学教师的表现能力可能会发生上升的变化，即提高大学教师的表现能力。过少的压力和过度的压力都会使大学教师的工作效率降低。不同的大学教师的压力曲线是不同的，相同的要求对某一个大学教师来说可能是很好的激励和挑战，对于另一个大学教师来说可能就是重负，会压垮他[②]。

---

① Yerkes R, Dodson J. The relation of strength of stimulus to rapidity of habit – formation[J]. Journal of Comparative and Neurological Psychology, 1908, 18: 459 – 482.

② 胡雄鹰，朱湘晖，张宗祥. 高校教师工作压力管理研究[J]. 武汉工程大学学报，2009，11: 29 – 32.

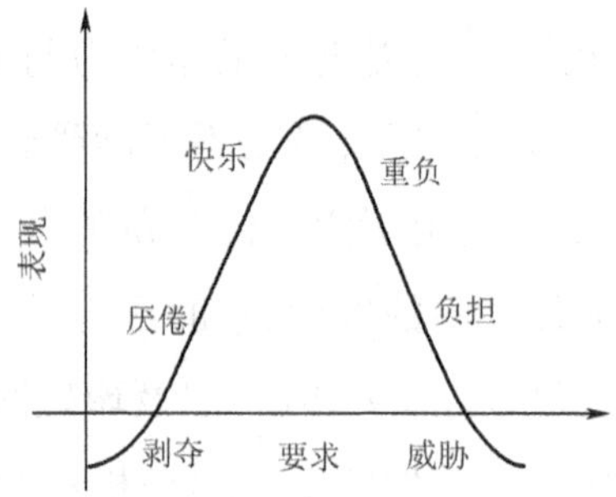

图 8.2　压力管理模型

三、工作压力与工作倦怠

20 世纪 70 年代以后,对工作倦怠的研究开始增加。马斯拉克和杰克逊(Maslach & Jackson,1981)认为工作倦怠是在以人为服务对象的职业领域中个体的一种情感耗竭、人格解体和个人成就感降低的症状,认为工作倦怠是在没有精神病理学原因的前提下,个体的一种由期望所调节的、与工作相关的、烦躁不安的、机能失调的状态[①]。情感耗竭是指在工作过程中,个体在处理所遇到的难题与要求时,会感到能力不足与精疲力竭,最终导致工作情绪资源的丧失,心理状况表现为疲劳、烦躁、紧张和易怒;人格解体也称去个性化或疏离,是指个体对待工作和同事的冷淡、疏远和漠不关心;个人成就感或职业效能感降低是指在工作过程中,个体对于工作感受到低成就、无意义以及缺乏成功体验。可见,工作倦怠这一概念起初是特指助人工作者由于工作需要持续的情感付出而导致身心耗竭状态,此后工作倦怠引起了各领域的广泛重视。研究者发现,在教师、警察以及其他社会工作者等需要大量与人接触的职业中普遍存在这一现象。

关于工作压力与工作倦怠之间的关系,许多学者主张两者既有联系

① Maslach C, Jackson S. The measurement of experienced burnout[J]. Journal of Occupational Behaviour,1981,2:99－113. Brill P L. The need for an operational definition of burnout[J]. Family and Community Health,1984,6:12－24.

又有区别。瑟利(1958)认为,个体在面对压力时,常常会出现一些适应性的阶段反应,这些阶段包括警觉阶段、抗拒阶段和衰竭阶段。在警觉反应阶段,引起压力的外界刺激因素(Stressor)使人体内产生一系列生理和化学反应,如肾上腺素分泌增多、呼吸加速、心跳加快、血压升高、敏感性增强等。如果这种因素持续起作用,则进入第二阶段,即抗拒阶段,这时人体会动员相应的器官或系统去应付这些因素。这种应付会对人体产生破坏作用,如人体免疫力下降,最终将导致人体产生病变。最后,当这些引起压力的因素长期不断地持续下去时,人体会进入衰竭阶段。工作倦怠通常是与最后的衰竭阶段平行,发生在工作压力的最后阶段。瑟利认为,人体对压力的适应是按阶段进行的,各阶段的时间进程依赖于抵抗的成功程度,而这种成功程度则与压力源的强度和持续时间有关。弗里登伯格和查尔利斯(Freudenberger & Cherniss,1980)都认为,工作倦怠是工作者在工作上遭受过度的压力,或是个人对工作不满意,因而产生的一种心理上对工作退缩,缺乏热情和使命感的现象。可见,工作压力是工作倦怠形成的重要原因。邓汉姆(Dunham,1992)同样认为,工作倦怠是工作压力的一种极端形式,是不可调和的压力反应的产物。斯考菲利和格林哥拉斯(Schaufeli & Greenglass,2001)认为,工作倦怠是由于长期面对具有强烈情感要求的工作环境,而造成的生理、情感和心理的耗尽状态。

有研究表明,工作压力是导致教师产生工作倦怠的最直接原因,工作压力越大,特别是来自考试、人际关系和工作负荷的压力越大,教师工作倦怠的程度就越严重。

早期研究大学教师压力的相关人员包括格梅尔克、拉维里克和威尔克(Gmelch,Lovrich & Wilke,1984)①,他们主要致力于与教学相关的情景因素对教师所造成的倦怠方面进行研究。奈德尔(Neidle,1984)得出如下结论:美国教师的压力和倦怠程度在不同阶段具有不同的发展模式,即教师的压力和倦怠具有间隔性。一学年的不同时期,教师的枯竭程度是

① Gmelch W H,Lovrich N P,Wilke P K. Sources of stress in academe:a national perspective[J]. Research in Higher Education,1984,20(4):477－490.

有区别的，9 月和 10 月增高，1 月下降，3 月和 5 月又再次增高[①]。

邓汉姆和法玛(Dunham & Varma,1998)的研究表明，角色冲突不仅是造成教师职业压力的重要因素，而且与情感衰竭和人格解体关系显著[②]。潘迪和拉克斯(Pandey & Rakesh,2001)在对工程学院的大学男性教师的职业压力与职业倦怠的关系研究中发现，角色模糊和不合理的组织和政治压力是职业倦怠各个维度的两个最大的预测因素[③]。

中国人民大学公共管理学院组织与人力资源研究所和新浪教育频道联合启动了“2005 年中国教师职业压力和心理健康调查”，本次调查由新浪网发布，供教师在线参加本次调查。有 8 699 名教师填写了调查问卷。统计结果表明，有 49. 7% 的被调查教师有较明显的情绪耗竭，只有 24. 4% 的被调查教师情绪耗竭程度较低或者没有出现情绪耗竭的情况；中国教师在去个性化这一维度上，有 56. 1% 的被调查教师得分比较高，只有 19. 5% 的被调查教师得分较低。由此可以看出教师中有超过 50% 的人对工作不像他们刚参加工作的时候那么热心和投入，总是很被动地完成自己分内的工作，或者抱着一种“应付”的心态在工作，有时甚至还会出现不关心教学质量与成效、不关心学生成长的情况。在所有被调查的教师中，有 68. 20% 的人成效感低落，或对工作没有成效感，只有8. 2% 的人(也就是说，10 名被调查教师中只有 1 名教师)对自身的评价较高，具有较高的成效感，认为自己能有效地胜任工作。从这一调查结果可以看出，绝大部分被调查教师有轻微的工作枯竭，或者说出现了一定程度的工作枯竭的状况，而有 29% 的被调查教师，也就是每 10 个被调查教师基本上有 3 个出现比较严重的工作枯竭[④]。崔向军等(2011)选取唐山市华

---

① Neidle E A. Teacher approaches to combating professional burnout [J]. Journal of Dental Education, 1984, 48(2): 91 - 94.

② Dunham J, Varma V. Stress in teachers: Past, present and future [M]. London: Whurr Publishers Ltd. 1998 (7).

③ Pandey, Rakesh. Occupational stress and burnout in engineering college teachers [J]. Journal of the Indian Academy of Applied Psychology, 2001, 27 (1 - 2): 67 - 73.

④ 2005 年中国教师职业压力与心理健康调查 [EB/OL]. http://www.sina.com.cn 2005/08/26, http://edu.sina.com.cn/l/2005 - 08 - 26/1106125867.html.

北煤炭医学院和唐山师范学院两所大学的在职教师作为调查对象,共发放问卷300份,收回有效问卷259份。结果表明:大学教师的工作压力总得分与职业倦怠总得分显著正相关($P<0.01$),情绪耗竭和去个性化均与压力各维度得分呈显著正相关,而个人成就感降低与压力的社会因子存在负相关关系($P<0.05$),与学校压力和个人压力不存在相关关系。从而说明大学教师工作压力越大,其职业倦怠状况越严重,进一步分析得出个人压力对职业倦怠有较好的预测作用①。

第五节 大学教师工作压力管理策略

一、教师个人应对策略

工作压力的形成是外在因素和个人内在因素相互作用的结果。因此,个体通过自身的努力化解压力,采取相应的应对策略是解决问题的重要一步。

应对又称应付或因应,是指个体评价压力源的意义,控制或改变压力环境,缓解由压力引起的情绪反应的认知活动和行为。良好的应对方式是个体避免压力伤害的一个重要手段,有助于缓解精神紧张,帮助个体保持心理平衡,从而维护个体的身心健康。我国台湾学者施淑芬(1990)认为,大学教师主要使用休闲、自我关注、社会支持和合理认知等应对策略。格里夫斯(Griffith)等(1999)研究表明,社会支持和有效处理行为策略都会影响教师对压力的感觉②。基里亚克(Kyriacou,2001)总结出两种应对类型:一是直接行动,它包括积极地处理压力源的所有策略;二是使用缓解技术,即试图减轻由压力引起的情绪体验,如放松、运动等③。

---

① 崔向军,马洋纳,朱小茼.高校教师工作压力与职业倦怠的相关研究[J].中国健康心理学杂志,2011,5:561-562.

② Griffith J, Steptoe A, Cropley M. An investigation of coping strategies associated with job stress in teachers[J]. British Journal of Educational Psychology, 1999(4):517-531.

③ Kyriacou C. Teacher stress: directions for future research[J]. Educational Review, 2001(1):27-35.

我国研究者陈德云(2002)认为,发展教师评价制度对改善教师的生存状态、解决教师压力问题具有重要意义①。

贺琼(2008)针对大学教师个体,提出如下建议:①建立以及维护自知、自信、自立、自强和自尊的自我系统;②培养形成良好的应对压力的方式和策略;③坚持体育锻炼等②。

金南顺、周春利(2010)提出以下调适建议:其一,自我定位要合适;其二,改变认知,正视压力;其三,积极调节情绪,乐观对待压力;其四,主动寻求帮助等③。

综合以上学者的研究,本章提出个体应对工作压力的措施。

(一)认识自我,做好定位,明确目标

在进行个人压力管理时,首先要认识自我,对自己要有全面客观的认识,具体包括对自我个性、价值观和个人能力等方面的认识。自我认识可以通过自我评估和他人意见来获得,必要时还可以采用心理测验法来明确自己的兴趣、价值观、能力、性格等。因为个体因素与对压力的认知和感受密切相关,承认这些差异是有针对性地解决压力问题的开始。

在自我认识的基础上,通过对自身优势、劣势的客观分析,给自己一个准确的定位,找到工作和生活的方向,然后设置明确的发展目标。把工作和生活作为一个整体来规划目标,目标既包括工作领域和职业发展的目标,也包括个人和家庭目标等。个体应将目标按轻重缓急排列并依次处理,特别注意的是,目标需量力而行、清晰具体,而且目标必须是可衡量的和通过努力可以实现的,并确定目标完成的先后顺序,随时调整目标,定期对目标进行评估。通过目标管理,增加自我对工作和生活的控制力。

(二)提高个人应对能力

现代社会,既然工作压力是不可避免的,那么,提高对压力的应对能

① 陈德云.教师压力分析及解决策略[J].外国教育研究,2002(12):53-56.

② 贺琼.长沙市高校教师工作压力、应对方式与工作倦怠的关系研究[D].长沙:湖南师范大学,2008,5:44-45.

③ 金南顺,周春利.高校教师工作压力研究[J].未来与发展,2010,6:78-82.

力非常重要。个体要与社会相适应,就必须在思维方式、人生态度、情感方式、行为模式、价值取向和知识结构等方面不断完善自我。

首先,应该理性面对压力。哲学家伊壁鸠鲁说过:“人类不是被问题所困扰,而是被对问题的看法所困扰。”在同样的压力状态下,有的人在压力面前能够镇定自若,而有的人就会惊慌失措,这是对压力的不同认知造成的。其实,很多压力的产生是个体的一种错误的非理性认知。心理学家研究表明,在造成压力的事件中,有40%永远不会发生;有30%的担忧涉及过去做出的决定,已无法改变;有12%是出于自卑感做出的批判;10%的担忧与健康有关;只有8%是合理的。所以,我们不能控制压力本身,却能控制对压力的反应。个体应建立积极的思维方式,增加认知的理性成分,用客观、理智的方式处理压力问题。

其次,主动寻求帮助。每个人都生活在一定的社会网络中,从社会中寻求帮助是一种积极的行为方式。个体除了可以向组织寻求帮助,获得组织和同事间的援助和心理支持,还可以扩大社会支持范围,从家人、朋友,或从医生、专家处寻求帮助。这些支持无论是情感支持还是物质支持等都有助于对压力事件的心理调节,使个体感觉到被照顾、被重视,并同时拥有自信感和价值感,缓解压力的不良后果,维护个体的身心健康,提高个体适应各种压力的能力。

再次,培养良好的工作生活习惯,包括合理调节饮食,加强体育锻炼,拓展工作以外的兴趣及活动等。特别强调的是,现代社会中时间紧迫感常常是压力的根源,所以,在工作、生活习惯中有意识地对时间进行管理非常重要。合理利用时间,区分事情的重要性和紧急性,就可以减少每天的匆忙,增加个人的工作效率,创造更多的休闲时间,就能够以积极良好的习惯和心态寻找工作和生活的乐趣。

另外,还可以运用生理放松技术,进行放松训练。例如,聆听音乐、静坐冥想、自我暗示法等,能够分散压力引起的负面情绪,达到缓解压力的目的。

(三)平衡内心

每个人的生活由不同的领域构成。被称为“时间管理教皇”的德国教授洛塔尔赛韦特认为,人们的生活领域包括身体、家庭、工作和思想四个方面。良好的健康状况是所有活动的基础和保障,从家庭和朋友获得认可、支持和爱,从工作中获得财富和成功,对未来的思索是自我价值实现的前提。我们认为获得内心的平衡其实就是在这四个领域的平衡。工作对职业群体而言是其中重要的内容,但如果工作不能带来乐趣,如果我们在工作岗位上感到不愉快或疲乏,那么,我们会对整个人生的意义产生怀疑。同时,工作也不是每个人的全部,其他三个领域同样重要。当我们成功处理好这四个方面之间的关系时,我们内心就会得到平静和安宁。

对平衡的追求是一个漫长的、持久的过程,平衡既是过程又是目标。在工作中发现乐趣,成为工作的掌控者,有着平静的心境和坦然的态度,对未来充满憧憬,最终无论工作还是生活都会异常精彩,达到心灵的平衡,创造幸福的人生。

二、学校压力管理策略

高等院校是为国家培养和造就人才的地方,大学教师队伍的建设关系到大学本身的竞争力,关系到整个国家的科学技术竞争力,也关系到国家的综合国力水平。因此,关心大学教师的状况,分析他们的需求因素,对加强大学教师队伍的建设、减少教师的离职率、提高大学教师的素质水平、改进教师的工作绩效、帮助大学管理层制定相关的决策等都有着十分重要的意义。

大学是一种人力资源密集型的社会组织,大学的学术水平直接由大学教师队伍的质量决定。教师资源不但是大学资源的最主要形式,而且也是大学是否具有竞争力的根本标志。教师这一高级人力资源所产生的竞争力是学校未来发展的关键竞争力,教师决定着人才培养的质量、科研成果的水平和社会服务的层次与范围。所以,大学应该是大学教师压力调适工作的主要承担者,大学应在其职责范围内对大学教师进行压力调适。

（一）确立以教师为中心的管理思想，合理推进教育改革，改变教学科研行政化倾向

重视教师，即要尊重教师的人格、地位和劳动。打破传统的“官本位”思想，形成尊重教师、重视教师，树立教师在教学、学校中的主导地位。

行政指令性的管理注重的只是政策的合理性、合法性，而忽视了人的个体因素，表面上管理有序，实质上效率不高，在管理与工作中往往侧重于行政管理而淡化主体——教师的精神价值和潜在价值，致使大学教师倍感压抑，扼杀教师工作的热情。大学的中心工作是教学、科研工作，工作的主体是教师、学者，大学行政管理部门及其人员应有强烈的服务意识。在进行教师人力资源管理时，要时时事事理解教师，尊重教师，服务于教师，避免给教师带来不必要的压力①。

（二）建设良好的组织氛围

学校积极和谐的支持氛围对于缓解教师压力有重要作用。大量研究表明，在和谐的氛围中，教师能够互相关心，共同分担困难。这有利于消除压力感，从而增强组织的凝聚力，给教师提供一个强大的同事支持系统和良好的成长空间②。

（三）建立科学有效的管理体制

建立公开透明的教师绩效考核制度，将奖酬与教师的工作绩效结合起来。把奖励和工作效果、工作效率挂钩，这样就会提升教师工作的积极性，提高他们的工作满意度；评估体系或考核机制要科学化、准确化，改变单纯以发表论文数量或承担科研项目数量为硬性指标的考核标准，建立科学合理的教师评价多元化标准，强化激励奖励机制，合理运用奖励这一重要手段；全面规划和落实大学教师在职培训，帮助教师预防产生知识和

---

① 贺琼．长沙市高校教师工作压力、应对方式与工作倦怠的关系研究［D］．长沙：湖南师范大学 2008，5：44．

② 陈德云．教师压力分析及解决策略［J］．外国教育研究，2002（12）：53－56．

技能的枯竭感和无力感,同时提升教师的个人成就感,使大学教师群体能够与社会发展保持持续性的适应能力,增强抗压性。另外,应广泛开展学术交流及文体娱乐活动,增进教师之间的相互了解。

(四)开展心理咨询与压力辅导

由于受家庭、组织、社会各方面的影响,可以说职业群体的工作压力不可避免,所以,学校关注教师心理健康,长期开展心理咨询与压力辅导十分必要。教师心理健康是教师完成工作职责的前提条件,教师职业的特殊性决定了教师必须具备比常人更好的心理素质。心理健康是教师素质的重要组成部分。一方面,健康的心理是教师良好身体素质的必要条件,心理上的健康会有效增强身体机能进而促进生理健康;另一方面,教师心理健康与工作的积极性、创造性密切相关,只有教师处于积极、健康的心理状态,才能充分发挥其主动性与创造性,取得令人满意的工作效果。所以对教师开展心理咨询与压力辅导是学校管理工作的一项重要任务。

心理咨询与压力辅导可以从四个方面着手:①聘请心理专家在精神生活上给予有需求的教师帮助,使教师以积极的态度与周围的客观环境融合;②大学应多组织心理健康教育讲座和心理健康的网上测评等活动,让教师明白自己的心理状况;③大学应为教师建立心理健康档案,及时了解教师的心理动态,当教师由于心理压力而产生愤怒、抑郁等不良情绪时,要设法让教师把这些情绪释放出来,并提供适宜释放情绪的环境;④学校要加强校园文化建设,丰富校园文化生活,要在校园中创设良好的群体心理氛围,形成良好的人际关系,让教师之间、师生之间、领导之间充满信任和友谊。

三、社会支持系统的建立

我国对工作压力的总体认识水平及重视程度刚刚开始,因此在宏观层面应致力于提升整个社会对工作压力的认识水平及重视程度。教育、卫生、人力资源及劳动保障等主管部门可以协调和组织力量加大对工作压力的研究,正确引导社会舆论,使社会开始关注工作压力问题,并建立一定的社会支持系统，采取一些措施改善教师群体工作压力过大的状况。

社会支持一般是指个体从社区、社会网络或从亲戚朋友处获得的物质或精神帮助。社会支持是一个人通过社会联系所获得的能减轻心理应激、缓解紧张状态、提高社会适应能力的影响。其中，社会联系是指来自家庭成员、亲友、同事、团体、组织和社区的精神上和物质上的支持和帮助。社会支持分类的方式有：①客观支持、主观体验到的支持和对支持的利用度。客观支持也称实际社会支持，包括物质上的直接援助和社会网络、团体关系的直接存在和参与，是客观存在的现实，是人们赖以满足他们社会、生理和心理需求的重要资源；主观体验到的支持也称领悟社会支持，即个体所体验到的情感上的支持，也就是个体因在社会中受尊重、被支持、被理解而产生的情感体验和满意程度，与个体的主观感受密切相关；对支持的利用度是个体对社会支持的利用情况，有些人虽然可以获得支持，却拒绝别人的帮助。然而，人与人之间的支持是相互的，支持别人的同时，也为别人向你提供帮助打下了基础。②家庭支持、朋友支持以及其他支持。这是从社会支持来源角度进行的分类，强调个体对各种社会支持来源的理解和领悟。③认知支持、情感支持、行为支持。这是以社会支持维度为出发点的分类。认知支持是指提供各种信息、意见与知识等，情感支持是指安慰、倾听、理解及交流等，行为支持是指实际的帮助行动。不同的分类反映了研究者们对其本质的不同理解。

很多学者的研究都发现，教师平常保持良好的人际关系也就是说可以获得良好的社会支持，就表现为人际关系的压力较小。而且，社会支持在职业压力和职业倦怠具有调节作用，所以教师在日常生活和教学中应当主动地与同事和亲人之间进行沟通，获得更广泛的社会支持，使一些不良情绪及时宣泄出去，使倦怠情况得到一定的改善。

总之，建立良好的社会支持体系需要国家与社会增加教育投入，改善教师待遇，减轻他们的生活压力。同时，社会要了解大学教师的生存现状与工作状态，并给予大学教师符合实际的期望。另外，社会应该给予大学教师更多的关心与爱护。

第九章　大学文化建设

“文化是一个大学赖以生存、发展的重要根基和血脉，也是大学间相互区别的重要标志和特征”①。阿什比认为，影响大学的主要力量有三种：一是来自市场和公众对人才需求的社会力量；二是来自国家政策和国家计划对人才需求的政治力量；三是来自大学体系自身内在逻辑发展的大学力量。前两者是大学发展的外在因素力量，后者是大学发展的内因、内在力量。这种内在力量就是大学自身运行规律、结构及其成员的作用②。所谓大学的内在力量，就是大学的核心竞争力。文化是一个组织的核心竞争力，因为文化具有不可复制性，文化的培育和形成是长期积淀的过程。大学文化是大学发展的核心力量，加强大学文化建设，培育优秀的大学文化，是推动大学发展的关键所在。

---

① 袁贵仁. 加强大学文化研究　推进大学文化建设[J]. 中国大学教学，2002(10)：4－5.

② 阿什比. 科学发达时代的大学教育[M]. 北京：人民教育出版社，1983.

第一节　大学文化的内涵和特点

一、文化的内涵

（一）关于文化的概念

我们对大学文化的研究，自然不能越过文化的概念，因此有必要对文化的含义作一个简单的疏理，在此基础上确定大学文化研究的内涵。

文化，可以说是人类语言中最难厘清的内涵和外延的概念之一。研究普遍认为，文化是一个非常具有广度和深度的概念，不同国家、不同历史时期、不同学者都对其有不同的解释。在古代汉语中，“文”和“化”是两个单字，分开使用。“文”的本义是指各色交错的纹理。《易·系辞下》记载：“物相杂，故曰文。”“化”的本义是改易、生成、造化。《易·系辞下》记载：“男女构精，万物化生。”“文化”二字连用较早见于西汉刘向《说苑·指武》。其中说道：“圣人之治天下也，先文德而后武力。凡武之兴，为不服也；文化不改，然后加诛。”中国古代的“文化”概念主要是指相对于武功、武力的文治教化，具有教育、教养的含义，是以教育过程来体现的。《辞海》对“文化”的解释是：①广义是指人类社会历史实践过程中所创造的物质财富和精神财富的总和，狭义是指社会的意识形态，以及与此相适应的制度和组织机构；②泛指一般知识，例如，“学文化”是指学习文字和求取一般知识；③中国古代封建王朝所实施的文治与教化的总称。

在西方，文化有着丰富的演变史，从拉丁文的“colere”到“culutar”，含义是居住、耕种、保护、朝拜等。英国人类学家爱德华·泰勒是公认的奠定“文化”定义的第一人，他在《原始文化·关于文化的科学》一书中讲到了文化的概念：“文化，或文明，就其广泛的民族意义学来说是包括全部的知识、信仰、艺术、道德、法律、风俗以及作为社会成员的人所掌握和接受的任何其他的才能和习惯的复合体。”[①]这个概念将文化解释为社会发展过程中人类创造物的总称，包括物质技术、社会规范和精神观念。此后，根据研究视角的不同，人们又对文化的概念进行了多样的认识与概括。美国人类学家克鲁伯（A. L. Kroeber）和克罗孔（Clyde Kluckhohn）在《文化，关于概念和定义的检讨》一书中将1871年到1951年80年间关于文化的定义总结了164种。我国郑金洲先生在《教育文化学》一书中收集的“文化”定义达310种[②]。概括起来，关于文化的概念有两大类：一类是从广义来说，文化是人类在认识和改造世界过程中所创造的一切成果的总和，包括物质文明成果和精神文明成果。一类是从狭义来说，文化是人类所创造的精神文明。相对于文化的载体或存在形态来说，文化的本质是思想、是精神。思想内化于器物中，是物质文化；思想内化于行为中，是行为文化；思想内化于制度中，是制度文化。器物、行为、制度等是文化的载体，其本身不是文化。物质蕴含着的文化，赋予人们精神因素，正如马克思所说的人的本质力量的对象化。物质是人创造的，是人的精神世界的对象的物化，在人造物上都蕴含了人的思想情感。例如，一本书本身不是文化，但书中蕴含的思想内容则是文化。

（二）文化的特征、层次和功能

尽管文化是一个复杂的概念，但具有极大的包容性和鲜明的特性，可以说文化是人、组织、国家、民族的重要标志。

文化是人类社会所特有的现象，是从动物过渡到人，从人的生物需要过渡到社会需要的明显标志。从某种意义上讲，文化的保有与存续是人与动物的区别，人之所以为人，就是因为人在创造文化，“人是聪明的文化动物”[③]，同时，文化也是人与人的区别所在。美国人类学家怀特曾经说：关于人类的研究越来越被证明不是对人的研究，而是对文化的研究。

文化是一个社会范畴。文化的本质是一个群体或社会所共同具有的

---

① 爱德华·泰勒.原始文化[M].上海：上海文艺出版社，1992：1.

② 傅林.世纪回眸：中国大学文化研究[M].北京：教育科学出版社，2009：21.

③ 墨菲.文化与社会学引论[M].王卓君，等，译.北京：商务印书馆，1991：36.

价值观和行为模式，包括这些价值观和行为模式在物质上的具体化。沙莲香教授把文化定义为：凝聚在一个民族的世世代代的人的身上和全部财富中的生活方式之总体。

文化是历史的，是积淀而成的。文化不能一朝一夕形成，也不能强加或附着在人或组织上，文化的形成要经过长期的过程，但人可以发挥主观能动性并按照一定的方向去培育文化，这种积极的方式可以相对缩短某种文化形成的时间。

文化具有民族性和多元性。文化是民族的血脉和灵魂，是区别不同民族的根本标志。这一点也决定了文化的多元性，不仅不同民族有自己的文化特性，每个民族内部的文化也存在多样性，不同文化在冲突和融合中共存。

文化具有传承和创新性。文化是某一社会共同体共同遵循的生活方式、思维方式和价值取向，在无意识的状态下形成了一种“集体意识”，并一直存在、延续，这就是“文化传承”。但是，任何事物不是一成不变的，文化也会在它的发展进程中发生碰撞、选择、抛弃、融合，这就是“文化创新”，是在已有的、所继承下来的文化条件下进行的创造，因此文化创新必然建立在文化传承的基础上，是积淀、创造、升华的过程。

关于文化的层次结构划分，目前存在这样几种观点：一是物质文化与精神文化“两分说”；二是物质、制度、精神“三层次说”；三是物质、制度、行为、精神“四层次说”；四是物质、社会关系、精神、艺术、语言符号、风俗习惯“六大系统说”。一般普遍认同的是将文化作为三个层面分析，即物质、制度和精神层面。本文也基本采用这种划分办法。

精神文化属于文化的核心层，是人类在认识和改造自然的过程中积淀而成的价值观念、思维方式、审美情趣、道德情操等。制度文化属于文化的中间层，制度作为人类社会实践和行为的结果，是一系列被制定出来的规则、程序和潜在的道德伦理规范，是以宪法、法律、法规为基本内容的正式规则和以风俗、习惯、传统等形式存在的非正式规则交错形成的让人们共同遵守的规则体系和价值标准。物质文化是人类的物质生产活动及其成果的总和，是可以感知的、具有物质形态的文化事物和产品。它属于文化的表层，是文化中最直接、最表层、最基础的存在形态，物质文化是精神文化和制度文化的载体。

文化的功能，即“化人”，用科学文化知识教化人、培养人、塑造人和熏陶人。文化的基本功能就是对人的凝聚、引导、塑造和鼓舞。

二、大学文化的内涵、特征和功能

（一）大学文化概念的界定

关于大学文化，人们的认识和观点很不一致。这里，我们从马克思、恩格斯对“文化”概念的广义和狭义角度理解大学文化。广义的大学文化是指物质文化、精神文化与制度文化的总和；狭义的大学文化是指观念形态的文化，包括价值观念、情感因素、精神要素等。从文化学的角度看，一种观点认为，大学文化从属于社会主导文化但又具有不同于主导文化的特性。另一种观点认为，大学文化是亚文化的一种。亚文化是在主文化或综合文化的背景下，属于某一区域或某个集体所特有的观念和生活方式，一种亚文化不仅包含着与主文化相通的价值与观念，也有属于自己的独特的价值与观念。大学文化具有学校文化综合性、教化性的特征，是围绕大学教育建立起来的一套观念认识、行为方式、制度体系、建筑风格等的集合体。从大学的基本职能分析，大学文化是一个特殊的社会群体——教师、学生、管理服务人员，在对知识进行传承、整理、交流和创新以及从事相关的活动过程中，为大学积累的物质成果和精神成果的总和。还有一种观点认为，大学文化是在大学历史发展过程中形成的大学人在价值取向、思维方式和行为规范上区别于其他社会群体的一种团体意识和精神氛围，以潜移默化的形式传递着社会文化精神。有学者认为，在一定意义上理解大学，可以说大学即文化，大学的教育与教学过程，实质上是一个有目的、有计划的文化过程①。

前面提到的关于对大学文化的理解，都从不同角度反映了大学文化

① 袁贵仁.加强大学文化研究　推进大学文化建设[J].中国大学教学，2002(10)：4－5.

的本质属性，值得仔细研究。虽然这些定义在表述上不尽相同，但都包含这样几层意思；①大学文化是以大学这个特定的组织机构为载体形成的文化；②大学文化的主体是教师、学生、管理和服务人员；③大学文化既是一个历史积淀的过程，也是一个传承、发展和创新的过程；④大学文化的范畴比较宽泛，几乎涉及大学的方方面面。

大学文化的概念如同文化的概念一样，也有广义和狭义之分。广义的大学文化概念包含物质文化、制度文化、精神文化等方面，以及它们之间的相互关系和整体效应。狭义的大学文化概念主要是指精神文化层面，也和大学理念、大学精神等概念互用。本章主要从广义的角度理解大学文化的概念，这样有利于更全面地分析大学文化的结构、要素和功能。

我们这样对大学文化下个定义：大学文化是以大学为载体、以大学人为主体，是大学人在大学里的一切活动方式、活动过程和活动结果，是历代师生在长期办学的实践基础上所积累、传承和创造的物质文化、精神文化、制度文化的总和。它包含大学理念、大学精神、价值观念、规章制度、教学科研、行为方式、校风学风、学术氛围、校园环境等物质和精神成果的总和。它是大学的核心竞争力之所在，通常可分为大学精神文化、大学制度文化、大学物质文化等几个层面，它们是一个相互联系、相辅相成、辩证统一的有机整体。

（二）大学文化的内涵

1. 大学文化的本质

大学文化是文化发展的产物，是社会文化的重要组成部分，是大学在长期办学实践中形成和创造的一切物质财富和精神财富的总和。它受社会文化的影响和制约，同时对社会文化起反作用。它是区别于其他社会组织的独特组织文化。在大学里所谓教书育人、管理育人、服务育人、环境育人，从根本上讲，就是有目的、有计划的文化育人。大学文化是一所大学生存、发展的根基，也是大学之间相互区别的重要标志。大学文化具有很强的历史性，许多历经百年的大学，校舍几经迁徙、学科不断发展、师生变化更迭，而大学文化却经过历史的积淀，愈加鲜明，得以传承、延续至今。

大学文化和教育有着共通性,文化蕴涵着教育。“文化”一词,在中国古代史上是由“人文化成”一词简化而来,是指通过对人施以文治教化,把本来不懂事理之人培养成为有教养的人的过程,这里“文化”带有动词的意思,即“文化化”。如果将文化作为一种结果或状态的名词,则它应与人的内在教养、德性、智性联系在一起。文化的词源体现了文化与教育的本质内在联系——文化既是教育的源泉和结果,又是教育的过程。可以说,教育与文化有密不可分的关系,人类自从有了文化,就有了教育活动。大学的基本功能是育人,大学教育是教师通过教学手段、教育资料与学生相关联,形成的相互影响、相互作用的动态过程。在此过程中,教育资料是文化成果,包括前人创造的文化成果和现今在校师生创造的文化成果;教学手段有教师的知识、观念和技能,也有社会的共享资源,也是社会文化成果。学生学习,是将这些文化成果内化为自己的观念、知识、能力和素养。那么,这种教育和学习的过程就是“文化化”。

大学与文化有本质联系,从一定意义上说,大学即文化。大学的根本任务是培养人才,而培养人才又要通过文化。从起源说,文化即是“人文教化”,是人作为主体的对象化;从功能上说,文化是“化人”,即教化人、塑造人、熏陶人。人既是文化的创造者,又是文化的创造物。文化传承、文化传播、文化发展、文化创新,是大学的使命。大学通过文化培养人、塑造人,即通过文化的传承、传播、发展和创造,使受教育者不断获得知识,成长为心智健全、具有文化素养的人。

从结构上看,大学文化包括精神文化、制度文化、物质文化等层次。大学精神文化是大学文化的核心和最高表现形式,是大学在长期发展过程中形成的价值体系,表现为大学的办学理念和大学人共同的价值追求,属于大学文化结构层次的深层维度。大学制度文化是大学在办学过程中形成的权利、义务、责任的综合反映,是大学得以生存和发展的规则、规范,也是大学在长期实践中形成的道德观念、纪律习惯,属于大学文化层次的中介维度。大学物质文化是大学文化的外在和基础,它包括校园建筑、自然和人文景观、教学设施、学科专业、教学科研成果、传播媒介等有形载体,是历代师生长期建设的物化成果，属于大学文化结构层次的表层维度。

2. 对大学文化内涵的认识

大学文化是大学发展的内在力量。人们普遍认为，大学是承担人才培养、科学研究和社会服务三大职能的机构。然而，大学究竟意味着什么？大学之所以成为大学的根基是什么？如果放弃对大学本质即深层次的文化的追问，就会失去对大学核心价值理念和大学精神的追寻，就会一点点地丧失自身主体的内在力量，让外部力量不断挤占和渗透进大学，进而让大学丧失自身特质而流于一般性的教育机构。大学是研究高深学问的学术组织，追求真理、发展学术是大学的本质所在，也是大学所应当形成与坚守的大学文化的根本。大学本质、大学精神是大学文化的核心，而形成符合现代大学本质的大学文化，以大学自身发展的内在规律进行建设，是任何一所大学发展的必经之路。

大学具有文化传承创新的历史使命。文化从广义上讲，是人类创造的一切物质财富和精神财富的总和。知识是人类文化的载体，也是人类文化创造的成果。大学是教育组织的创新产物，而教育将知识在不同社会个体之间传递，同时又将知识由社会少数人掌握变为社会多数人掌握，实现社会总体知识文化水平的提高。大学的文化传承创新功能正是通过教育的本质目标实现的：一方面，大学通过教育使社会个体不断继承已有文化，促使个体加快社会化进程；另一方面，大学通过个体在文化传承中的不断创新来推动社会进步。因此，文化传承创新作为大学的一项职能越来越凸显。而从某种意义上说，文化传承创新的功能在大学的各项职能中更为重要，它有维系整个大学发展、激发大学内生力量的作用。2011年4月，胡锦涛在清华大学百年校庆大会上的讲话指出："全面提高高等教育质量，必须大力推进文化传承创新。高等教育是优秀文化传承的重要载体和思想文化创新的重要源泉。"胡锦涛代表党和国家把文化传承创新提到新的战略高度，把文化传承创新作为大学的又一项职能明确出来，与人才培养、科学研究和服务社会并驾齐驱，并将其作为全面提高高等教育质量的重要途径。这是对大学功能在认识上的深化和拓展，大大丰富了高等教育思想的理论和实践。

大学文化的概念和范畴不同于“校园文化”。由于大学文化概念出现较晚，以前使用校园文化的概念更为多见。然而，大学文化并不局限于校园文化，校园文化主要是指学生文化活动，侧重于“第二课堂”“文化氛围”。通常讲，校园文化是以师生文化活动为主体，由校园中所有成员在长期实践过程中共同创造而形成的学校物质文明和精神文明的总和。校园文化的层次和内涵没有大学文化明确和丰富，也不具备大学文化所体现的科学与人文精神的底蕴。它是大学文化的一个有机组成部分，是指大学为了完成治学育人的任务而营造的一种大学环境文化，既以大学物质文化、精神文化、制度文化为基础，又是大学物质文化、精神文化、制度文化的外在表现[①]。此外，随着大学走出“象牙塔”，大学与社会的互动更为密切，大学文化的影响也已经远远超出了校园，大学文化的研究必然将社会纳入视野，因此“校园”这个地域概念的使用不够确切。

（三）大学文化的特征

大学文化已成为大学区别于其他社会组织以及其他教育机构的重要标志，大学文化与社会文化的本质区别在于它的精神文化层面的特征。大学文化具有崇尚学术、批判创新、追求真理、自由包容、开放多元的精神特征。

1. 崇尚学术

大学是进行科学研究、培养人才的场所，是社会人才聚集的高地和科学研究的重地，是学校教育体系的最高层次，学术理应是大学的核心要素。大学为了满足科学文化知识发展和社会进步的要求，承担着传承和创造科学文化知识、训练理性思维方法、培养科学创新能力的任务，承担着国家、民族和社会所要求的价值理想、道德规范等方面的教育职责。无论是研究型大学还是教学型大学，文化的选择、传播、传承、创新都离不开学术研究，学术研究成为大学人共同的行为方式。综观高等教育的历史，

① 傅林. 世纪回眸：中国大学文化研究[M]. 北京：教育科学出版社，2009：27.

大学的功能经历了几个阶段，从欧洲中世纪纽曼的知识传授，到德国洪堡的科学研究，再到美国威斯康星的社会服务，进而到21世纪的引领未来，无一不围绕着学术而展开。学术性伴随大学而生，如果失去了对知识、科学、真理的执着追求，大学一定会迷失方向，因而崇尚学术是大学文化的根本。大学治理应当树立学术的权威性，将学术至上作为大学管理的重要理念。从制度上，应注重大学的学术权力和行政权力并行，学术领域中行政要服从于学术的意志，为学术服务，积极探索"大学自治、学术自由、教授治学、校长治校、科学管理"的现代大学制度。

2. 批判创新

大学不仅传授知识，还要进行科学研究，源源不断地为社会提供新知识、新思想、新技术。大学以培养人才为基本任务，在总结、传承人类文明成果的同时，又不断提高认识、发现真理、创造思想。曾任北大校长的蔡元培先生，其大学思想的突出特点是强调大学在文化创新方面的职能作用，在他看来，研究高深学术不仅是培养人才的基础，而且也是启迪民智、改善国民精神和增强国力的重要途径。这就不再把大学文化创新的价值单纯停留在内在的文化启蒙陶冶方面，而是指向和延伸到为国家与社会服务上。因此，创新是大学文化的显著特征，失去创新，大学就是无水之源、无本之木，失去了动力与活力。大学文化创新的特点使大学始终站在文化发展的前沿，实现大学的基本功能，不断推动科技发展和社会进步。批判性的特点又是大学创新的前提，是大学文化风格的重要体现。大学人从事学术研究，坚持审慎的态度，尊重科学规律，尊重客观实证，不随波逐流、人云亦云。这样的理性批判精神源于大学人对探索世界、寻求真理的不懈追求和强烈愿望，源于大学人对于服务社会、为人类作贡献的使命感和责任感。

3. 追求真理

传播和追求真理是大学的灵魂。大学是传播和创造知识的场所，创造知识本身就需要不断探索未知，获取事物本质，追求真理。美国著名教育家赫钦斯认为，大学的目的在于培养学生的智能，在于通过博雅教育完善学生的心智。大学的崇高理想,在于追求真理和知识。“一所大学的各个组成部分,都有一个共同的目的,此目的可能而且应该就是为追求真理而追求真理。”①无论是自然科学还是人文社会科学,都要求对知识、科学、真理执着追求。德国雅斯贝斯说:“大学是一个公开追求真理的场所,所有的研究机会都要为真理服务,在大学里追求真理是人们精神的基本要求。正因为有这样一些为理想和真理奋斗的大学人,才使大学校园里充满神圣、崇高的气氛。”

4. 自由包容

对于一所大学或任何一个创造知识的地方,学术自由都是非常重要的,伟大的思想和知识的创新无不来源于自由的探索。今天世界上的大学几乎都遵循德国洪堡创办柏林大学时奉行的“学术自由、教学自由、学习自由”的原则和精神。学术自由是学者追求真理的先决条件。大学强调自由地进行学术的、理性的思考和研究,在良好宽松的环境中进行学术研究,反对对于思想观念的禁锢、束缚。只有这样,才会带来科学的创新和学术的繁荣。如果没有思想和学术的自由,大学人就不可能积极深入地进行思考,就不可能对经济、政治、文化等领域进行全面、深刻的审视和分析。“铁饭碗”“近亲繁殖”“家族制”等体制、机制下的大学必然会限制学术自由,因此,近些年大学内部管理体制改革已经在国内如北大、清华、复旦等多所大学中推行。有了思想自由、学术自由的前提,兼容并包就成为可能。一所大学应该是容纳不同流派、学派的地方。哪怕是思想、观点完全相反的两个人,也可以在一所大学里生存。如北京大学,兼容并包就是其鲜明的特色。“五四”时期,辜鸿铭是最保守的,而胡适、陈独秀是最激进的,他们可以同时在北京大学生存。因为只有在不同的观点都可以被包容的情况下,这所大学才不致走弯路,才不会被某一种带有偏见的观点或主导性的思潮所压制。包容的文化环境可以使大学师生自由地学习人类文明、进行理性思考、开展创造,这是大学的真谛。

---

① 贺国庆,王保星,朱文富,等.外国高等教育史[M].北京:人民教育出版社,2003:45.

5. 开放多元

大学文化是开放的文化体系，与其所在的文化环境时刻进行着互动交流、渗透影响，特别是随时反映着社会文化的变化，并不断吸收着社会文化的要素。如果大学文化失去了开放的特性，那么大学就会处于一个狭小的空间，逐渐会失去生命力。随着知识经济、信息时代的到来，人们的思想文化交流变得异常频繁、快捷、广阔，全球化浪潮对大学也有着广泛而深远的影响。“教育要面向世界”就是要不断学习、吸收世界先进文化，借鉴国外成功的办学理念、办学模式、办学体制，培养和造就“富民强国”之才。从某种意义讲，大学文化开放的国际视野，就是要放眼世界，批判吸收，形成尊重科学、尊重人才的文化氛围；加强与国外大学的互访和交流，与国外大学互派学者、留学生；鼓励大学师生积极参加国际学术交流活动，了解国际学术发展前沿，占领世界高等教育的高地；大力开展社会实践活动，积极帮助广大师生接触并了解社会，在社会实践中增强学习的动力，加深对理论的理解。然而，大学的开放性必然带来不同文化的交流与冲击，必然使大学文化呈现多元性和多样化，而正是这种多元性的文化使大学文化在相互冲突和交流的不断融合中获得新的力量和发展空间，大学文化才会有新的发展①。

(四)大学文化的功能

大学作为一种专门而特殊的高等文化教育机构，发挥着重要的社会功能。大学文化同样不仅发挥着育人、凝聚师生的校内功能，还发挥着传承人类文明、创新观念知识、引领社会精神的社会功能。

1. 教育渗透功能

大学文化是大学人在长期的办学实践中形成的文化积淀，反过来又影响和教育着一代又一代大学人，融化在他们的思想和行为中。大学文化以潜移默化、润物无声的方式教化人、感染人、陶冶人、引导人，通过对大学人的价值取向、人格品质、思想情操的完善和提升，实现大学文化教

---

① 李继兵. 大学文化与学生发展关系研究[D]. 武汉：华中科技大学，2006.

育引导大学人的使命，再由这些大学人向社会辐射其先进思想和先进文化，从而影响社会。同时，大学是生产创造知识的场所，是开放的体系，具有文化传播的功能，它所产生的自然科学和人文社会成果以及大学传统、精神、价值取向、风气等有形和无形的东西必将直接或间接地作用于社会，对社会起教化和渗透作用，有时会对社会发展产生划时代的巨大影响①。

2. 凝聚激励功能

作为人类文明和优秀人才的聚积地，大学具有强大的精神感召力量，这种力量就是大学文化的凝聚力。这种凝聚力就像一种强有力的“黏合剂”，当大学人对大学文化认同时，“黏合剂”就把师生们团结起来，形成一种强大的向心力，使大学成员形成一种团结向上和积极进取的精神能量。大学文化正是通过这样一种精神力量在大学里建立起和谐、理解、信任、尊重的群体关系，并达成对学校目标的共同追求，形成共同的责任意识，形成凝聚力，为实现大学的理想和目标而奋斗。大学文化能凝聚大学人的思想，激励大学人的行为。

3. 引领创新功能

大学是文化的产物，是文化传播与发展、传承与创新的重要载体，担负着引领社会思潮的使命。大学文化是建设社会先进文化的源泉。教育部、团中央《关于加强和改进高等学校校园文化建设的意见》中提出“高等学校校园文化是社会主义文化的重要组成部分”，“使高等学校成为发展中国特色社会主义先进文化的重要基地、示范区和辐射源”。教育部原副部长赵沁平提出“引领文化是大学与生俱来、更为独有、影响更为深远的社会功能”。具体来讲，大学文化主要通过弘扬传统文化、引领时代文化、促进文化交流来实现对社会文化发展的贡献。例如，于丹、易中天等学者对中国传统文化的解读，引起社会的广泛共鸣；各大学推广国学教育，体现了大学对传统文化的传承。为推动中国文化走向世界，由国家汉

① 赵存生. 大学文化的特点和功能[J]. 中国图书评论，2002(11).

语国际推广领导小组办公室创立的孔子学院，几乎都是由国内大学承办的，因为大学在科学文化研究和师资方面具备先天优势，从而越来越多地承担起对外文化交流与传播的使命。

4. 协调融合功能

美国当代著名高等教育家克拉克·克尔认为，现代大学已经从原来的社会边缘进入社会中心，在社会发展中发挥着举足轻重的作用。大学为了生存、发展和赢得社会声誉，也引入了竞争机制，在生源、师资、科研、教学、就业等方面的竞争日趋激烈，相应地制定了许多制度、规定等规范。在这些刚性管理的基础上，大学特别应增加柔性管理的成分。文化恰恰是组织的“黏合剂”，发挥着协调融合的功能。它使不同的利益群体在共同目标的指引下，淡化利益观念，调和主次矛盾之间的冲突，以一种更和谐、更平和的方式和手段来处理相互之间的关系。大学不仅应重视制度建设，还应该重视对在长期发展与变革中积淀的体现自身个性的大学理念与大学精神的培育，重视大学文化建设。制度是刚性的，而理念与精神的引导是柔性的。因此，基于大学文化的内部管理改革，要改变在大学的管理上重视刚性制度而忽略文化管理等柔性的、非正式的约束和引领的做法，更能激发大学人的主动性、积极性和创造性，其理想状态是“创造一种促进人不断学习和积极发展的组织氛围，进行内在的知识积累，在此基础上实现潜力的外化，即创新发展和自我实现”①。

第二节　大学文化的主要内容

一、大学物质文化

物质文化是指人类物质生产过程及物质生产的实体性、器物性成果，其中凝聚了人类的精神因素。大学物质文化是大学物质范围的文化层

---

① 孙鹤娟. 学校文化管理[M]. 北京：教育科学出版社，2004：17.

面，涵盖了教学、科研、生活、环境、设施等方面的物质内容，它是大学制度文化和精神文化的物质载体。大学物质文化是大学一代代的师生共同创造的，同时大学文化又反过来影响校园里的师生，使他们无时不在感受着大学文化的存在和陶冶，潜移默化地影响着他们的观念、行为和情操。物质文化是有形的，但它却发挥着无形的作用。大学物质文化有着多种多样的表现形式，如校园地理、建筑布局、人文景观、学校标志、教学科研设备、图书资料、文化活动等，这些载体都反映着丰富的大学物质文化内涵。但是，物质文化在大学文化中从属于精神文化，仅仅物质性的东西没有特殊意义，当校园的环境设施，如建筑草木、雕塑等自然物被赋予一个大学的象征、理想，它就有了特殊的意义。因此，物质文化尽管是大学文化的外在表现形式，但是它反映了大学师生的风貌和价值观，集中体现了大学的文化内涵。广义的物质文化包括教学科研、文化氛围、习惯风尚等“软环境”，我们这里所说的物质文化，主要包括自然景观和人文景观、校园建筑和教育设施、学校标志以及文献资料、校园媒体等文化传播载体。

(一)自然景观和人文景观

大学的自然景观本是大自然的产物，但经过改造，赋予其人文内涵，也可称为大学文化的重要载体。大学在设计和改造自然景观时，注重自然与人文融为一体，不仅为大学人提供了治学育人的良好环境，同时也赋予了自然景观以人文内涵，作为学校发展的历史见证。例如，北京大学建立在八个古园遗址上，未名湖和博雅塔交相辉映，形成了山水相依、湖岛相伴的园林山水体系，为北京大学的物质文化建设奠定了很好的基础，孕育了一代代优秀人才。再如，清华大学的荷塘月色总会让人流连于诗一般的意境；复旦大学美丽的曦园、燕园，小桥流水，典型的江南园林，错落有致的老建筑，仿佛在叙述复旦的发展史。若干年过去，这样的美景及其丰富的内涵依然驻留在学生的心间，这难道不是生动的文化育人的教材吗？

校园雕塑、小品等人文景观对构筑大学文化特色也具有重要作用。校园雕塑一般位于主要建筑楼前空地、广场、花园间等，主要作用是纪念学校重大历史事件、有突出贡献的学者名人，以纪念、见证、传承其精神，勉励后人。例如，清华园中矗立着代表中华主流文化思想的孔子的塑像，篆刻着“自强不息、厚德载物”清华精神的校训石，体现着人类科技发展印记的罗盘时针……这些都无不记载着历史，传递着人文精神。美好而有着深刻内涵的大学自然景观和人文景观，给人以直接的美感和间接的人文历史陶冶，彰显着文化育人、环境育人的大学理念。

（二）校园建筑和教育设施

学校的建筑是大学物质文化的重要组成部分，主要包括教学楼、办公楼、图书馆、学生宿舍、餐厅等。学校的建筑不仅是学校开展各种活动的主要场所，还是学校创建、发展的最好见证，铭记了学校的重大历史事件，是学校人文精神和历史传统的载体，烙下深深的文化印记，蕴含着浓厚的人文精神。清华大学建校之初的建筑如它的四大建筑，即大礼堂、图书馆、科学馆和体育馆，都采用了当时美国的建筑风格，是由于建校时正值庚子赔款，美国人想把清华办成亲美的学校。再如，北京大学的红楼，已经成了北京大学的代名词，这里曾是蔡元培先生的办公室，毛泽东同志在此工作过，李大钊同志曾在此任图书馆馆长，许多知名教授在此居住过。当我们置身于今天的红楼时，一种追慕缅怀之心、崇敬激励之情便会油然而生。

大学教育设施包括教室、实验室、语音室等常规设施，还有体育馆、健身室、影院、大学生活动中心等第二课堂场所，这些是人才培养、学科建设和科学研究的重要基地。教育设施水平是一个学校教学、科研、管理水平的重要标志。随着大学文化建设不断加强，形式不断拓展，诸如心理咨询中心、法律援助中心、摄影摄像中心等设施的完备，将进一步提升大学文化的吸引力，为全方位育人搭建平台。

（三）学校标志等形象识别载体

学校标志，包括校标、校旗、楼宇道路名称、校服、纪念品等形象识别载体，具有不可替代的象征意义。不论是学校，还是国家、政府、企事业单位，都非常重视标志的设计和使用，因为标志可以起到甄别推广、树立品牌的作用。特别是近些年，大学都设计了自己的一整套形象系统，内容丰富并不断扩展，从校标、标准色的确定到办公用品、纪念品的设计，从楼宇道路命名到征集确定校歌等，都想方设法地反映学校的办学传统和大学精神。大学标志的功能体现在四个方面：首先，标志是大学文化的集中体现。大学的标志设计，通常蕴含了这所大学的办学理念和大学精神，有的大学还将校训设计在标志里，成为大学精神的浓缩。其次，标志具有宣传推介的功能。标志在大学中被广泛使用，各类重要会议、学术活动、学生活动，各种宣传品、纪念品、办公用品、名片等都会在醒目的地方印上学校标志，对学校进行宣传推广。再次，标志具有甄别的功能。好的标志往往集独特性、艺术性、象征性于一体，简洁易记，美观大方，是区别于其他同行最明显的识别手段。最后，好的标志具有长久的生命力，其传播性和影响力会随着时间的推移而愈显其价值。

（四）文献资料、校园媒体等文化传播载体

任何一种文化都离不开传播载体，而文献资料恰好是文化得以延续、传播的最直接的载体。在大学长期实践中，文化正是通过报刊、书籍、音像资料等文献形式传承给历届师生。古往今来，以文字为主要形式的文献，无疑是文化传播和文化传承的最主要的形式。文献根据传播载体可分为印刷性文献、声像型文献、电子数字型文献。印刷型文献是传统的文献形式，包括报刊和图书，它们在无声地传递着大学文化。其特点是不需要特殊设备，可随身携带，随处随时阅读；但其存储密度小，体积大，不便于保存。声像型文献是一次性以磁性和感光材料为介质记录声音、图像等信息的文献形式，包括幻灯片、唱片、录音带、录像带等视听资料。其优点是视听兼备，生动形象，具有感染力。校园广播、校园有线电视都是承载大学文化的声像型文献。电子数字型文献是以计算机处理技术为核心记录信息的一种文献形式。这种文献存储信息大，检索速度快，使用便捷。特别是网络文献的出现和运用，能够跨越时空的阻隔，使负载的信息可以世代传递，并不分国家、民族、地域进行传播。

此外,随着网络通信技术的发展和传媒业的进步,媒体的发展和相互融合将成为潮流和趋势,大学也会大力发展媒体技术,报刊、广播、电视将搭载网络媒体进行整合,实现新的发展,彰显各自魅力。信息现代化传播手段的跟进必将不断丰富大学文化的内容,提升大学人分享信息所带来的文化价值与意义。

二、大学制度文化

大学文化属于思想意识的范畴,只有通过一定的制度形式体现和巩固下来,才能成为大学人可以遵循的行为准则和规范,我们一般称这种行为规范为大学制度。大学制度从表面上看,是以文本的书面形式或电子文档形式呈现的原则、规定等制度规范体系,但其深层次所反映的是大学理念和思想,是大学人关于大学管理和权力运行的理性原则、价值取向、理想追求、道德标准、利益关系等一系列价值观念的总和[①]。大学制度文化是大学在办学和发展中一系列权力、义务、责任的综合,既表现为大学存在与发展的规范、规则等实体层面的大学制度,同时也表现为大学在长期的发展和实践中形成的观念、习惯等。大学制度文化为大学的生存发展提供制度保障,也是大学精神文化的体现。

(一)西方的大学制度文化

西方发达国家的大学始终围绕“制度完善严格、管理科学民主”这一理念建设大学制度文化,称得上名校的大学,一般都有严格完善的规章制度和民主科学的管理方法,凸显大学自治、教授治学、校长治校、学术自由、科学管理的现代大学制度的特征。美国大学内部实行校董事会领导下的校长负责制,教授团体负责发挥学术自由的权利。校董事会和校长作为行政的主要力量把握学校的发展方向,教授则拥有学术权力和自由。大学里学派林立,基于学术自由的前提,各学派平等,共同实践探索追求

① 周玉清,王少安.社会主义核心价值体系引领大学文化建设论纲[M].北京:人民出版社,2010:113.

真理。英国大学教授的权力高于校长,不仅具有学术权力,还与校长分管行政权力,实际上是突出了学术管理为中心而非行政管理为中心的管理体制。西方大学鼓励并培养学生“自重”“自治”,积极参与校政,在参与的组织层次、形式层次、内容层次上都达到较高水平。

美国哈佛大学倡导建立完善的竞争机制,在竞争中求生存,求发展。在哈佛,教师之间,学生之间,甚至教师与学生之间,无不充满着竞争氛围。如奖学金制度,哈佛大学为学生、教师和国内外访问学者提供的奖学金达100多种,数额从十美元至数万美元不等,只要某一方面卓越就可获得。这种激烈的竞争和奖励方式,有力地推动了教师和学生迈向更高的目标。甚至有些国家的大学颁布了专门的教育法令,如剑桥大学于1856年就颁布了《剑桥大学法》。制度的严密完善,保证了教学、科研、管理的有序开展。除了严密的制度外,名校还采取民主管理的方法与手段,积极倡导教师参与管理。如巴黎大学最高决策机构大学理事会,其负责人校长、各专门委员会、系主任等都实行由大学生、教师、研究人员等层层选举的制度。

学者普遍认为,以19世纪洪堡主张将社会与科技发展建立联系的柏林大学为标志,现代大学制度由此发展。洪堡第一次把科学研究作为大学的重要职能,在此之前,大学只是培养人才的场所,并且形成了如“学术自由”的价值理念的“现代大学”的基本价值和制度特征。柏林大学拥有极大的自治权和独立性,国家很少干预学校的管理,并把外界的干预控制在最小限度,这使得大学能够按照自己内部规律运行,大学的教研人员不受外界干扰地进行学术研究。正是柏林大学的制度创新,使它成为19世纪最优秀的大学,并影响整个世界大学的发展。进入20世纪,德国研究型大学传到美国,随着美国《莫雷尔土地赠与法》的签署,“赠地学院”陆续创办,出现了大学要为社会服务的目标理念。特别是威斯康星大学校长提出教学、科研和服务都是大学的主要职能,同时,威斯康星大学通过推广技术知识、专家服务,推动了威斯康星州的发展,也推动了自身的发展,使其迅速成长为美国最有影响的大学之一。这种“威斯康星”思想创造了美国“集人才培养、科学研究、社会服务于一体”的新大学制度，既保持了大学的学术机构的本质，又走出“象牙塔”，适应了社会的发展需要，顺应了时代的要求，还将大学同政府、社会的关系协调起来，捍卫了大学的自治权，成为现代大学制度典范。

（二）我国的大学制度文化

19 世纪末、20 世纪初，我国现代意义上的大学开始建立。中国的教育虽然历史悠久，但是现代大学制度的建立是借鉴西方的模式。同时，一批从海外学成归来的留学生在中国大学创立初期发挥了重要作用，他们带回了西方大学的先进理念和思想，并在中国进行实践。其中，西方大学的崇尚学术自由、注重学术研究、教授治校等理念，对中国大学理念的形成产生了重要影响。中国最早提出学术自由思想的应该是复旦大学创始者马相伯，他在复旦明确提出“囊括大典、网罗众学、兼容并收”的办学方针，对后来的中国大学，包括北京大学都产生了很大影响。而蔡元培在北京大学提出的“思想自由、兼容并包”思想，则对中国大学影响至今。德国洪堡提出的著名大学理念——科学研究是大学的重要功能——对曾留学德国的蔡元培影响很大。蔡元培任北京大学校长时明确提出“大学者，研究学问之机关”。他提倡西方的研究学问的精神，将研究学问视为大学之根本，将大学与政治分开，在北京大学取得成功。教授治校的理念也影响了中国大学初创时期的教育理念，受其影响的清华大学校长梅贻琦有句名言，即“所谓大学者，非谓有大楼之谓也，有大师之谓也”，足以见得他对教师特别是大师重要性的认识。他多次提到师资对于大学的极端重要性，他全力推行“教授治校”制度。很多人认为梅贻琦的“教授治校”是清华成为世界知名大学的重要原因。

我国大学制度的建设随着近现代国内社会政治、经济制度的变迁，经历了一系列探索。1998 年颁布《中华人民共和国高等教育法》，对国家举办的高等学校的管理体制做了全面明确的规定，为大学管理体制改革和发展提供了方向和依据，标志着我国依法治教、科学管理进程的突破。我国《高等教育法》规定，我国高等教育要始终坚持社会主义办学方向，实行党对高等教育的领导，明确了大学作为办学主体的权利和责任，规定了党委领导下的校长负责制的内部管理体制。

1999 年我国高等教育界提出对“现代大学制度”这一概念进行讨论。随后关于大学的权力、管理体制、运行机制等问题形成讨论的热点，引起广泛关注。一些国内大学还一度掀起了以建立现代大学制度为目标的内部管理体制改革的热潮，如北京大学的人事制度改革就在国内教育界引发热议和争论。教育部近几年推出的教育振兴行动计划，特别是《国家中长期教育改革和发展规划纲要（2010—2020 年）》提出，要建立完善中国特色现代大学制度。要完善治理结构，公办高等学校要坚持和完善党委领导下的校长负责制；要健全议事规则与决策程序，依法落实党委、校长职权；要充分发挥学术委员会在学科建设、学术评价、学术发展中的重要作用；要探索教授治学的有效途径，充分发挥教授在教学、学术研究和学校管理中的作用。我国正逐步建立起一套从宏观到微观，从外部到内部的高等教育体制，逐步完善现代大学制度。

（三）现代大学制度的内涵

现代大学制度的理念和特征回归了大学精神的本质，因而对世界范围的高等教育产生了深远的影响。现代大学制度发展至今，已经有了比较成熟的模式和标准。大学的功能不同于政府和企业，它有自己的运行规律和组织特点。建立现代大学制度，就是使大学这一特殊的社会组织具有符合自身规律的运行机制，包括大学和外部的关系、大学内部的治理结构、大学的学术管理等。

1. 大学自治是现代大学制度的根本特征

大学自治是现代大学制度的根本特征，是现代大学制度的出发点。大学自治主要涉及大学和外部的权力边界问题，包括大学和政府、社会的关系，主要是指大学作为独立法人拥有办学自主权，即大学能够自主配置掌握资源，以实现大学的发展，满足社会对大学的需要。在我国现阶段，大学自治突出表现为扩大大学办学自主权。大学办学自主权主要表现为招生、专业调整、机构设置、职称评定、干部任用、经费筹措使用、工资分配等方面。大学办学自主权的大小实际是政府与大学之间的权利分配问题。扩大大学办学自主权就是将政府与大学之间的隶属管理关系变为间接的宏观管理,表现为政府更多的是进行政策性指导,不干预学校内部事务;大学是独立的办学主体,依法面向社会自主办学。

2. 教授治学是现代大学制度的核心

确立学术本位的价值,促进学术自由是现代大学制度的核心。大学的主要学术组织是学科和专业,而教授是学科和专业发展的带头人,因而最有发言权。如果教授具有大学的学术权力,参与学校的学术决策,实则是通过推进学术上的民主管理而推进了大学的民主管理。因此,教授的职责除了教书育人、研究学问外,还有一项重要任务就是为学校学术发展方向、学科建设、专业设置、科学研究、人才引进等重要事项提供咨询和做出决策。

3. 校长治校是现代大学制度的重要标志

校长治校是指校长统筹大学全部事务,实行科学管理。校长治校与教授治学是一对共同体。现代大学制度明确了教授这一治学主体,就必然需要同时明确治校主体,在国外大学这个治校主体就是校长。中国的管理体制略有不同,是党委领导下的校长负责制。校长治校在给予校长权力的同时对校长的综合素质也提出很高要求:校长应品德高尚、胸怀宽广,是为人师表的楷模,具有良好的人际关系;校长应精通大学教育规律,有自己的教育管理思想和丰富的实践经验;校长要有不断创新的意识,能敏锐地洞察大学发展的方向;校长要将全部精力投入到大学的管理,并作为自己事业的追求;校长要处理好与政府、社会等外界的关系,为大学发展争取各种资源。实践证明,好的大学校长对于一所大学的发展影响至深,蔡元培、梅贻琦、张伯苓等在任校长期间,都有突出的办学理念和思想,他们也成就了北京大学、清华大学、南开大学三所名校。

现代大学制度还有学术自由、科学管理等特征,但大学自治、教授治校、校长治校是其中最基本的。中国的大学制度文化的发展演变历经了许多重要的阶段,曾先后学习过日本模式、德国模式、美国模式、苏联模式,同时自己也进行了许多尝试,积累了很多经验。如今,中国大学正面临着新的发展机遇,北大大学、清华大学、复旦大学等一批国内大学已提出要建设世界一流大学的目标,这必然需要大学制度文化的又一次创新和发展。

三、大学精神文化

大学的精神文化是大学文化的核心,是大学在长期发展过程中积淀而成、为历代师生员工所认同并对其产生重要影响的价值观念、道德情操、校风学风等思想和心理环境。大学精神文化可以分为两个层面,一个是共性的,就是大学全部或大部分都具备的精神品质,这种共性的精神构成了大学整体的内在本质和形象特征;另一个是个性的,就是一些大学在发展中由于历史、人文、环境、地域等不同因素形成的不同的个性化的大学精神,这些精神构成了大学的特殊性,使这些大学具有自己独特的大学文化。

(一)共性化的大学精神

1. 大学的价值理念

大学的价值理念,也是大学人的大学观,它是大学精神文化的核心要素,是否具有正确的大学观,直接决定着大学文化能否体现大学教育的基本规律。

大学的价值理念,通俗地理解,即大学是什么?大学应该干什么?在西方,从纽曼认为"大学是一个传授普遍知识的场所",到洪堡认为"大学是科学研究所的场所",到20世纪,"为社会服务"的"威斯康星思想"得到倡导,在中国,从古籍《大学》的开篇中"大学之道,在明明德,在亲民,在止于至善",到蔡元培的"思想自由、兼容并包"、梅贻琦的"所谓大学者,非谓有大楼之谓也,有大师之谓也",人们对大学的理解和认识经历了一个过程,同时也反映了社会发展的不同阶段对大学的需求。

新中国成立后,特别是进入改革开放新时期,在社会主义核心价值体系指引下,大学人对社会主义大学的认识不断深化。大学是社会组织的一种，由于不同组织所处的组织系统、历史传统不同，在其发展过程中也就形成了不同的文化。大学文化作为文化系统中的一个子系统，既有文化的共性，也有其个性。因而社会主义大学文化既有大学文化的一般属性，也有社会主义制度所赋予的特性。当代中国的大学，以马列主义、毛泽东思想、邓小平理论、“三个代表”重要思想和科学发展观为指导，以培养无产阶级的世界观、人生观、价值观，造就德智体美全面发展的社会主义合格建设者和可靠接班人为办学目标。

2. 科学精神

大学的科学精神是在科学思想和科学发展观的基础上，探寻科学发展规律的精神动力。科学精神是大学精神的根本，即用理性的态度认识自然、认识社会、认识自身、追求真理。大学的科学精神激励大学人以科学的态度和方法进行科学研究、教学活动、管理和服务。科学精神是一种追求真理的精神，正所谓“不唯书、不唯上、只唯实”，表现为实事求是，尊重客观规律，对真理和信仰不懈探索，敢于批判的态度和精神。科学精神也正是学术精神的真谛。作为学术研究殿堂的大学，学术自由、学术独立、学术求真、学术创新的学术精神与科学精神是统一的。

3. 人文精神

人文精神，是对人类生存和价值的普遍关怀，是以人为对象和中心思想的。人文精神表现为对人的尊严和价值的维护和关注。它指导大学生树立正确的世界观、人生观和价值观，善于交往、沟通与合作，以健康的人格和正常的心态适应社会的变化和挑战。人文精神反映了以人的发展为中心的社会需求和价值取向，体现了人的理想、信念、道德等精神方面的追求，也体现了人的社会性和较高层次的需求，是人的本质所在。人文精神又包括民主精神和自由精神。大学是知识、思想、理性精神的发源地，能够启人心智，引人向上，是为民主社会提供知识与思想标准的圣地。“五四运动”就充分证明了大学对民族前途产生的重大影响。而一所能够真正承担和发挥社会责任与功能的大学，必须拥有一个自由的精神空间和学术环境，必须拥有关注、思考、探究问题和学理的权利，必须允许自由讨论、自由交流与协作。从洪堡创办柏林大学时奠定的“学术自由”、“教学自由”和“学习自由”的原则到蔡元培的“思想自由、兼容并包”，就是大学追求民主和自由的典型体现，今天已成为世界上绝大部分大学的基本价值原则。《中华人民共和国高等教育法》对“办学自主权”的规定则是从法律的角度肯定了大学自由与独立的必要性和合理性。

(二)个性化的大学精神

1. 学校传统和学校精神

一所大学的精神文化，承载着深厚的传统文化。一座古老的建筑、一些卓越教授的人格魅力、学生的风气……都蕴含着一个大学的传统，代代相传而成为大学的标志性特征。大学的精神文化总是与大学的发展和前途命运紧密相连，尽管在大学发展的不同时期，大学精神的形态和内容会随着社会的政治、经济等环境因素有所变化，但是大学的传统不易改变，它是在长期的办学实践中形成的价值理念，一旦形成，有较强的稳定性，具有不可低估的凝聚力和感召力，是大学人的精神支柱。大学传统对师生具有凝聚和激励作用，它是对学校多年办学经验的高度总结和提炼提升。各地大学的校史馆就集中反映了学校的传统，它是一所大学的传统和大学精神物化的集中展示，体现了学校的发展战略和成就历程。

凡是成功的大学，必然在历史的发展积淀下形成独特的大学精神，成为支持各自发展的精神力量。大学精神是大学多年积淀形成的最核心的价值理念，它可以用精练的语言表述，是大学精神文化的直观符号。它既承载着大学共有的精神理念，同时又因大学的特殊性而呈现出“百花齐放、百家争鸣”的态势。例如，西南大学以“特立西南、学行天下”为大学精神用语，既表明了大学所处的地理位置，又体现了西南大学人的精神追求；暨南大学的精神是“忠信笃敬、知行合一、自强不息、合而不同”，其融爱校、爱国、务实、坚韧、诚信、尊重、包容、继承、创新于一体，既体现了中华精神的基本内核，又符合学校的特点，具有鲜明特性。

2. 校训、校风

校训是高度体现一所大学办学精神的训词，它和校风一起反映大学人的处事原则、品格风范、治学态度和学习风气，是一个大学精神风貌的集中反映。大学一般选择言简意赅并能充分反映学校精神和育人目标的词句作为校训、校风。例如，北京大学的“思想自由、兼容并包”，清华大学的“自强不息、厚德载物”，北京师范大学的“学为人师、行为世范”的校训与本校的传统精神、学科特点、育人目标非常贴合，不仅为本校大学人普遍接受，而且已超出本校的范围，成为大学人共同的精神追求，也成为各大学总结和提炼学校精神表述语和校训的示范。

第三节　大学文化的建设

一、大学文化建设的指导思想和原则

（一）大学文化建设的指导思想

文化是多元的，人类生活在多元文化中。当今世界处于全球化时代，互联网技术高度发达，信息捕捉的迅捷和便利程度超乎人们的想象，世界被形象地喻为“地球村”，人们无时不在接受着世界多元文化的影响和冲击。因此，文化选择是必然的。选择当代中国的先进文化，就是选择以马克思主义为指导的中国特色社会主义的文化。中国共产党第十六次全国代表大会指出，当今必须牢牢把握先进文化的前进方向，“在当代中国，发展先进文化就是发展面向现代化、面向世界、面向未来的、民族的、科学的、大众的社会主义文化，以不断丰富人们的精神世界，增强人们的精神力量”①。当今中国大学把握先进的文化方向至关重要，关系到大学的办学方向和社会的发展进步。

中国大学的文化建设首先要坚持中国特色社会主义文化的发展方向，即坚持马列主义、毛泽东思想、邓小平理论、“三个代表”重要思想和

① 江泽民. 全面建设小康社会，开创中国特色社会主义事业新局面——在中国共产党第十六次全国代表大会上的报告[R/OL].[2002－11－08]. 新华网.

科学发展观,这是中国大学文化建设的方向。其次,要继承和弘扬中国文化传统和民族精神。中华民族经过几千年的文化积淀,有着自己伟大的民族精神,这是宝贵的精神财富,大学文化只有与时俱进地弘扬和传承民族精神,才能汲取民族文化的精髓,使大学精神不断得到凝练和升华。再次,要吸收和借鉴国际上先进大学的理念。当今世界是一个开放的世界,国际文化教育交流频繁,西方文化在许多领域领先于我们,特别是近现代以来的文明成果。例如,西方文化传统中对人本理念高度重视,尊重个人自由,包括学术自由;西方不断以创新精神推动科学技术成果的创造发明;西方文化传统中的法治观念深入每个公民的灵魂。我们需要借鉴西方的"法制"文化,创新制度文化。最后,要遵循大学的本质规律,注重挖掘自身的特点。通过把握大学自身的维度,包括历史渊源、办学历程、服务面向、区域特征等因素,以体现大学自身的特征,不会因缺乏特色而"千校一面"。

(二)大学文化建设的原则

1. 坚持引领社会先进文化的方向

人们对于大学与社会关系发展的认识,经历了一个很长的历史过程。中世纪欧洲的大学产生时,大学的主要职能是培养具有一定专门素质的专业人才。19 世纪纽曼在《大学的理念》一书中指出,"大学是一个传授普遍知识的场所",实质就是我们今天所讲的以培养人才为主的场所。洪堡认为大学不仅要培养人才,还要进行科学研究。在欧洲的大学理念传到美国之后,美国威斯康星州立大学倡导"社会服务"是大学的重要职能之一,这也被称为"威斯康星理念",从此社会服务成为大学重要的价值理念和职能。20 世纪随着工业化飞速发展,市场扩充和技术普及,布鲁贝尔等人认为大学已从"象牙塔"步入社会中心,是为全人类的利益和真理服务的,有"造就公众心灵"的职能,即我们所讲的"文化引领"的职能。因而在每一个历史阶段,大学没有离开过社会,而且与社会的联系程度日益紧密,大学应以先进的文化引导社会前行。

从建设社会主义先进文化看,大学文化是社会主义先进文化的重要组成部分。大学在人才方面的优势和理论研究方面的优势,使大学成为社会文化的高地,理应发挥文化引领作用。从历史来看,中国大学在诞生短短 20 多年后,就成为“五四运动”的发源地,成为当时社会先进文化的辐射源;今天,“科教兴国”战略更是凸显了大学文化的重要使命。

2. 坚持以人为本的理念

所谓以人为本,就是要尊重人,尊重人的劳动创造以及个性差异,尊重不同群体与个体的意见,注重激发人的主观能动性和创造性。十六届三中全会指出“坚持以人为本,树立全面、协调、可持续发展的发展观,促进经济社会和人的全面发展”。人是大学文化的出发点,也是大学文化的归宿点。大学师生通过在校园中的实践创造和发展了大学文化,而大学文化反过来又影响着生活在大学中的师生。大学文化对社会的影响实质也是对人的影响。大学文化建设的落脚点始终在人。因此,首先要高度重视人的主观能动性的发挥。要克服在学校整体规划中重物轻人的做法,克服在大学文化建设中重物质文化建设、轻精神文化建设的弊端,要发挥人的主观能动性,落实教授在治学中的作用,使党委领导、校长治校、教授治学作用协调发挥。其次,要重视大学文化对人的影响和塑造作用。大学主要是培养人才的场所,要营造全面育人的积极氛围,以学生为本,为学生提供一切可能的服务,发挥大学文化对人的教育引领作用。

3. 坚持传承与创新的统一

传承是创新的必要前提,创新是传承的必然要求,文化在传承中要不断被赋予时代特色。大学文化传承文化传统,不仅要保持传统特色,还要体现时代性,要适应历史发展的需要,与时俱进,开拓创新,呈现出发展的阶段性特征。大学文化的历史传承是多元的,它既继承了自身的历史发展成果,也继承了优秀的民族文化传统,还借鉴了世界文化的优秀成果。每一所大学在长期办学过程中积累的办学思想、理念、校风等,都是以上三个方面的统一,都应当形成自身特有的历史文化印记。建设有特色的大学文化,首先要善于从学校的历史中总结、提炼优秀的文化传统,并继承和发扬光大,逐步使广大师生认同而形成文化品牌。在五千多年的发展中，中华民族形成了以爱国主义为核心的民族精神。在新的历史条件下，大学文化只有弘扬和传承民族精神，才能汲取民族文化的精髓，使大学精神不断得到凝练和升华。文化的民族性与国际性相辅相成，在经济全球化、网络信息化的推动下，大学文化的国际性日益凸显，西方文化中先进的文化也要为我们学习和借鉴。大学文化建设要致力于建设创新文化培育机制和创新人才培养模式，营造学术自由、敢于质疑、勇于创新的氛围，鼓励培养师生具有既要继承前人又要不断开拓的意识和竞争力。

4. 坚持科学精神与人文精神的统一

弘扬科学精神，就是要用马克思主义的世界观和方法论武装全体师生员工，引导大家崇尚科学、追求真理、求真务实。弘扬人文精神，就是要始终坚持以人为本，引导师生员工树立仁爱、博爱、大爱的精神。如果一所大学形成只重科学技术而忽视人文精神的文化，那么，这所大学的文化就会凸显追求科技理性的科学主义价值取向。这虽然能够使大学生形成追求科学理性的价值观，但如果以忽视或排斥人文关怀的价值观为代价，那么，追求科学理性的价值观就会成为仅仅追求工具性的科学理性的价值观。这样，大学生就容易形成单一而狭隘的价值观，不利于大学生形成科学与人文融合协调的价值观体系，也不能让大学生成为德、智、体、美全面发展的个体。

5. 坚持共性与个性的统一

中国大学初创之时，由于各自学校的办学条件不同、办学者的背景不同、所处的地域环境不同，因此形成了丰富多彩的大学文化，各种办学理念百家争鸣，展现了各自不同的内涵和特色。新中国成立后，由于学习苏联模式，加上长期实行计划经济，我们的大学办学模式有趋同的倾向。统一的模式便于管理，也便于集中资源、统一布局，使中国大学有序协调发展。但过于统一又使大学缺乏个性，大学文化缺乏内涵，向简单化、模式化发展，没有自己的办学理念和特色，从而使培养的人才也缺乏文化个性。然而，一个社会的进步是以社会需求层次的不断丰富为标志的，而需求层次的不断丰富必然要求有不同类型的人才，如果大学文化趋同，培养出的人才自然不能满足社会不断丰富的人才需求。世界一流大学未必都是门类齐全的综合性大学，不少学校是由于特色优势学科的领先才保持了大学的领先地位。因此，各个学校应当分析自己的实际情况，发挥自身优势和特色，走综合型与特色型、统一性和多样性相结合的发展道路，既能丰富中国大学文化的内涵，也是中国大学走向一流的科学之路。

二、大学文化建设的目标与重点任务

（一）大学文化建设的目标

大学已走出"象牙塔"，融入社会大环境，那么大学也会受到社会上功利化思潮的影响，如何坚守大学之道，将大学办成真正的文化熏陶之地，而非追求功利之所，如何在大学的教学、科研、管理、服务、生活中构建起中国大学的文化建设体系，增强大学自身的核心竞争力，并且更好地进行文化传承、文化创新和文化引领，这是每一个大学人应该思考的问题。

从前面所论述的大学文化建设的指导思想和原则分析来看，当前，大学文化建设的总目标应围绕：以中国特色社会主义理论体系为指导，牢牢把握社会主义先进文化的发展方向，以树立和弘扬社会主义核心价值体系为核心，以提高大学的办学水平和综合实力、提高师生的综合素质和能力、增强师生的凝聚力和使命感为目标，以科学发展、以人为本、追求卓越、崇尚学术为理念，构建起优秀的精神文化、科学的制度文化、特色的物质文化，为全面提高高等教育质量、传承发展人类文明作出更大的贡献。

基于大学文化是共性与个性的统一，因而在大学文化建设的目标设计上，除了上述的共性目标之外，也要有个性设计。事实上，一所大学的文化个性，才是呈现这所大学魅力之所在，是其生存和发展的重要根基。一是建设综合性与历史悠久型大学。综合性是指学科布局和教育的综合性，当然"综合性"也是相对而言的，没有一所学校有能力建设好所有的学科。综合性大学往往都有较长的办学历史，要善于从学校的发展历程中总结挖掘具有闪光点的传统文化，并要继承发扬，逐步形成具有自身特色的学校文化品牌，或将在长期办学过程中已经形成的独特的大学精神继续发扬和传承。二是建设多科性与行业特色鲜明型大学。多科性与行业特色鲜明型大学是指在多个学科或某一行业的系列相关学科上具备了较强实力、较高水平,特色鲜明的大学。多科性与行业特色鲜明型大学的文化一般与其优势学科的特征、学科对大学人的要求和影响有着紧密的关系,其文化建设一定要凸显行业特点、体现行业精神。三是建设单科性与新建型大学。在学校历史较短、文化传统并不明显的情况下,要善于归纳、总结自身的文化形态,并通过一代又一代人不懈努力形成自身的传统文化①。

(二)大学文化建设的重点任务

随着人们大对大学文化的系统性认识逐步深入,大学文化建设也逐步深化,我们在确定大学文化建设的重点任务时,应围绕大学文化建设的目标,既要考虑共性,又要体现个性,着眼于大学物质文化建设、大学制度文化建设、大学精神文化建设三个层面,找准突破口,把握关键要素。

1. 物质文化建设:承载传统,突出特色

物质文化建设已经被越来越多的大学重视、开发,然而在建设中要注意承载传统,突出特色。校园建筑、自然和人文景观、校歌、校标、传播媒介等是体现大学文化的一些意义符号,是影响、激励大学人的文化形式和文化表征,也是文化建设有形的载体。所谓"意义符号",一定是能承载大学文化传统、体现时代特色和学校办学特色的文化载体,是内容与形式的统一。大学校园中许多人文景观就是历史的见证,例如清华大学的清华学堂、湖南大学的岳麓书院、中山大学的马丁堂等,它们所承载的文化传统和人文精神已成为大学的重要旗帜和符号。大学物质文化建设还应当注重和谐与统一,自然景观、建筑物、人文景观等要统一规划、合理布局,形成独特而和谐的风格。当今世界上一些著名的大学,将优美的自然景观与内涵丰富的人文景观合理搭配、浑然一体,学生置身于这样的环境中必然能够陶冶情操,净化心灵。

---

① 蔡劲松.大学文化理论构建与系统设计[M].北京:文化艺术出版社,2009:140.

在校标、校歌等主题文化作品,校报、广播、电视、校园网等校园宣传媒体,以及校园内开展的各类主题教育文化活动等文化载体中,也要承载传统、突出特色。校标、校歌等主题文化作品本身的功能就是承载学校传统、体现学校特色,所以要利用它们发挥其所代表的学校精神、蕴含的人文和科学精神,感染和熏陶大学人。校园媒体要为大学文化的传承、传播服务,发挥大学的资源优势,加强文化载体建设,以文载道、以文传道,弘扬主旋律。特别要重视网络时代校园媒体整合所产生的效应,在内容、形式和功能上彰显学校特色。此外,开展各类健康向上的主题教育或寓教于乐的活动,也是营造校园文化氛围的重要载体。校园文化不可能凭空产生,它必定要搭载于一定的物质或活动载体传播、传承。

2. 制度文化建设:不断创新,以人为本

在中国现代大学建立的百余年间,大学的制度文化融会了中西方文化的特点形成和发展,目前,建设创新型制度文化是关键。大学的运行和管理亟待按照现代大学制度的理念和要求进行改革,形成以中国特色现代大学制度为核心的制度文化体系。

首先,要增强自主办学的意识。现在的大学不再是"象牙塔",任何一所大学都要融入社会,大学和政府、社会之间相互依存的关系越来越密切。特别是在中国的政治体制下,大学是非营利性组织,要依靠政府的资金、资源来办学。中国共产党对大学的领导是中国大学的特色,也是中国大学的优势。然而,政府与大学的关系应该怎样呢?我国《高等教育法》中规定大学拥有自主办学的权利。大学要树立自主办学的意识,在政府的宏观调控下,在招生、教学、科研、资产管理、人事、经费等方面建立更加完善的自我管理、自我发展和自我约束的机制。政府应该用政策引导、监督的间接管理代替各种约束、考评的直接管理。大学有一定的自主办学权,能以法人资格参与面向社会的办学,又受到政府的宏观调控,进行科学的内部管理,如此,中国的大学才能避免对政府产生依赖性,走上科学、规范的轨道,增强大学的办学活力。

其次,建立学术型管理制度,营造崇尚学术的氛围。学术自由、崇尚科学的文化氛围是大学追求真理的价值体现，有利于学术创新和培养具有创新能力的人才。我国目前很多大学开始明确学术权力和行政权力各自发挥作用的领域和范围，建立学术权力与行政权力关系的协调机制，建立依法治校、依法行政的机制。这些大学，一方面强化行政人员为教学科研服务的意识，杜绝"官僚主义"和"衙门作风"，提高大学管理干部的服务意识和管理素质；另一方面强化学术民主制度建设，建立健全校务委员会、学术委员会制度，改革学术评价体系，形成以学术为核心、管理重心下移、校院系三级组织管理体制，确保专家学者参与学术事务的权力落到实处。

再次，改革人事制度和科研体制，营造以人为本的文化氛围。组织要发展，说到底人是关键因素。充分调动起人的积极性、主动性，使每一个大学人感受到个人的事业和学校的事业紧密相连，大学才有希望办好。大学的人事管理制度要注重把握人才需求激励的多样性，有的放矢。对于教师，要尊重他们和他们的劳动创造，给他们提供自由宽松的学术环境和良好的教学生活待遇，让教师能全身心地投入教学科研等各项事业；对于党政管理人员，他们有增加社交机会、提高综合素质和能力的需求，要给他们各种提升自我的机会，让他们有更多开拓事业的空间；对于后勤服务人员，他们需要得到更多的生活保障，要关注他们的物质精神需求。在科研方面，要积极推进考核管理制度改革，改革目前只追求论文数量的评价体系，建立能够体现论文质量、加大对专利发明的支持力度、鼓励提高自主创新能力的评价体系。总之，制度创新要从与教师最为直接的人事、科研制度改起，逐步形成以人为本的一系列配套制度体系。

3. 精神文化建设：广泛重视，培育精神

国家发展要靠精神的力量，大学发展同样要有精神支撑。大学精神文化是大学文化的核心要素，要广泛重视精神文化建设。在加强大学文化建设的实践中，不能因为精神文化建设在短期内不大显效，而物质文化建设易显现，就形成"重物质、轻精神"的做法。物质文化是精神文化的外在表现，精神文化没有物质文化载体必然缺少"灵魂"，达不到其应有的功效。尽管许多大学,特别是一些历史悠久的大学已经形成自己的大学精神,但大学精神不是一成不变的,它要随着时代的发展而不断发展。仅仅经历了一个世纪的中国大学与世界上那些古老的大学相比还很年轻,因此,如何发扬来之不易的大学精神,如何进一步培育有新时代内涵的大学精神,仍是中国大学需要思考和实践的重要课题。

如前所述,精神文化既包含共性的大学价值理念和精神,也包含个性的大学文化传统、大学独有的精神和办学理念。精神文化建设可以从培育、固化共性的大学精神到挖掘学校个性的历史传统,再到提炼学校的办学理念来实施。

第一,努力培育共性的大学精神。培育大学精神要体现大学文化建设的指导思想和原则,目标是最大限度地凝聚师生员工。一方面,为教师提供宽松和谐的人文环境,让他们潜心于教学和学术研究;另一方面,在人才培养过程中,不仅要关注学生专业知识和技能的学习,同时要关注学生人格的塑造和人文素养的形成,形成全人教育的文化氛围。

第二,挖掘学校的历史传统。可以从宣传解读学校校训、提炼学校精神入手,发挥校训、学校精神在大学文化建设中的重要作用。校训是一个学校文化传统的积淀、学校精神的提炼和办学理念的体现,挖掘学校历史中能够印证、解读校训和学校精神的事件,追寻“名人”“大师”,通过回顾历史事件,学习宣传这些“名人”“大师”的精神,校训的精神内涵会更加丰富,学校精神有了具象的支撑,校训和学校精神才能得到师生的普遍认同,深入人心。

第三,提炼学校的办学理念,形成办学特色。学校的办学理念和办学特色不同于学校的价值理念,对价值理念本文前面章节有相关论述。办学理念是指学校的使命愿景、功能定位、人才培养目标。学校只有形成自身的办学理念,才能形成办学特色,而办学特色是大学的核心竞争力。在大学人才、资源有限的情况下,要进行合理的学科专业布局,集中精力发展优势特色学科,鼓励支持新兴学科,以两端来带动整体发展。办学理念并非一成不变,要随时代的发展和社会的需求变化不断思考、总结和调整。

三、大学文化建设的路径

大学文化建设是一项复杂的系统工程，具有长期性和经常性，需要建立长效机制和长期规划。任何一所大学的文化特征都不会在短期内形成，而是伴随大学的发展长期积淀而成。大学文化涉及大学的精神、办学理念、制度管理、教学科研、建筑景观、师生行为等方方面面，因此，大学文化建设不是大学里的某一个部门或某些人员能完成的事，需要学校各个部门和院（系）、所有大学人共同组织实施。我们认为当前大学文化建设可以按照树立理念、整体规划、构建平台、形成体系的思路进行。

（一）树立理念

大学文化建设应确立一个理念，即大学里的一切活动都是大学文化建设的内容。推进大学文化建设，要弄清“大学文化”与“校园文化”的区别，走出单一的、表面化的校园文化建设，变单一的“校园文化建设”为综合的“大学文化建设”，让大学的历史和现实、建筑景观、活动制度、师生言行都具有浓厚的文化特点，培养大学人的人文素养，激发师生思考创新的热情，从而构建全方位的育人文化氛围，这样才是全方位、深层次的大学文化建设。

（二）整体规划

大学文化建设是大学发展规划的重要环节。在以往的大学发展规划中，往往重视物质指标体系的设计，而忽视对大学文化、特别是精神文化的思考和关注，存在“重物质轻精神”的倾向。然而在经济全球化和文化传播全球化的时代，重视大学文化建设，无论是对大学自身的发展，还是对社会以及全人类的发展，都有重要意义。因此，大学文化建设应当成为大学发展规划的重要环节，应加强组织领导，把大学文化建设纳入学校发展的顶层设计，与学科建设、师资队伍建设、校园规划等工作统一协调、共同推进；成立由学校主要领导担任组长、各相关部门负责人作为成员的大学文化建设领导小组，研究文化建设中的重要事项，领导小组办公室设在党委宣传部，负责文化建设的日常工作；形成党政齐抓共管、各部门和院（系）各负其责、师生员工共同参与的工作体制和机制。

（三）构建平台

大学文化建设在运行机制中的体现，在制度方面的贯彻，要着重从构建四大平台入手。一是构建教师职业发展平台。教师和学生是大学的两大主体，是大学文化的参与者、践行者和建设者，大学文化建设的每一项工作都要依靠且服务于广大师生。要体现以人为本，以教师为办学主体，引导教师进行学术生涯规划，学校提供支持，营造有利于人才脱颖而出的环境。二是构建学生发展辅导平台。充分重视大学文化对于培养人才的重要作用，将大学文化建设与提升学校教学、科研、管理水平，与校风、学风、教风建设，与教书育人、管理育人、服务育人结合起来，形成全方位育人的格局。三是构建科研创新平台。大学是一个独特的社会组织，曾在斯坦福大学任校长多年的唐纳德·肯尼迪在其名著《学术责任》中认为，"大学至高无上之处在于它给人类提供改良文化、创造文化、延续生命和保障人类可持续发展的一个智力平台"①，他认为大学是履行培养、教学、研究、发现、传承等责任的学术组织。当今，文化传承与创新作为大学的第四项职能，已被社会普遍认同，所以大学可以发挥学术优势，以学术研究和科技创新作为文化创新的关键点去突破。四是构建文化传播平台。大学主办的讲座、论坛、研讨会，各类出版物、师生发表的论文以及校园媒体等都在发挥着文化传承与传播功能。在大学文化建设中，要发挥大学的资源优势，加强文化载体建设，向社会传播先进思想和文化知识，引领社会前进。特别是进入信息化时代，一方面要依托现代信息技术，积极推进网络化、信息化建设，让"数字校园"建设成为建立教育新模式和进行文化传播的方向；另一方面，要正确引导、积极建设渗透在教育教学、行为规范、人际交往等各个方面的网络文化。

---

① 唐纳德·肯尼迪．学术责任[M]．阎凤桥，等，译．北京：新华出版社，2002：3．

（四）形成体系

机制是制度化、系统化的方式、方法，它存在于错综复杂的系统中，将各个子系统、各个过程相互作用和联系，就形成体系。大学文化建设的有效运行方式就是建立机制，形成体系。机制的建立应着眼于内部和外部两个维度，内部建立基于物质文化、制度文化和精神文化建设三个层面的运行机制，有总体规划、重点任务，还要有评估反馈。尤其要加强评估与反馈机制的建立，包括评价标准与师生、校友和社会各界的反馈情况，用较长一段时期来衡量大学文化建设的效果，不断修订大学文化建设的内容和方式，不断推进大学文化建设。外部机制着眼于处理大学与政府、大学与社会以及大学间的关系，建立政府对高等教育宏观管理机制、社会各方广泛参与机制、大学间联动共进机制。大学文化建设是一个复杂的系统工程，也是不断探索和完善的过程。

参考文献

[1]A study group of administrative staff at Japan Association of University Administrative Management, report on consciousness survey of administrative staff at the university[J]. Journal of Japan Association of University Administrative Management, 2004(7):87-109.

[2]Abouserie R. Stress, coping strategies and job satisfaction in university academic staff[J]. Educational Psychology, 1996(1):49-56.

[3] Andrea Griffin, Adrienne Colella, Srikanth Goparaju. Newcomer and Organizational Socialization Tactics: An Interactionist Perspective[J]. Human Resource Management Review, 2000, 10(4):453-474;

[4]Biss Choff, Bennie Grobler. The Management of Teacher Competence[J]. Professional Development in Education, 1998, 24(2).

[5]Borman W C, Motowidlo S J. Expanding the criterion to include elements of contextual performance[M]//Schmitt N, Borman W C, et al. Personnel selection in Organization. San Francisco: Jossey-Bass, 1993:71-98.

[6]Campbell J P, McCloy R A, et al. Theory of Performance[M]//Borman W C. Associates Personnel Selection in Organization. San Francisco, CA: Jossey-Bass, 1993.

[7]Cannon W B. The wisdom of the body[M]. New York: Norton, 1932.

[8] Cherl J Travers, Cary L Cooper. Teachers Under Pressure: Stress in the Teaching Profession[M]. London and NewYork: Routledge, 1996.

[9] David C McClelland. Testing for Competence rather than for Intelligence[J]. American Psychologist, 1973(28):1-14.

[10]David G. Do Organizational Socialization Tactics Influence Newcomer Embeddedness and Turnover? [J]. Allen Academy of Management Best Conference Paper, 2004: B1-B6.

[11]Dineke E H. An Integration of Multi Dimensions[J]. Human Relations, 1997, 50(7):859-876.

[12]Edward E Lawler III, John W Boudreau. What Makes Hr A Strategic Partner? [J] People & Strategy, 2009, 32(1), 14-22.

[13]Edward E Lawler III. Why HR Practice are not evidence-based[J]. Academy of

Management Journal,2007,50(5):1033 – 1036.

[14]Grobler. Congestive Ability as a Moderator of Relationship between Personality and Job Performance[J]. Journal of Management,1921 (6):1129 – 1139.

[15]Hans Selye. The stress of life[M]. New York:McGraw – Hill ,1958.

[16]Hendrix W H, Summers T P, Leap T L, Steel R P. Antecedents and organizational effectiveness outcomes of employee stress and health[M]//Occupational Stress:A Handbook. 1995:100 – 110.

[17]Klemp. Effects of Task Performance and Context Performance on Systemic;Rewards [J]. Journal of Applied Psychology,2000(85):526 – 535.

[18]Lazarua R S Launier. Stress-related transactions between person and environment [M]. New York:Plenum,1978:287 – 327.

[19]Luthans Fred. Can participant observers reliably measure leader behavior[J]. Proceedings-Annual Meeting of the American Institute for Decision Sciences,1982,2:420.

[20]Michael Armstrong, Angela Baron. Performance Management[M]. London:The Cromwell Press,1998:15.

[21]Saaty. Intelligence and Job Performance:Economic and Social lmplication Psychology [J]. Public Policy and Law,1976(2):447 – 472.

[22]Spencer L M,Jr,Spencer S M. Competence at Work:Models for Superior Performance [M]. New York:John Wiley & Sons,Inc,1993.

[23]Summers T P, Decotiis T A, Denisi A S. A field study of some antecedents and consequences of felt job stress[M]. New Jersey:Prentice Hall. 1995:93 ~ 97.

[24]T Cox, T Brockley. The experience and effects of stress in teachers[J]. British Educational Research Journal,1984(1):83.

[25]阿什比.科技发达时代的大学教育[M].杭州:浙江教育出版社,1983.

[26]艾平.英国教师绩效管理的评价体系及其启示[J].江西教育,2005(1).

[27]爱德华·劳勒三世.从 HR 管理到组织效力[M]//迈克尔·洛赛,苏·麦辛吉,戴夫·乌尔里奇.人力资源管理的未来.北京:高等教育出版社,2006:143 – 149.

[28]鲍广德.北京市高校经济管理类教师胜任素质模型研究[D].北京:首都经济贸易大学,2009:29.

[29]彼得·德鲁克.管理的实践[M].北京:机械工业出版社,2009.

[30]彼得·圣吉.第五项修炼——学习型组织的艺术与实务[M].郭进隆,译,杨硕

英,审校.上海:上海三联书店,1996:9.

[31]毕田增.教育生命视阈下的教师专业发展论纲(二)[J].黑龙江教育学院学报,2006(2).

[32]蔡劲松.大学文化理论建构与系统设计[M].北京:文化艺术出版社,2009.

[33]陈德云.教师压力分析及解决策略[J].外国教育研究,2002(12):53-56.

[34]陈洪捷.德国古典大学观及其对中国的影响[M].北京:北京大学出版社,2006:49-83.

[35]陈亮,张元婧.教师胜任力研究现状及未来研究方向[J].人才开发,2009(1):27-28.

[36]陈荣.高校教师绩效管理体系研究[D].长沙:中南大学,2009:29.

[37]陈艺波.德国高校教师制度理念探析[J].比较教育研究,2009(2).

[38]陈永明.英国大学教师聘任制的现状与特征[J].集美大学学报,2006(12):15-19.

[39]陈志霞,廖建桥.知识员工工作压力源的主成分因素结构分析[J].工业工程与管理,2005,26(4):26-30.

[40]程裕祯.中国文化要略[M].北京:外语教学与研究出版社,1998.

[41]戴夫·乌尔里奇.人力资源教程[M].北京:新华出版社,2000.

[42]戴夫·乌尔里奇,韦恩·布罗克班克.人力资源管理价值新主张[M].北京:商务印书馆,2008.

[43]戴夫·乌尔里奇.人力资源管理新政[M].北京:商务印书馆,2007.

[44]董克用,李超平.人力资源管理[M].3版.北京:中国人民大学出版社,2011:142-146.

[45]董克用.中国教师聘任制[M].北京:中国人事出版社,2008.

[46]段丽,姚利民.论“以人为本”的教师绩效评价[J].大学教育科学,2003(4).

[47]冯瑞,吕晓霞.调查表明:工作压力成为教师的主要压力[N].北京晚报,2003-09-10.

[48]付八军,冯晓玲.高校教师专业化:何为基点[J].现代教育管理,2010(5).

[49]高田钦.基于胜任素质的大学教师评价探究[J].安徽工业大学学报(社会科学版),2005(1):129-132.

[50]葛新斌,姜英敏.日本大学教师评估制度改革动向分析[J].比较教育研究,2004(11).

[51]龚正华.高校新教师的胜任力及其培养[J].大理学院学报,2010(9).

[52]何勇.要科研更要教学[N].人民日报,2005-11-30(5).

[53]贺国庆,王保星,朱文富,等.外国高等教育史[M].北京:人民教育出版社,2006.

[54]洪秀敏.关注与促进教师的自我信念[J].教育科学,2008(3):79-82.

[55]胡锦涛.在中国共产党第十七届六中全会上的报告[R].北京:人民出版社,2011.

[56]胡先锋.论高等学校的教师招聘[J].山西财经大学学报(高等教育版),2005(3):50-53.

[57]胡晓军.高校教师岗位胜任力的评价方法研究及其应用[J].理工高教研究,2007(03).

[58]加里·德斯勒.人力资源管理[M].刘昕,等,译.北京:中国人民大学出版社.2003.

[59]姜澎.高校科研质量为何不升反降[N].文汇报,2005-11-8.

[60]教育部人事司,等.中国高等学校教师队伍建设研究报告[R].北京:高等教育出版社,1999.

[61]教育部师范教育司组织.教师专业化的理论与实践[M].北京:人民教育出版社,2003.

[62]教育部思想政治工作司组.高校校园文化建设理论与实践(第二辑)[M].北京:中国言实出版社,2008.

[63]靳娟,靳静毅.北京高校教师工作压力状况及影响因素的实证研究[J].北京社会科学,2010,5:39-43.

[64]拉尔夫 费雷,朱迪思 克里斯特森.教师职业生涯周期——教师专业发展指导[M].董丽敏,高耀明,等,译.北京:中国轻工业出版社,2005.

[65]李斌.国内外教师专业发展过程研究述评[J].江苏教育学院学报(社会科学版),2003(4).

[66]李斌.以现代文化为引领全面推进大学文化建设[J].中国高等教育,2011(15).

[67]李长华,曾晓东.美国高校教师绩效评价存在的争议[J].外国教育研究,2004(11).

[68]李长真.大学文化与当代中国先进文化研究[D].武汉:华中师范大学,2006.

[69]李逢超.高校教师工作压力源量表的编制[D].济南:山东师范大学,2008,10:39-45.

[70]李福杰. 大学文化视野下的大学发展研究[D]. 上海:华东师范大学,2006.

[71]李虹. 大学教师的工作压力类型和压力强度研究[J]. 清华大学教育研究,2005(5):97 - 102.

[72]李虹. 大学教师工作压力量表的编制及其信效度指标[J]. 心理发展与教育,2005(4):105 - 109.

[73]李金峰. 高校环境文化构建与教师价值取向[J]. 沿海企业与科技,2007(4):168 - 169.

[74]李静美. 孔子能定什么级?——从晏才宏现象说起[DB/OL]. http://www.law.cn/shequ/yuanchuang/2005515210613.htm.

[75]李军,阳渝,伍珂霞. 从人力资源管理视角看我国大学教师招聘[J]. 高等教育研究,2006(10):81 - 82.

[76]李开复. 给中国高校的一封信——请培养21世纪企业需要的人才[J]. 商务周刊,2006,21.

[77]李玲. 美国大学教师发展的历史进程及其启示[EB/OL]. [2009 - 02 - 10]. http://www.govyi.com/lunwen/2009/200902/296248.shtml.

[78]李茂华. 高校教师胜任力研究[D]. 西安:陕西师范大学,2009:10 - 16,65.

[79]李明善. 教师专业发展论纲[M]. 吉林:吉林大学出版社,2011.

[80]厉明. 高校教师胜任力模型及其相关研究[D]. 广州:暨南大学,2009:6 - 10.

[81]林杰. 大学教师专业发展的内涵与策略[J]. 大学教育科学,2006(1).

[82]林杰. 美国大学教师发展运动的历程、理论与组织[J]. 比较教育研究,2006(12).

[83]林立杰,高俊山,裴利芳. 高校知识工作者胜任力要素与个人业绩关系的实证研究[J]. 管理学报,2007(3):230.

[84]林立杰,王智祥,高俊山. 高校知识工作者胜任力评价方法[J]. 江西理工大学学报,2007(2).

[85]林志远. 高校教师绩效评价体系研究[D]. 合肥:合肥工业大学,2009:24 - 25.

[86]刘光洁. 灰色决策模型及其在教师素质评价中的应用[J]. 长春师范学院学报,2004(1):43 - 45.

[87]刘海鹰,刘昕,毕宪顺. 发达国家教师聘任制度评析[J]. 山东理工大学学报(社会科学版),2006,19(2):80 - 81.

[88]刘继荣. 美国高校教师招聘的经验与启示[J]. 高等工程教育研究,2008(3).

[89]刘捷. 专业化:挑战21世纪的教师[M]. 北京:教育科学出版社,2002.

[90]刘万海. 教师专业发展:内涵、问题与趋势[J]. 教育探索,2003,(12).

[91]刘洋. 高校教师绩效评价指标体系的研究与实践[D]. 哈尔滨:哈尔滨工程大学,2008:19.

[92]刘益春. 澳大利亚大学教师管理、培训的特点与启示[J]. 外国教育研究,2006(1).

[93]刘志成. 对缓解教师压力问题的几点思考[J]. 中国高教研究,2003(10):72-73.

[94]柳友荣. 高校青年教师心理健康状况调查分析[J]. 高等教育研究,1998(4):84-86.

[95]龙永保. 我国高校教师胜任素质研究溯源与进展[J]. 中国电力教育,2009(3).

[96]卢辉炬,严仲连. 美、日、中大学教师发展之比较[J]. 社会学家,2008(6).

[97]卢乃桂,操太圣. 中国教师的专业发展与变迁[M]. 北京:教育科学出版社,2009.

[98]卢双盈. 英国高等教育管理特点及其启示[J]. 天津工程师范学院学报,2005(12):52-57.

[99]鲁修红. 国外教师评价的本土化利用[J]. 中南民族大学学报(人文社科版),2004(8).

[100]吕立志. 崇尚学术:中国大学文化建设内在之魂[J]. 高等教育研究,2011(1).

[101]罗纳德·瑞布. 教育人力资源管理:一种管理的趋向[M]. 6版. 褚宏启,等,译. 重庆:重庆大学出版社,2006.

[102]马冬冰. 基于胜任力模型的招聘甄选流程[J]. 人力资源,2007(7).

[103]马俊杰,曾湘泉. 大学人力资源管理[M]. 北京:中国人民大学出版社,2007.

[104]冒容,贺晓星,穆荣华,等. 无觅桃花源何处好耕田——高校教师精神压力问题初探[J]. 高等教育研究,1997(7):31-36.

[105]孟凡丽. 日本促进大学教师专业发展的制度及其启示[J]. 高等教育研究,2007(3).

[106]孟中媛. 高校教师专业化发展的国际比较与思考[J]. 教育探索,2007(3).

[107]闵维方. 高等教育运行机制研究[M]. 北京:人民教育出版社,2002.

[108]明轩. 世界高等教育宣言概要[J]. 教育发展研究,1999(3).

[109]墨菲. 文化与社会学引论[M]. 王卓君,等,译. 北京:商务印书馆,1991.

[110]潘懋元,罗丹. 高校教师发展简论[J]. 中国大学教学,2007(1):6.

[111]潘欣,权正良,钱玉燕.大学教师职业压力与心理健康关系的研究[J].中国健康教育,2003(10):792－793.

[112]庞鹤峰.我国高校教师绩效评价研究现状初探[J].中国大学师资研究,2006(6).

[113]彭剑锋,荆小娟.员工素质模型设计[M].北京:中国人民大学出版社,2003.

[114]祁文婷.高校教师工作压力与从业环境重构[J].教育理论研究,2011(3)154－155.

[115]曲铁华.高校教师专业发展途径解析[J].现代教育科学,2007(5).

[116]塞缪尔·亨廷顿,劳伦斯·哈里森.文化的重要作用[M].程克雄,译.北京:新华出版社,2002.

[117]盛毅.高校教师绩效评价体系探究[D].南京:河海大学,2007:15－16.

[118]施恩.职业的有效管理[M].北京:生活·读书·新知三联书店,2003:81.

[119]施晓光,夏目达也.日本"大学教师发展"的经验及对中国的启示:基于名古屋大学的个案[J].清华大学教育研究,2011(8):79－84.

[120]石建勋.职业生涯规划与管理[M].北京:清华大学出版社,2009:1－3.

[121]石林,冯蓓,等.大学教职员工的工作压力研究[J].北京师范大学学报(社科版),2003(3).65－70.

[122]时蓉华.社会心理学词典[M].成都:四川人民出版社,1988:118.

[123]舒晓兵,孙健敏,史茜.工作压力研究:国内二十年的回顾与评析[G]//第四届(2009)中国管理学年会——组织行为与人力资源分会场论文集.[S.I.]:[s.n.],2009.

[124]斯蒂芬·罗宾斯.组织行为学[M].孙健敏,李原,译.北京:中国人民大学出版社,2005.

[125]斯密.国民财富的性质和原因的研究(上卷)[M].北京:商务印书馆,1972.

[126]孙鹤娟.学校文化管理[M].北京:教育科学出版社,2004.

[127]汤全起.美国高校师资管理机制探析[J].高等教育研究,2005(1).

[128]汤舒俊,刘亚,郭永玉.高校教师胜任力模型研究[J].教育研究与实验,2010(6):78－81.

[129]涂锦.高校人力资源管理的博弈分析[J].数量经济技术经济研究,2002(9):50－51.

[130]王斌华.发展性教师评价制度[M].上海:华东师范大学出版社,1998:117.

[131]王光彦.美、加高校教师评价制度研究[J].教育发展研究,2007(10B):51.

[132]王国香,刘长江,伍新春.教师职业倦怠量表的修编[J].心理发展与教育,2003(3):82-86.

[133]王冀生.大学之道[M].北京:高等教育出版社,2005.

[134]王建华.大学教师发展——“教学学术”的维度[J].现代大学教育,2007(2).

[135]王健.论教师职业生涯规划——从新手型教师发展到专家型教师[J].贵州教育学院学报,2009(1):38-40.

[136]王立.美国大学教师发展理念的演变与启示[J].中国高教研究,2011(2):51.

[137]王明辉.企业员工组织社会化研究[M].北京:中国社会科学出版社,2007:6.

[138]王强.教师胜任力发展模式论[M].上海:华东师范大学出版社,2011.

[139]王昱,戴良铁,熊科.高校教师胜任特征的结构维度[J].高教探索,2006(04).

[140]卫虎林.90%毫无价值的科研成果意味着什么?[DB/OL].剑虹评论网 http://www.comment-cn.net/data/2006/0907/article_17876.html.

[141]文魁.追求教学卓越——多伦多大学OTA的启示[J].北京教育,2007(9).

[142]吴冬梅.高校教师职业生涯设计的特点与方法[J].首都经济贸易大学学报,2006(6):19-21.

[143]吴小勇.大学及教育系统领导干部人格特质与岗位胜任性关系[J].心理科学,2008(01):1.

[144]伍珂霞.我国高校教师绩效评价的问题及对策研究[D].长沙:湖南师范大学,2007:27-28.

[145]武传刚.高校教师绩效管理体系研究[D].济南:山东大学,2006.

[146]肖谦.多视野下的大学文化[M].成都:西南交通大学出版社,2009.

[147]谢安邦.自我发展和标准化管理:海外的FD的经验与启示[J].中国大学研究,2003(3).

[148]邢强,孟卫青.未来教师胜任力测评:原理和技术[J].开放教育研究,2003(04).

[149]徐长江.工作压力系统研究:机制、应付与管理[J].浙江师大学报(社科版),1999,5:69-73.

[150]徐建平.教师胜任力模型与测评研究[D].北京:北京师范大学,2004:60.

[151]徐延宁.大学教师发展——基于美国高等教育的经验[M].北京:教育科学出版社,2009.

[152]许迈进.美国研究型大学师资管理特色管窥[J].高等工程教育研究,

2003(5):60－64.

[153]许雪梅,何善亮.教师专业发展的内在机制和有效途径[J].高等师范教育研究,2002(5).

[154]薛琴.教学型高校教师胜任力模型研究[D].南京:河海大学,2008:3.

[155]杨东平.大学精神[M].上海:文汇出版社,2003.

[156]杨秀梅.费斯勒与格拉特霍恩的教师发展影响因素论述评[J].外国教育研究,2002(5):35－38.

[157]杨秀玉.西方教师职业倦怠研究述评[J].外国教育研究,2005(11):67－71.

[158]姚继军.高校内部分配制度改革的激励有效性研究[D].南京:南京师范大学公共管理学院,2003:37－38.

[159]叶澜,等.教师角色与教师发展新探[M].北京:教育科学出版社,2001:226－241.

[160]易金生.美国高校教师招聘及其启示[J].天津市教科院学报,2004.

[161]袁贵仁.加强大学文化研究推进大学文化建设[J].中国大学教学,2002.

[162]袁利平,陈时见.人学视野下的教师专业发展[J].高等教育研究,2007(12):66－71.

[163]袁世全,冯涛.中国百科大辞典[M].北京:华夏出版社,1990:853.

[164]袁新文.大学中的大学,让老师走向卓越[J].人民日报,2011(3).

[165]原天红.中美大学师资招聘程序与管理的比较[J].沈阳工业大学学报,2001(n):133－134.

[166]翟海燕,蔡丙楼.高校教师胜任力的“人—岗—战略”三维整合模型[J].职业时空,2010(11):146.

[167]张博,兰英.英国女王大学“PGCHET”大学教师培训项目述评[J].外国教育研究,2008(9):55－59.

[168]张大伟.研究型大学教师胜任素质文献综述[J].科教文汇,2009(4).

[169]张洪梅.大学文化的历史传承与和谐校园的建设[J].吉林工程技术师范学院学报,2011(3).

[170]张积家,等.高校教师生活压力的研究[J].应用心理科学,2003(2):6－10.

[171]张济顺.教师评价与学术道德建设[J].中国大学教学,2002(9).

[172]张建卫.高层管理者的工作压力、社会支持与心理健康的关系[J].经济管理,2005(13).

[173]张林荣.美国私立研究型大学如何招聘新教师[J].世界教育信息,2004(9).

[174]张庆,任盈盈.研究型大学教师胜任力研究述评[J].中国校外教育,2008(6).

[175]张蓉.大学教师职业生涯规划研究[D].太原:山西大学教育科学学院,2007:1-7.

[176]张维迎.大学的逻辑[M].北京:北京大学出版社,2004.

[177]张肖琴.浅谈"学习型组织"理论在教师培训中的应用[J].宁波大学学报(教育科学版),2006(2):47-49.

[178]张秀云,权良柱,李梅.大学教师招聘中的"人才测评"[J].人才开发,2004(7).

[179]张远征.高等教育评价方法研究[M].上海:复旦大学出版社,2002:102-131.

[180]章建丽.英国剑桥大学促进教师发展的做法及其启示[J].高等教育研究,2008(9):82-83.

[181]赵存生.大学文化的特点和功能[J].中国图书评论,2002(2).

[182]赵普光.中国高校人力资源管理制度研究[M].北京:社会科学文献出版社,2010:1.

[183]赵曙明.人力资源管理研究[M].北京:中国人民大学出版社,2001.

[184]赵希斌.国外发展性教师评价的发展趋势[J].比较教育研究,2003(1):72-75.

[185]赵叶珠,陈海燕.压力与坚守:大众化背景下研究型大学教师工作满意度研究[J].清华大学教育研究,2011,2:46-53.

[186]郑旺全.美国高校如何吸引优秀人才[J].中国高等教育,2005(7):46-47.

[187]周春燕.复杂性视阈中的高校教师绩效评价研究[D].南京:江苏大学,2009:16.

[188]周玉清,王少安.社会主义核心价值体系引领大学文化建设论纲[M].北京:人民出版社,2010.

[189]朱柏萍.内外兼修促发展——大学教师专业发展的新思路[J].法制与社会,2008(5).

[190]朱旭东.教师专业发展理论研究[M].北京:北京师范大学出版社,2011.

[191]竺辉.学校人力资源开发与教师职业生涯管理[J].师资培训研究,2005(4):37-40.

[192]邹小波,赵杰文.英国高校教师培训与个人和学校的协调发展[J].大学教育管理,2010(11):55.